BREAKTHROUGH ADVERTISING

Comment Battre Des Records Avec Vos Publicités!

ÉDITION FRANÇAISE

EUGENE M. SCHWARTZ

BREAKTHROUGH ADVERTISING

UN LIVRE D'EUGÈNE M. SCHWARTZ !

Collection Copywriting Facile - Le Pouvoir Des Mots

Traduit par Matthieu DELOISON
Publié par Les Éditions Instantanées
© 2022 Matthieu Deloison — Édition 1

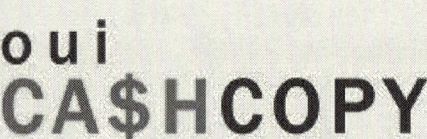

Illustration 1: Rendez-vous sur www.ouicashcopy.com pour réaliser vos projets en utilisant l'art de la persuasion par les mots

Translation Copyright © 2022 by Les Éditions Instantanées OÜ
Copyright © 2022 by Titans Marketing LLC

All rights reserved including the right of reproduction in whole or in part in any form.
This edition published by arrangement with Titans Marketing LLC.

"Le Code de la propriété intellectuelle et artistique n'autorisant, aux termes des alinéas 2 et 3 de l'article L.122-5, d'une part, que les "copies ou reproductions strictement réservées à l'usage privé du copiste et non destinées à une utilisation collective" et, d'autre part, que les analyses et les courtes citations dans un but d'exemple et d'illustration, "toute représentation ou reproduction intégrale, ou partielle, faite sans le consentement de l'auteur ou de ses ayants droit ou ayant cause, est illicite" (alinéa 1er de l'article L.122-4).

"Cette représentation ou reproduction, par quelque procédé que ce soit, constituerait donc une contrefaçon sanctionnée par les articles 425 et suivants du code pénal."

Tous droits réservés dans tous pays.
Dépôt légal : 1er trimestre 2022
ISBN-13: 978-1695078215
ISBN-10: 1695078215

Table des Matières

BREAKTHROUGH ADVERTISING.................................2
   Un Livre d'Eugène M. Schwartz !.............................2
PRÉFACE..1
PRÉFACE POUR L'ÉDITION DE BOARDROOM.........3
DÉDICACE..9
INTRODUCTION..10
   La créativité Peut Etre Fabriquée sur Commande Si Vous Suivez Cette Simple Règle.............................10
   Les Faits Fondamentaux de la Vie pour les Rédacteurs Publicitaires..12
LA 1ÈRE PARTIE : LA STRATÉGIE DE BASE DE LA PERSUASION..16
   1 – LE DÉSIR DE MASSE : LA FORCE QUI FAIT FONCTIONNER LA PUBLICITÉ – ET COMMENT LA DIRIGER VERS VOTRE PRODUIT................................16
   2 – L'ÉTAT DE conscience DE VOTRE PROSPECT – COMMENT EN TIRER PARTI LORSQUE VOUS RÉDIGEZ VOTRE TITRE..27
   3 – LA SOPHISTICATION DE VOTRE MARCHÉ : COMBIEN DE PRODUITS ONT ÉTÉ LANCÉ AVANT VOUS ?...57
   4 – 38 FAÇONS DE RENFORCER VOTRE TITRE UNE FOIS QUE VOUS AVEZ VOTRE IDÉE DE BASE..........73
   5 – SOMMAIRE : L'ART DE LA PLANIFICATION CRÉATIVE – COMMENT DÉVELOPPER UNE IDÉE....82
2ÈME PARTIE : LES 7 TECHNIQUES DE BASE POUR PERCER DANS LA PUBLICITÉ..................................94
   6 – DANS L'ESPRIT DE VOTRE PROSPECT – CE QUI ENTRAÎNE LES GENS À LIRE, À VOULOIR, À CROIRE 94
   7 – LA PREMIÈRE TECHNIQUE D'UN TEXTE DE VENTE QUI BAT DES RECORDS : L'INTENSIFICATION 99
   8 – LA SECONDE TECHNIQUE DE BREAKTHROUGH ADVERTISING : L'IDENTIFICATION...........................139
   9 – LA TROISIÈME TECHNIQUE DE BREAKTHROUGH ADVERTISING : LA GRADUALISATION....................165
   10 – LA QUATRIÈME TECHNIQUE DE

BREAKTHROUGH ADVERTISING : LA REDÉFINITION 194
11 – LA CINQUIÈME TECHNIQUE DE BREAKTHROUGH ADVERTISING : LA MÉCANISATION..209
12 – LA SIXIÈME TECHNIQUE DE BREAKTHROUGH ADVERTISING : LA CONCENTRATION.....................220
13 – LA SEPTÈME TECHNIQUE DE BREAKTHROUGH ADVERTISING : LE CAMOUFLAGE.........................233
14 – LES DERNIÈRES RETOUCHES........................244

ÉPILOGUE – LA BIBLIOTHÈQUE D'UN RÉDACTEUR PUBLICITAIRE...283
POSTFACE..286
    Gene joue le jeu sur le long terme............................287
    Gene le sociologue..290
    Gene le collectionneur d'art de classe mondiale.....291
    Le génie de Gene Schwartz vivra éternellement... et pas seulement pour les rédacteurs, les spécialistes du marketing et les artistes... mais pour les humains passionnés partout dans le monde..........................293

10 ANNONCES BEST-SELLERS DE GENE SCHWARTZ..295
    Annonce 1 – COMMENT FAIRE EN SORTE QUE TOUT LE MONDE VOUS APPRÉCIE !.................................295
    Annonce 2 – À l'Homme Qui Ne Se Contentera De Rien De Moins Que De La Présidence De Son Entreprise !...304
    Annonce 3 – JE VAIS FAIRE DE VOUS UN ASSISTANT MENTAL AUSSI FACILEMENT QUE CELA -.............311
    Annonce 4 – VOUS ÊTES DEUX FOIS PLUS INTELLIGENT QUE VOUS NE LE PENSEZ !...............319
    Annonce 5 – Profiter D'Une Apparence Jeune, D'Une Silhouette Affinée..327
    Annonce 6 – L'Épanouissement Sexuel Après 40 ans 336
    Annonce 7 – Les Secrets Des Super-Hommes De L'Est Enfin Révélés À L'Ouest !..340
    Annonce 8 – Emparez-Vous d'une Fortune parmi les Arbres À Argent..349
    Annonce 9 – Serait-ce Le Plus Explosif Des Retournements De Marché Dans L'histoire De La

Bourse ?..357
Annonce 10 – Apprivoisez Des Oiseaux Sauvages AVEC Votre Main...366
LE CHAPITRE MANQUANT......................................376
LES ÉDITIONS INSTANTANÉES............................383
REMERCIEMENT...386

PRÉFACE

Laissez-moi vous présenter le chef-d'œuvre de marketing direct le plus recherché. Ce livre s'est récemment vendu à plus de 900 dollars – c'est la raison pour laquelle j'ai décidé de le rééditer. C'est un réel privilège que de réimprimer la sagesse publicitaire de Gene Schwartz. Nous avons monté une merveilleuse affaire en nous basant sur sa sagesse.

C'était un plaisir tout-à-fait spécial, un véritable régal de le connaître — Gene mesurait environ 1m88 et me rappelait Gary Cooper dans *The Fountainhead* (Le Rebelle). Mais Gene possédait davantage de charme et d'esprit, avec un sourire fabuleux et inoubliable, qui plus est.

Une vue fascinante — observer les doigts du génie aux multiples talents survolant le clavier pour créer une autre publicité brillante. Puis, assis avec ce beau sourire, il la relisait et y prenait davantage plaisir.

Gene écrivait des textes publicitaires pour les meilleurs spécialistes du marketing direct en Amérique. Ensuite, il a publié un livre en 1964 intitulé *How to double your child's grades in school* (Comment doubler les notes de vos enfants à l'école) suivi par *How to double your power to learn* (Comment dou[bler] votre capacité d'apprendre), et puis par *Breakthrough Advert[ising]* en 1966.

Il était très intelligent — il échangeait sa rédaction pu[blicitaire]

PRÉFACE

contre l'accès à des noms dans des listes de diffusion (mailing) et faisait la promotion de ses propres livres !

Mais ensuite, Gene a eu un accident vasculaire cérébral en 1978 et il avait du mal à taper sur le clavier... parce que cela affectait son côté droit. Mais il s'est exercé, encore et encore jusqu'à ce qu'il devienne très habile à taper en n'ayant recours qu'à sa main gauche.

Ma grande idée — garder Gene comme consultant d'entreprise au lieu de rédacteur publicitaire pour lui garantir un revenu régulier. Il est devenu très important pour nous dans ce nouveau rôle. Il a beaucoup contribué à la création du concept *Bottom Line / Personal* et de notre style éditorial. Impressionnant.

Il y avait aussi Gene III, le scientifique, toujours en train de lire des ouvrages scientifiques de pointe et appartenant à un groupe très sophistiqué qui se réunissait chaque semaine pour discuter des implications de ces avancées scientifiques sur la société.

Enfin, il y avait Gene IV, doté d'un incroyable talent en tant que collectionneur d'art, accompagné de sa femme Barbara, une célèbre décoratrice d'intérieur. Ils ont construit une fabuleuse collection d'art en misant sur Hans Hoffman, Morris Lewis, Frank Stella, Donald Judd et Milton Avery bien avant que quiconque n'eut entendu parler d'eux. Leur première acquisition a été réalisée par le pionnier de la couleur Hans Hoffman. Il m'a fallu des années pour apprécier le travail de Hoffman. Barbara m'a également aidé à construire une incroyable collection de photographies qui se trouvent maintenant à l'Art Institute of Chicago. Lorsque j'ai visité une galerie pour la première fois avec , j'ai découvert une photo froissée par les jumeaux Starn nt deux mots : *Confusion / Order* (Confusion / Ordre). C'est uoi je me consacre — à mettre de l'ordre dans la confusion. et moi, nous avons donc créé une collection très nte, *Lessons in Life* (Leçons de vie). J'étais son premier

PRÉFACE

client en conseil artistique. Et c'est avec sa généreuse permission que nous rapportons au monde le livre classique de Gene.

Martin Edelston
Président fondateur de Boardroom Inc.
Éditeur de Bottom Line/Personal

Janvier 2004

PRÉFACE POUR L'ÉDITION DE BOARDROOM

Ce livre a été publié pour la première fois en – 1966 – ce qui me semble être il y a 3 vies. Il a été mis en vente par Prentice-Hall, une formidable maison d'édition : il ne s'est vendu qu'à quelques milliers d'exemplaires. Mais depuis sa publication, des gens me consultent régulièrement pour me dire qu'ils attribuent directement à la lecture de ce livre les millions de dollars qu'ils ont gagnés.

C'est assez étonnant, mais ce qui est encore plus remarquable est le fait que – quand j'y repense – aucune de ces personnes n'était un rédacteur publicitaire. Voici un livre qui s'appelle *Breakthrough Advertising* . . . et pourtant il était déjà utilisé par des hommes qui n'œuvraient pas du tout dans la publicité, pour gagner plus d'argent que la plupart d'entre nous ne rêvent d'accumuler.

PRÉFACE POUR L'ÉDITION DE BOARDROOM

Comment est-ce arrivé ? Pourquoi un éditeur, un financier, un fabricant de nouveautés, est-il capable de faire fortune avec un livre sur la compilation de phrases ? (Le financier m'a dit que moins d'un an après avoir acquis le livre, il a augmenté ses avoirs nets de 100.000 à 10 millions de dollars). Les phrases contenues dans les pages qui suivent sont-elles si puissantes ? Peuvent-elles changer le destin des hommes si radicalement ? Sont-elles beaucoup plus universellement adaptables contrairement à ce que j'en pensais au début ? ... de sorte qu'elles ne portent plus sur les produits *publicitaires*, mais littéralement sur *l'ouverture de nouveaux marchés pour eux* ?

C'est pourquoi, 18 ans plus tard, lorsque Boardroom Books m'a demandé de republier ce texte, il a fallu que je l'étudie à nouveau, avec le regard nouveau d'une personne qui ne l'avait pas lu depuis tout ce temps-là, pour voir quel était le *réel* contenu de mon livre et quel était son effet *réel* sur ses lecteurs.

Je l'ai fait. J'ai découvert le secret. Et j'utilise maintenant cette introduction pour admettre ma grande honte. Ce que je pensais avoir écrit pour ces mamans il y a quelques années était un livre sur la publicité; ce que j'ai effectivement écrit sur ces pages est un livre complètement différent, sur un thème beaucoup plus vaste :

Il existe un moyen de développer un marché entièrement nouveau pour un produit nouveau ou ancien. Ce procédé implique un certain nombre d'étapes claires et définies. Et dans ce livre, j'expose chacune de ces étapes.

Comme vous le savez peut-être, chacun de nous – peu importe la désignation officielle que nous donnons au secteur dans lequel nous exerçons nos activités, agissons à un niveau plus profond, dans exactement le même métier. Nous tous, *créons ou exploitons simplement des marchés pour nos produits.* Lorsque le marché apparaît, notre entreprise naît simultanément. Quand il grandit, notre part en fait de même. Quand il est mature, nos tableaux de vente reçoivent les premières contractions de son héritier. Et à ce

PRÉFACE POUR L'ÉDITION DE BOARDROOM

moment-là, si nous pouvons développer un nouveau marché pour cet ancien produit, c'est exactement comme si nous réalisions le rêve de Faust, et permettions à ce produit de boire dans la proverbiale « Fontaine de Jouvence ».

Nous sommes toutes principalement des sages-femmes conceptuelles, aidant à donner naissance à de nouveaux marchés pour nos produits. Toutes les autres fonctions – que nous ou notre entreprise effectuons – la fabrication, la gestion du service de distribution et tout le reste – ne sont que des ajouts à ce processus central vital.

Nous sommes, en une seule phrase, des « faiseurs de marchés ». Nous pressentons chaque marché à son tour. Nous testons et évaluons sa taille et sa portée Nous mesurons son potentiel financier réel, puis nous concentrons tout le monde, tout l'argent et tout le désir qui le constitue sur un seul et même objet : notre propre produit.

La plupart du temps, le marché existe avant notre produit et nous exploitons simplement sa force actuelle. Mais, en cette époque de changement constant, nous pouvons nous-mêmes aider à lui donner sa première forme financière viable. *Nous* pouvons sentir que les gens veulent des ordinateurs à domicile ou dans leurs bureaux... ou veulent se promener avec de la musique dans les oreilles... ou aimeraient passer 3 heures climatisées dans une galaxie lointaine, combattant avec des sabres lasers contre le mal et la tyrannie.

Créer un marché n'est donc pas, comme je le pensais lorsque j'ai écrit ce livre la première fois, simplement une question de réaliser une annonce. C'est aussi la fabrication d'un produit. Et c'est la création d'un canal par lequel ce produit peut être obtenu par les personnes dont vous avez fait naître le désir pour plus qu'une somme équivalente de leur argent. Ce livre parle visiblement des phrases qui constituent le principal attrait de ce produit pour ce marché. Mais on découvre son vrai message, plus

PRÉFACE POUR L'ÉDITION DE BOARDROOM

profond quand il est interprété comme un sourcier des marchés et un intensificateur de marché. En d'autres termes, son message vous montrera comment trouver votre marché « de rêve » et comment le conduire à une « frénésie alimentaire » nationale.

Et j'ai également fait une découverte tout aussi importante en relisant ce livre depuis sa première publication. Les exemples dans ses pages ont légèrement vieilli, mais les principes énoncés dans ces exemples sont intemporels. Par exemple, si j'écrivais ce livre aujourd'hui, ses exemples montreraient une plus grande appréciation du féminisme, de la conscience de l'environnement, des efforts en matière de santé et de remise en forme, même de la révolution sexuelle bénie. Ils seraient plus ouverts et plus francs qu'ils n'auraient pu l'être à l'époque.

Tout cela est pour le meilleur – *mais ce livre ne vise pas à redynamiser les annonces publicitaires d'aujourd'hui, mais à créer de toutes pièces les gagnantes de demain !* Ce livre porte sur le fait d'éviter d'avoir besoin de copier ou d'imiter un autre produit ou une publicité. Ainsi, les exemples d'aujourd'hui sont aussi « obsolètes » que ceux d'il y a 2 décennies. Ce livre traite de ce qui va se produire, et des règles fondamentales pour faire fortune en redirigeant légèrement ce futur.

Voyez-vous, les gens ne changent pas : seul le sens de leurs désirs change. On ne peut ôter leurs envies, ni créer leurs besoins. Tout ce dont nous avons besoin, c'est de pouvoir canaliser ces besoins vers les produits appropriés qui offrent une satisfaction légitime pour eux. Il faut 10 millions. . . 15 millions . . . 25 millions. . . 50 millions . . . 150 millions de personnes. . . pour créer un vaste marché pour vos produits. Mais il suffit d'un bout de papier, ou d'une série de vendeurs, pour diriger ces millions de personnes vers vos magasins, vos catalogues ou vos grossistes.

Rien n'a changé à cet égard depuis que j'ai écrit ce livre. Cela ne changera jamais non plus.

PRÉFACE POUR L'ÉDITION DE BOARDROOM

Aussi, ce livre ne vise *pas* à construire de meilleurs pièges à souris. Il s'agit toutefois de construire des souris plus grosses, puis de susciter une peur terrifiante de ces créatures chez vos clients. En d'autres termes, il s'agit d'aider à façonner le marché le plus vaste et le plus puissant possible, puis d'intensifier la réaction de ce marché face à son besoin ou problème fondamental, et à la solution « exclusive » que vous devez offrir.

Demandez à Rodale Press – pour qui j'ai vendu pour plus de 20 millions de dollars d'un seul livre, *The Pratical Encyclopedia of Natural Healing* (l'Encyclopédie Pratique de la Guérison Naturelle).

Demandez à l'éditeur de ce livre. Boardroom Reports, Inc. – qui a commencé avec un fonds de roulement total de 3.500 dollars et qui réalisera probablement plus de 25 millions de dollars en volume brut l'année prochaine, en partie grâce à, et je suis fier de le dire, une petite contribution de ma part.

Demandez aux 17 entreprises que j'ai créées ou aidées de démarrer. . . (25% d'*une seule* d'entre elles a été vendus à près d'un million de dollars en un jour.)

Ces principes fonctionnent. Ils découvrent des marchés. Ils construisent des marchés. Ils intensifient des marchés. Ils redynamisent les marchés. Ils remplissent, en somme, la fonction inestimable de *vous fournir des clients* pour les produits que vous souhaitez ou devez vendre.

Et c'est ce dont nous avons tous besoin, n'est-ce pas ? Des clients. C'est, par conséquent, un livre rempli de clients – pour *vos produits.*

Ça ne concerne vraiment rien d'autre. Juste des clients, par millions.

18 années ont passé. 3 vies. C'étaient de bonnes années et de bonnes vies. Je n'avais pas lu le livre depuis, mais une partie

PRÉFACE POUR L'ÉDITION DE BOARDROOM

cachée de moi s'en souvenait, et je pense qu'il vaut la peine d'être lu maintenant.

Si vous êtes d'accord avec moi, pourquoi ne pas me l'écrire et m'en parler. J'ai plusieurs millionnaires, et multimillionnaires à mon actif. Je voudrais que VOUS soyez le prochain.

Aidez-moi, s'il vous plaît.

Gene Schwartz

DÉDICACE

À BARBARA, qui, d'une façon ou d'une autre, d'une manière incroyable, m'aime et m'inspire toujours.

INTRODUCTION

LA CRÉATIVITÉ PEUT ETRE FABRIQUÉE SUR COMMANDE SI VOUS SUIVEZ CETTE SIMPLE RÈGLE

Si vous vous attendez à un ouvrage pédant sur la publicité, arrêtez-vous ici.

Je suis un rédacteur publicitaire par correspondance qui gagne sa vie en produisant des résultats – en dollars de profits soigneusement mesurés – à partir des mots écrits.

Mon revenu – mon niveau de vie – dépend carrément et directement de ma capacité à vendre. Et je n'ai aucun vendeur pour m'aider; pas de notoriété pour m'aider; pas de relances au point d'achat, pas de rabais, pas de vendeurs sympathiques pour donner un coup de pouce à mes produits.

Je vends, ou ne vends pas, sur la base d'un seul outil – ma publicité. C'est pourquoi, j'ai beaucoup examiné et expérimenté ces publicités. Et, depuis que j'ai la chance de posséder ma propre entreprise de vente par correspondance depuis 11 ans, j'ai une bien plus grande liberté que la plupart des rédacteurs publicitaires pour mettre mes idées à l'épreuve de façon concluante et pour voir si elles fonctionnent réellement ou non.

Je crois, comme beaucoup d'autres publicitaires, que la vente

INTRODUCTION

l'industrie électronique après la guerre : il peut toutefois *profiter de cette croissance* pour multiplier son capital par cinquante. Et le rédacteur ne crée pas le désir de perdre du poids chez des millions de femmes partout en Amérique; mais il peut *canaliser ce désir sur un produit particulier* et faire de son propriétaire un millionnaire.

Ainsi, l'objectif final est – de saisir ces forces naturelles gigantesques et de les exploiter à nos propres fins. *Mais comment le faisons-nous ?* Aucune de ces forces ne se ressemble. Chacune est unique. Chacune fonctionne de manière différente. La même formule, élaborée avec soin pour libérer de l'énergie atomique, échoue complètement pour résoudre le problème de la propulsion de fusée. Le même schéma d'investissement, qui détecte l'essor de l'électronique et fait fortune, perd cette fortune en uranium. Et le même attrait publicitaire, qui construit une industrie du régime, s'effondre complètement lorsqu'il est appliqué à des aliments sains, même si les deux publicités peuvent atteindre exactement le même public.

Pourquoi ? *Parce qu'aucune formule ne fonctionne deux fois.* Chaque formule est simplement la solution écrite à un problème particulier survenu dans le passé. Changez même une partie de ce problème et vous avez besoin d'une formule totalement différente. C'est pourquoi mémoriser des théories ne fera pas de vous un scientifique, ou étudier des graphiques ne vous transformera pas en un magicien du marché, ou réécrire les titres de quelqu'un d'autre ne fera pas de vous un rédacteur.

Qu'est-ce qui va marcher ? L'innovation, bien sûr. Une innovation continue et répétée. Un flot continu de nouvelles idées – de nouvelles solutions fraîches à de nouveaux problèmes. Créées – non par la voie impossible de la mémoire – mais par analyse.

Dans un domaine où les tendances changent constamment – où les forces qui déterminent le résultat changent constamment –

INTRODUCTION

où de nouveaux problèmes se posent constamment chaque jour – les règles, les formules et les principes ne fonctionneront tout simplement pas. Ils sont trop rigides – trop liés au passé. Ils doivent être remplacés par la seule méthode connue de traitement de l'analyse constamment nouvelle.

Et qu'est-ce que l'analyse ? *Il s'agit d'une série de jauges, de points de joue, de questions de panneaux indicateurs qui vous indiquent où va une force donnée et vous permettent d'y arriver en premier.* C'est une série de suppositions approximatives, basées sur des succès passés, qui vous permet de couper à travers la surface d'un problème pour voir ce qui le fait marcher. L'analyse est l'art de poser les bonnes questions et de laisser le problème dicter les bonnes réponses. C'est la technique de la percée. Et cela peut être appris – tout aussi sûrement que la grammaire, les mathématiques ou l'orthographe.

La première partie de ce livre porte sur l'analyse, appliquée au métier de rédacteur publicitaire. Sa thèse de base est la suivante :

> Chaque nouveau marché – chaque nouveau produit – chaque nouvelle publicité est un nouveau problème qui n'existait pas auparavant sur la planète. Les succès publicitaires précédents – peu importe leur qualité – ne peuvent pas résoudre le nouveau problème. Ils ne peuvent fournir que des points de départ, des questions à des solutions approximatives pour vous guider dans la bonne direction. La solution correcte, le titre correct, la publicité parfaite sont enfouis dans le problème lui-même. Cela n'a jamais été écrit auparavant. Il ne peut pas être produit par cœur, par copie de carbone ou mutations. Mais il peut être remonté à la surface, automatiquement, en posant les bonnes questions.

Je pense qu'il y a au moins quelques-unes de ces questions... certains de ces guides. Ils sont présentés dans la première partie de ce livre. On leur demande – et ils répondent – avant de vous

LA 1ÈRE PARTIE : LA STRATÉGIE DE BASE DE LA PERSUASION

agences les plus créatives d'Amérique. Mais les résultats – à contre-courant du désir de masse – ont été catastrophiques.

En 1954, les voitures étaient devenues universellement longues; et les conducteurs évaluaient mutuellement leur voiture en termes de puissance. C'était là la montée en puissance d'une vaste nouvelle demande du public. La Hudson Hornet Twin-H, la Cadillac à double échappement, la Chrysler 300 – ont à leur tour exploité cette tendance et l'ont conduite pour gagner des millions de dollars en ventes supplémentaires. La société Ford a décidé de minimiser les coûts et a consacré des millions de dollars de publicité à la sécurité. Là encore, la publicité s'est heurtée à un mur de désintérêt : les résultats étaient nuls; et, l'année suivante, Ford a produit et annoncé les moteurs les plus puissants de son histoire.

Mais peut-être que la preuve la plus douloureuse concerne l'Edsel. Voici une bonne voiture, adossée à un déluge de bonnes publicités, qui est morte en essayant de lutter contre le basculement accablant de la demande en une voiture compacte bon marché, simple et à faible consommation.

Laissez-moi le répéter. Ce désir de masse doit déjà être là. Il doit déjà exister. Vous ne pouvez pas le créer. Et vous ne pouvez pas le combattre. *Mais vous pouvez – et devez le diriger, le canaliser, le concentrer sur votre produit particulier.*

Qu'est-Ce Que Ce Désir De Masse – et Comment Le Créer ?

Nous pouvons définir ce désir de masse très simplement. *C'est la propagation publique d'un besoin privé.*

La publicité est une affaire de statistiques. Nous traitons avec des pourcentages de la population. Nous adressons nos annonces aux particuliers; et pourtant, le succès de notre publicité dépend

LA 1ÈRE PARTIE : LA STRATÉGIE DE BASE DE LA PERSUASION

de milliers, voire de millions, de ces personnes partageant la même réponse à ces publicités – le fait de vouloir notre produit suffisamment pour nous payer le prix que nous demandons.

Avant que ces personnes puissent partager cette réponse d'achat, elles doivent d'abord partager le désir sur lequel notre annonce est basée. En privé, chacune d'entre elles veut la même chose. Publiquement, elles sont assez nombreuses pour nous rembourser le coût de la publicité, de la fabrication et de la vente, plus du profit. *C'est le moment où un désir personnel est partagé par un nombre statistiquement significatif de personnes, suffisamment important pour pouvoir rembourser de manière rentable le coût de la vente à ces personnes, cela correspond à la naissance d'un marché.* Ce marché peut consister en un désir partagé par seulement quelques milliers de personnes, tel que le désir de posséder de belles antiquités. Ou il peut être partagé par des dizaines de millions, comme le désir de perdre du poids. Mais il est là, exigeant d'être satisfait, n'attendant que les informations qui le dirigeront sur un produit particulier.

Puisque ces désirs de masse sont partagés par des millions de personnes, il faut des années pour les développer et ils sont créés par des forces sociales, économiques et technologiques bien supérieures à celles que la publicité peut commander. C'est ce fait, utilisé correctement, qui confère à la publicité son énorme potentiel de profits. En dirigeant simplement ce gigantesque désir de masse déjà existant, plutôt que d'être obligé de le créer — *la publicité commande ainsi à une force économique des centaines de fois plus puissante que le simple montant en dollars que l'annonceur peut y consacrer.* C'est *l'Effet d'Amplification* du succès d'une publicité – la raison pour laquelle 1 dollar dépensé en publicité peut générer 50 voire même 100 dollar de ventes.

Mais cet Effet d'Amplification n'a lieu que lorsque la publicité exploite un désir déjà existant. Quand elle essaie de créer ce désir,

LA 1ÈRE PARTIE : LA STRATÉGIE DE BASE DE LA PERSUASION

ce n'est plus de la publicité mais de l'éducation. Et, en tant qu'éducation, elle ne peut générer au mieux qu'un dollar de vente pour chaque dollar dépensé en publicité. Aucun annonceur ne peut se permettre d'éduquer le public américain. Il doit s'appuyer sur des forces bien supérieures à tout budget publicitaire pour réaliser ce désir de masse. Et il peut ensuite faire travailler ces forces pour lui, en dirigeant ce désir sur son produit particulier.

Quelles sont ces forces nationales qui créent ce désir de masse ? Il y en a beaucoup. Mais elles se divisent en 2 catégories générales, chacune présentant son problème singulier au rédacteur. Voici ces 2 catégories, avec quelques exemples spécifiques pour chacune.

1. Les Forces Permanentes

L'Instinct de Masse. Le désir des femmes d'être attirantes, ou des hommes d'être viril, ou à la fois des hommes et des femmes de rester en bonne santé. Dans ce cas, l'instinct ne s'estompe jamais – le désir ne change jamais. Le problème du rédacteur publicitaire n'est pas de cerner la tendance – c'est à la portée de tous. Son travail consiste à distinguer son produit des autres produits précédents – à créer un nouvel attrait – à renforcer la crédibilité – à faire passer le désir de l'accomplissement offert par un produit à celui offert par un autre. Comment cela se fait, nous le verrons dans un instant.

Un problème technologique de masse. Une mauvaise réception de la télévision, ou la corrosion des pots d'échappement des voitures, ou le temps nécessaire à l'aspirine pour apporter un soulagement. Jusqu'à ce que le problème soit enfin résolu, les clients achèteront et essaieront. Acheter et réessayer. Et ici, le rédacteur rencontre le même problème : offrir la même réclamation d'exemption que ses concurrents, mais l'offrir de

LA 1ÈRE PARTIE : LA STRATÉGIE DE BASE DE LA PERSUASION

manière nouvelle.

2. Les Forces du Changement

Le début, l'accomplissement et le renversement d'une tendance. La Mode. La décision de masse soudaine de montrer une augmentation de salaire en installant une piscine dans la cour arrière, au lieu d'acheter une voiture plus grosse. L'attrait de la puissance des années 50 et sa soudaine subordination à l'économie du gaz. Ici, le rédacteur traite avec des pailles dans le vent qui peuvent indiquer un ouragan. Ici, il a besoin de conscience, de prévoyance, d'intuition. Il doit être capable de voir et de saisir la marée montante quand elle est presque imperceptible – de savoir lequel des nombreux attraits intégrés à son produit devrait être souligné à un moment donné, et quand passer à un autre – et, toujours, comment être là en premier.

L'Éducation de Masse. Le manuel de l'école et l'écran de cinéma. Les goûts et les apparences des femmes de la société, des stars de la télévision, des candidats à la présidentielle, se répandirent dans tous les hameaux d'Amérique. La pression du groupe; les commérages dans l'arrière-cour; les pionniers des produits communautaires. Et tout aussi important, la somme de toutes les publicités – dans son effet inconscient, imprévu et global, de multiplier les rêves et les désirs des gens et d'élever ainsi leur niveau de vie. Ici encore, le problème est le timing. Quand le changement devient-il statistiquement significatif ? Quand est-ce que *suffisamment de gens* apportent du changement ? Quand la motorisation automobile, par exemple, devrait-elle changer d'image pour devenir l'économiseur d'essence ordinaire ?

Le rédacteur est confronté à une société contenant des dizaines – voire des centaines – de ces désirs de masse déjà existants. *Son*

LA 1ÈRE PARTIE : LA STRATÉGIE DE BASE DE LA PERSUASION

premier travail est donc de les détecter – de les inventorier – de cartographier leur force et leur direction. Il s'agit d'une étude qui occupera une partie de chaque journée de travail pour le reste de sa vie.

Son deuxième travail consiste à exploiter ses produits sur leur dos. Il le fait de cette manière...

Comment Diriger Un Désir De Masse Sur Votre Produit Particulier

Le rédacteur utilise 3 outils dans son travail :

- sa propre connaissance sur les espoirs des gens, des rêves, des désirs et des émotions,
- le produit de son client,
- et le message publicitaire, qui relie les deux.

Le rédacteur effectue son travail en 3 étapes. En général, elles se déroulent de cette façon :

1. Choisissez le désir le plus puissant que vous puissiez éventuellement appliquer à votre produit.

Chaque désir de masse a 3 dimensions vitales.

- La première est l'urgence, l'intensité et le degré de demande à satisfaire. Par exemple, des douleurs arthritiques constantes comparées à un mal de tête mineur.
- La deuxième dimension est la résistance, le degré de répétition, l'incapacité à être rassasié. Par exemple, la faim crue comparée à un besoin impérieux d'aliments gastronomiques.
- Et la troisième dimension est la portée – le nombre de personnes partageant ce désir. Par exemple, le nombre

LA 1ÈRE PARTIE : LA STRATÉGIE DE BASE DE LA PERSUASION

d'hommes prêts à payer 10 dollars pour un accessoire automobile qui économise de l'essence, par rapport à ceux prêts à payer le même prix pour un accessoire qui évite simplement de futures factures de réparation.

Chaque produit fait appel à deux, trois ou quatre de ces désirs de masse. Mais un seul peut prédominer; un seul peut atteindre votre client par le biais de votre titre. Un seul est la clé qui libère le maximum de puissance économique au moment précis de la publication de votre annonce. *Votre choix parmi ces différents désirs est l'étape la plus importante de la rédaction de votre annonce.* S'il est incorrect, rien de ce que vous pourrez faire dans l'annonce n'aura d'importance. Ce choix est incarné dans votre titre. C'est pour cette raison que nous consacrons tant de chapitres aux titres par la suite.

Pour résumer la première étape, vous essayez de choisir le désir de masse qui vous donne le plus de pouvoir dans les trois dimensions. Vous essayez d'exploiter un seul désir prédominant qui existe aujourd'hui dans le cœur et l'esprit de millions de personnes qui cherchent activement à le satisfaire en ce moment même.

2. Reconnaissez ce désir – renforcez-le – et / ou offrez les moyens de le satisfaire – en une seule déclaration dans le titre de votre annonce.

Ce titre est le pont entre votre prospect et votre produit. Cela touche votre prospect au niveau de conscience à auxquel il est arrivé aujourd'hui. S'il est conscient de votre produit et réalise qu'il peut satisfaire son désir, votre titre commence par votre produit. S'il n'est pas conscient de votre produit, mais seulement du désir lui-même, votre titre commence par le désir. Et, s'il n'est pas encore conscient de ce qu'il recherche réellement, mais s'intéresse uniquement à un problème général, votre titre commence par ce problème et le cristallise en un besoin

LA 1ÈRE PARTIE : LA STRATÉGIE DE BASE DE LA PERSUASION

spécifique.

Quoi qu'il en soit, votre titre – bien qu'il ne mentionne jamais votre produit – est la première étape essentielle pour reconnaître ce désir de masse – le justifier et l'intensifier – et orienter sa solution selon un chemin spécifique.

3. Ensuite, vous prenez les séries de performances qui sont intégrées à votre produit – ce que fait votre produit – et vous montrez à votre prospect que ces performances répondent inévitablement à ce désir. Voici comment...

L'analyse De Votre Produit : Qu'est-ce Que C'est – Et À Quoi Ça Sert

En réalité, chaque produit que vous êtes chargé de vendre comprend en réalité 2 produits. L'un d'eux est le produit physique – l'acier, le verre, le papier ou le tabac que le fabricant a façonné selon un motif particulier, dont il est fier, à juste titre. L'autre est le produit *fonctionnel* – le produit en action – la série d'avantages que votre produit offre à votre consommateur et sur la base duquel il achète votre produit.

Le produit physique ne se vend pas. Les gens n'achètent pas l'acier d'une voiture, le verre d'un vase, le tabac d'une cigarette ou le papier d'un livre.

La partie physique de votre produit n'a de valeur que parce qu'elle permet à votre produit de *faire des choses* pour les gens. La partie importante de votre produit est ce qu'il fait. Le reste – le squelette en acier – le boîtier en chrome ou en métal que vous livrez réellement à vos clients – n'est que votre excuse pour leur facturer votre prix. La raison pour laquelle ils vont vraiment vous payer, c'est ce que le produit va *faire*.

Aucune partie physique de votre produit ne peut jamais

LA 1ÈRE PARTIE : LA STRATÉGIE DE BASE DE LA PERSUASION

devenir un titre. Personne n'achètera la taille de l'usine de votre client, le poids de l'acier de votre client, les soins apportés à la construction de votre client. Tous ces faits ne peuvent ensuite être utilisés que pour documenter et renforcer la performance principale que vous promettez au lecteur dans votre titre, de la manière suivante :

En justifiant votre prix. C'est la théorie du bon sens selon laquelle plus la voiture est longue, plus le nombre de tubes dans le téléviseur est élevé, plus le nombre de points de soudure par centimètre est élevé, plus le produit peut rapporter des dollars – si ce produit offre d'abord la performance demandée par votre prospect.

En documentant la qualité de votre performance. Dites à votre prospect le poids de l'acier dans la porte de votre voiture, et il sera plus susceptible de croire que votre voiture va protéger sa vie s'il devait avoir un accident sur l'autoroute. Dites à votre prospect le nombre de fois où votre plante élimine les impuretés dans votre crème pour le visage et elle a plus de chances de croire que votre crème éliminera les impuretés de sa peau.

En assurant votre prospect que cette performance se poursuivra au fil des années. Les pots d'échappement en céramique signifient aucune facture de réparation pour la durée de vie de votre voiture. Le papier à protection chimique signifie que vous pouvez confier vos livres hors de prix à vos enfants. Les aliments surgelés vous permettent de conserver le goût et les vitamines pendant des mois après votre achat.

En affinant l'image mentale du lecteur avec cette performance. La Rolls-Royce doit vous offrir une conduite silencieuse parfaite, car chaque partie métallique du châssis est protégée de toute autre partie métallique par une couche de protection en caoutchouc. La nouvelle crème pour le visage d'Helena Rubenstein doit donner à votre peau un aspect plus

LA 1ÈRE PARTIE : LA STRATÉGIE DE BASE DE LA PERSUASION

jeune, car elle contient du placenta d'animaux vivants.

Et, surtout, en redonnant aux promesses de performances de votre produit une nouvelle base de crédibilité. Il s'agit de l'utilisation la plus importante du produit physique dans les domaines où une nouvelle entreprise ou un nouveau produit tente d'envahir un champ d'instinct de masse établi. D'autres ont déjà fait la même promesse auparavant. Votre produit, afin de faire en sorte que les ventes s'éloignent d'eux, doit introduire un nouveau mécanisme exécutant la promesse, ou une nouvelle qualité garantissant ses performances, ou une nouvelle liberté par rapport aux anciennes limitations améliorant les performances. C'est le point de différence – souvent conçu par le rédacteur et construit par le fabricant dans le produit suite à sa recommandation. Nous aborderons ce point de différence de manière assez approfondie dans les prochains chapitres.

Voilà pour le produit physique. Il est toujours subordonné au produit fonctionnel – le produit en action – à ce que le produit fait.

C'est la performance de votre produit, satisfaisant le désir de masse de votre marché, qui fournit le potentiel de vente de votre annonce. Votre première tâche consiste donc, dans l'étude de votre produit, à répertorier le nombre de performances différentes qu'il contient – à regrouper ces performances par rapport aux désirs de masse que chacune d'entre elles satisfait – et à présenter ensuite la performance qui permettra d'exploiter le plus grand potentiel de vente sur votre produit à ce moment précis.

Prenez l'automobile, par exemple. Chaque automobile offre à son futur propriétaire plusieurs ensembles de performances différents et distincts :

Elle lui offre un *transport*. La capacité de le transporter lui-même, sa famille, ses bagages et peut-être même accueillir (dans

LA 1ÈRE PARTIE : LA STRATÉGIE DE BASE DE LA PERSUASION

le cas des voitures break), ses animaux domestiques et ses meubles d'un endroit à l'autre.

Elle lui offre une *fiabilité*. L'absence de panne, de retard, de mauvaises performances, de factures de réparation, d'embarras et de désagréments.

Elle lui offre des *économies*. Un transport peu coûteux; des économies d'essence et de pétrole; l'absence de facture de réparation, perçu cette fois-ci du point de vue du livre de poche; la durabilité, la valeur de reprise élevée, le faible coût d'assurance.

Elle lui offre du *pouvoir*. Le nombre de chevaux sous le capot; le démarrage aux feux; l'accélération en côte et dans la circulation; la vitesse maximale, même s'il ne l'utilise jamais. Tout cela contribue à créer un sentiment de domination sur l'autoroute.

Elle lui offre une *reconnaissance*. L'admiration, le statut, la vantardise subtile et acceptée, l'envie, le sentiment d'être arrivé à destination. Les oh et ah de ses voisins, le premier tour, l'odeur même d'une nouvelle voiture.

Elle lui offre de la *valeur*. Le nombre de mètres d'acier qu'il peut commander pour le prix. La valeur de reprise élevée au fil des années. Le fait que la voiture puisse parcourir 200.000 kilomètres, même s'il peut se permettre de la changer chaque année.

Elle lui offre de la *nouveauté* : la direction assistée il y a cinq ans – le verrouillage électrique des portières aujourd'hui. Les travaux de peinture tricolores hier – les peintures irisées maintenant. Le frisson d'être le leader, le chef de file du rythme, le pionnier éprouvé.

Et bien d'autres. Certains d'entre eux cachés, jamais admis,

LA 1ÈRE PARTIE : LA STRATÉGIE DE BASE DE LA PERSUASION

découverts récemment par des recherches sur la motivation. Des dizaines de performances différentes sont intégrées dans le même produit, chacune atteignant et exploitant un désir différent – un public distinct.

Et pourtant, votre annonce ne peut contenir qu'une seule de ces performances; ne peut exploiter efficacement qu'un seul désir de masse à la fois.

Votre titre est limité par l'espace physique. Vous n'avez qu'un regard du lecteur pour l'arrêter. Il est préoccupé – il ne cherche pas votre produit ou votre message – l'étendue de son attention n'admettra qu'une seule pensée pour pénétrer son indifférence au cours de ce regard.

Si votre première pensée le retient, il lira la seconde. Si la seconde le retient, il lira la troisième. Et si la troisième pensée le retient, il lira probablement votre annonce.

Chaque produit vous donne des dizaines de clés. Mais une seule conviendra pour la serrure. Votre travail consiste à trouver une performance dominante – à comprimer chaque goutte de puissance de votre présentation – puis à convaincre votre lecteur que cette performance et cette satisfaction ne peuvent provenir que de votre produit.

Les 4 chapitres suivants montreront comment localiser cette performance dominante et comment l'intégrer dans votre titre. Une fois que vous avez écrit ce titre, même les autres performances contenues dans votre produit ne font que renforcer et documenter cet attrait principal, exactement de la même manière que les faits relatifs au produit physique mentionnés ci-dessus.

2 – L'ÉTAT DE CONSCIENCE DE VOTRE

LA 1ÈRE PARTIE : LA STRATÉGIE DE BASE DE LA PERSUASION

PROSPECT – COMMENT EN TIRER PARTI LORSQUE VOUS RÉDIGEZ VOTRE TITRE

Vous avez maintenant terminé les 2 premières étapes de la rédaction de votre annonce. Vous avez défini le désir de masse qui définit votre marché – par exemple le désir de perdre du poids, partagé par des millions de femmes partout en Amérique. Et vous avez sélectionné une performance dans votre produit qui répond le mieux à ce désir – par exemple, un repas liquide dans un verre, délicieux, copieux, déjà quantifié pour vous, aussi facile et agréable à boire qu'un chocolat malté.

Cette définition de votre marché, ainsi que la sélection des performances du produit les plus susceptibles de harponner ce marché, constitue *le concept de base*, ou le thème, de votre annonce. Vous savez maintenant où vous allez commencer – avec votre marché; et où vous allez finir – avec votre produit. *Le pont entre ces deux derniers – leur lieu de rencontre – est votre annonce.*

Votre annonce commence toujours par votre marché, et mène inévitablement ce marché vers votre produit. Le début de votre annonce – votre titre – constitue la première étape de ce processus. Par conséquent, il concerne entièrement votre marché. Il se peut même qu'il ne mentionne jamais votre produit ou ses performances. Il est entièrement basé sur la réponse à ces 3 questions :

1. *Quel est le désir de masse qui crée ce marché ? (Que nous avons déjà découvert)*

2. *Que savent ces gens aujourd'hui de la manière dont votre produit répond à ce désir ? (Leur état de conscience)*

3. *Combien d'autres produits leur ont été présentés avant le*

LA 1ÈRE PARTIE : LA STRATÉGIE DE BASE DE LA PERSUASION

vôtre ? (Leur état de sophistication)

La réponse à la question 1 vous donne la force à l'échelle nationale qui crée votre marché. Les réponses aux questions 2 et 3 vous donnent la localisation de ce marché par rapport à votre produit. Votre stratégie pour exploiter ou maîtriser les réponses à ces deux dernières questions vous donnera le contenu de votre titre. Redéfinissons d'abord le travail que nous allons demander à notre titre de faire, puis voyons comment chacune de ces deux dernières questions nous indique ce que ce titre devrait – et ne devrait pas – dire.

Le Vrai Travail De Votre Titre

Il y a eu beaucoup de confusion quant au travail de vente que votre titre devrait être tenu de faire. *En fait, votre titre n'a pas besoin de vendre du tout.* Il n'est pas nécessaire de mentionner votre produit. Il n'est même pas nécessaire de mentionner votre attrait principal. Exiger qu'un titre fasse l'une de ces choses revient à imposer l'intégralité du fardeau de la vente sur environ 10 % à 20 % de l'espace physique total de votre annonce. . . cet espace physique pris par le titre lui-même.

Votre titre n'a qu'un seul objectif : interpeller votre prospect et l'obliger à lire la deuxième phrase de votre annonce. De la même manière, votre deuxième phrase n'a qu'un seul objectif : le forcer à lire la troisième phrase de votre annonce. Et la troisième phrase – et chaque phrase supplémentaire de votre annonce – ont exactement le même objectif.

Il est tout simplement logique que plus votre histoire peut forcer votre prospect à lire, plus vous pourrez lui vendre quelque chose. Tenter de faire le même travail de vente en 10 mots, au lieu de 100, voire de 1.000, c'est jouer avec l'argent de vos clients. Vous pourriez aussi bien ne disposer que de suffisamment

LA 1ÈRE PARTIE : LA STRATÉGIE DE BASE DE LA PERSUASION

d'espace pour imprimer votre titre et utiliser le reste du budget pour des insertions répétées.

C'est le travail du rédacteur de forcer le prospect à lire le récit complet de son client, pas seulement une version écrémée. Ce n'est que pour les prospects recherchant activement le produit de marque spécifique du client, et dans le cas où vous pouvez leur offrir une réduction de prix spéciale, que votre titre peut faire le travail de vente complet. Tenter une vente complète avec un autre genre de titre, c'est simplement admettre sa défaite.

Ce Que L'état De Conscience De Votre Prospect Exige De Votre Titre

Nous avons déjà supposé que le seul lecteur que vous recherchez est le prospect de votre produit. Cela signifie qu'il partage un désir défini avec des milliers, voire des millions d'autres personnes partout en Amérique. *Mais à quel degré de conscience ce prospect se trouve-t-il par rapport à ce désir ? À quelle distance se trouve-t-il de la surface de sa conscience ? Est-il seulement conscient du fait qu'il existe un problème ou un besoin ou du fait que ce même désir peut être satisfait ? Et s'il est conscient de l'existence d'un moyen de satisfaction, réalise-t-il que cela réside dans votre groupe de produits, ou plus précisément dans le nom de votre produit, ou plus précisément dans votre produit à un prix donné ?*

La réponse à ces questions vous aidera à déterminer l'état de conscience de votre marché – l'état actuel de leurs connaissances sur votre produit et sur la satisfaction que votre produit procure. C'est à ce moment précis de conscience que votre titre commence.

Dans son développement naturel, la conscience de chaque marché passe par plusieurs étapes. Plus votre marché est conscient, plus la vente est facile, moins vous avez à dire.

LA 1ÈRE PARTIE : LA STRATÉGIE DE BASE DE LA PERSUASION

Descendons progressivement l'échelle de conscience. Nous commencerons par le plus conscient – le travail de vente le plus mécanique – et nous passerons à des problèmes de plus en plus difficiles, nécessitant des solutions de plus en plus créatives.

1. Le Plus Conscient

Le client connaît votre produit – sait ce qu'il fait – sait qu'il le veut. À ce stade, il n'est tout simplement pas encore prêt à l'acheter. Votre titre – en fait, votre annonce entière – n'a besoin que d'un peu plus d'indication, à l'exception du nom de votre produit et d'un prix avantageux.

Par exemple :

« Les lentilles Revere Zomar, appareil photo oculaire électrique – auparavant à 149,50 dollars – maintenant, à seulement 119,95 dollars »

Le reste de la publicité peut résumer rapidement les arguments de vente les plus désirables. Ajoutez ensuite le nom d'un magasin, ou un coupon, et concluez.

C'est le genre typique de publicité dans les grands magasins, les magasins à prix réduits, les offres de vente par correspondance, par catalogue. Elle tire parti de tout le poids de toute la publicité faite sur le même produit avant elle. Sa valeur ajoutée – sa nouveauté – se trouve dans le prix – ou dans un cadeau gratuit – ou dans une livraison instantanée – ou dans la proximité d'un quartier. Son prospect est *pleinement conscient* : il dispose de toutes les informations nécessaires. Dans ce cas, le rédacteur n'est autre que le créateur de phrases du responsable des marchandises. Le prix est la partie la plus importante de son titre. Son travail n'a rien de créatif et il devrait recevoir le salaire le plus bas possible.

LA 1ÈRE PARTIE : LA STRATÉGIE DE BASE DE LA PERSUASION

2. Le Client Connaît Le Produit, Mais Ne Le Veut Pas Encore

Ici, votre prospect n'est pas complètement conscient de tout ce que fait votre produit, ou n'est pas convaincu de la qualité de son produit, ou n'a pas encore été informé de son amélioration.

Ici – dans l'approche de ce marché – se trouve l'essentiel de la publicité. Ici, vous avez affaire à un produit connu – qui a créé une marque – qui est déjà associé à un désir public reconnu, et qui a prouvé qu'il le satisfaisait.

Ici, votre titre est confronté à l'une des 7 tâches suivantes :

(a) Renforcer le désir de vos prospects pour votre produit.

(b) Affiner son image de la manière dont votre produit répond à ce désir.

(c) Élargir son image de l'endroit et du moment où votre produit répond à ce désir.

(d) Introduire des nouvelles preuves, des détails et une documentation indiquant dans quelle mesure votre produit répond à ce désir.

(e) Annoncer un nouveau mécanisme dans ce produit pour lui permettre de satisfaire davantage ce désir.

(f) Annoncer un nouveau mécanisme dans votre produit qui élimine les anciens freins.

(g) Ou modifier complètement l'image ou le mécanisme de ce produit, afin de le soustraire à la concurrence d'autres produits prétendant satisfaire le même désir.

Dans les 7 cas, l'approche est la même. Vous affichez le nom du produit – que ce soit dans le titre ou dans un logo de même

LA 1ÈRE PARTIE : LA STRATÉGIE DE BASE DE LA PERSUASION

taille – et vous utilisez le reste du titre pour indiquer sa supériorité. Le corps de la publicité est alors une élaboration de cette supériorité – incluant la visualisation, la documentation, la mécanisation. Lorsque vous avez fini de tisser chaque mèche de la supériorité de votre produit, votre annonce est terminée.

Voici des exemples de titres présentant des solutions aux 7 problèmes de cet état de conscience :

(a) Renforcer le désir de vos prospects pour votre produit – en utilisant :

L'ASSOCIATION :

« Steinway – L'instrument des immortels. »

« Joy (Joie) – Le parfum le plus cher du monde. »

L'EXEMPLE :

« Quelle jumelle a une Toni ? »

« La coloration de cheveux est si naturelle que seul son coiffeur le sait vraiment – Miss Clairol »

L'AFFÛTAGE SENSORIEL :

« Des goûts comme ceux que vous venez de choisir – Dole. »

« La peau que TU aimes toucher – Woodbury »

L'ILLUSTRATION :

(N'importe laquelle parmi les milliers de superbes annonces illustrées dans les industries de l'alimentation, de la mode, de cosmétiques, de bijoux et autres industries, peuvent-être résumées au mieux par le titre classique de Life Saver.
« Prière de ne pas lécher cette page. »

(b) Affiner l'image de votre prospect de la manière dont votre produit répond à ce désir (un peu comme l'affûtage sensoriel

LA 1ÈRE PARTIE : LA STRATÉGIE DE BASE DE LA PERSUASION

illustré précédemment; mais focalisé ici sur le produit physique lui-même ou sur le mécanisme avec lequel il fonctionne) :

« À 60 miles à l'heure, le bruit le plus fort à bord d'une Rolls Royce est celui de l'horloge électrique. »

« L'incroyable histoire d'un Zippo qui a fonctionné après avoir été extrait du ventre d'un poisson. »

(c) Élargir son image de l'endroit et du moment où votre produit répond à ce désir :

« Partout où vous vous rendez. Hertz est toujours à proximité »

« La soif ne connaît pas de saison » – dans une publicité d'hiver, à une époque où les boissons froides n'étaient consommées que durant l'été – « Coca Cola ».

(d) Introduire des nouvelles preuves, des détails et une documentation indiquant dans quelle mesure votre produit répond à ce désir :

« 9 stars de cinéma sur 10 utilisent le savon de toilette Lux pour une peau douce et inestimable. »

« Jake La Motta, boxeur de 73 kilos, n'arrive pas à aplatir le gobelet en papier Mono. »

« À Boston, la N°1 des villes buveuses de thé est Salada. »

(e) Annoncer un nouveau mécanisme dans ce produit pour lui permettre de satisfaire davantage ce désir :

« La nouvelle invention de Hoovers lave les sols et aspire l'eau de lavage. »

« La seule nourriture pour chiens au monde qui fait sa propre sauce – Gaines Graw Train. »

(f) Annoncer un nouveau mécanisme dans votre produit qui

LA 1ÈRE PARTIE : LA STRATÉGIE DE BASE DE LA PERSUASION

élimine les anciens freins :

> « Vous ne respirez aucune odeur de poussière lorsque VOUS le faites avec Lewyt. »

> « Une nouvelle aide auditive Zenith – discrète au-delà de toute croyance. »

(g) Ou de modifier complètement l'image ou le mécanisme de ce produit, afin de le soustraire à la concurrence d'autres produits prétendant satisfaire le même désir.

Il s'agit de l'état de sophistication de notre marché – le degré d'exposition qu'ils ont déjà eu à des produits similaires. Chaque produit au cours de son cycle de vie rencontre ce problème. Tout le chapitre 3 sera consacré à certaines des approches pour sa solution.

Nous passons maintenant aux marchés les moins conscients – avec leurs défis de textes de vente plus difficiles, et leur demande accrue pour des produits sans précédent.

3. Comment Introduire De Nouveaux Produits

Le prospect sait ou reconnaît immédiatement qu'il veut ce que le produit fait; mais il ne sait pas encore qu'il existe un produit – votre produit – qui le fera pour lui.

Ici, le problème a 2 volets.

- Premièrement, identifier le désir mal défini et non cristallisé qui se répand lentement dans de grandes masses de personnes partout en Amérique.

- Et deuxièmement, cristalliser ce désir et sa solution de manière si nette et spectaculaire que chaque prospect le reconnaîtra d'un seul coup d'œil.

Les 3 étapes du processus sont simples :

LA 1ÈRE PARTIE : LA STRATÉGIE DE BASE DE LA PERSUASION

1. Nommez le désir et / ou sa solution dans votre titre.
2. Prouvez que cette solution peut être accomplie.
3. Et montrez que le mécanisme de cet accomplissement est contenu dans votre produit.

Cependant, en commençant par un marché dans cet état de conscience toujours amorphe et en poursuivant avec chacun des défis les plus difficiles à venir, *l'exécution devient de plus en plus importante que la mécanique.* Ici, le rédacteur contribue de plus en plus à la valeur du produit aux yeux du public, et à son volume total de ventes. Ici, l'innovation entre en jeu. Ici, le rapport de salaire du rédacteur par rapport à celui du superviseur de la production augmente brusquement. Car c'est le domaine de l'homme avec des idées.

Quels sont les attributs dont il a besoin ?

Tout d'abord, de l'*analyse*. En tant que rédacteur, vous jugerez nécessaire de définir le marché le plus réceptif à votre produit, son emplacement par rapport à votre produit en termes de notoriété et de sophistication, ainsi que les forces émotionnelles qui ont créé ce marché et le potentiel pour les ventes de votre produit en son sein.

Deuxièmement, de l'*intuition*, qui peut être décrite comme la capacité à détecter une tendance à son début, d'en mesurer la force et la direction, de déterminer le moment précis où elle s'installe sur un marché rentable.

Et troisièmement, de la *créativité verbale*, comme discutée dans les 3 prochains chapitres et dans le reste du livre. L'habileté à donner un nom à ce qui n'est pas encore défini. Saisir un sentiment, un espoir, un désir, une peur dans les mots. Créer un mot-clé ou un slogan. *Focaliser l'émotion et lui donner un objectif.*

LA 1ÈRE PARTIE : LA STRATÉGIE DE BASE DE LA PERSUASION

Voyons comment de grands rédacteurs du passé ont pris ces désirs amorphes et les ont mis au premier plan dans une seule promesse contenue dans leur titre :

« Allumez une , et vous ne voudrez jamais de bonbons qui font grossir. »

« Qui d'autre veut un lavage plus blanc – sans travail acharné »

« Comment se faire des amis et influencer les gens »

« Aux hommes qui veulent *arrêter de travailler* un jour »

« Quand les *médecins* se sentent obèses – voici ce *qu'ils* font »

« Maintenant ! Démarrez votre voiture sans bougies d'allumage »

« Qui n'a jamais entendu parler de *17.000 floraisons* sur une seule plante »

Et des dizaines d'autres. Ici, le désir amorphe a été cristallisé dans le titre. Puis affiné et développé dans les premiers paragraphes; satisfait et documenté dans le corps de l'annonce; et inévitablement focalisé sur le produit.

Parfois, la promesse la plus simple du désir est la meilleure. « Comment se faire des amis et influencer les gens » n'a pas besoin de rebondissement verbal pour en augmenter l'impact. À d'autres moments, le désir lui-même doit être renforcé par de nouvelles preuves qu'il est possible de le réaliser : « Lorsque les *médecins* se sentent obèses – voici ce *qu'ils* font ». Ou avec le mystère, « Maintenant ! Démarrez votre voiture sans bougies d'allumage ! ». Ou par l'émerveillement, « Qui n'a jamais entendu parler de *17.000 floraisons* sur une seule plante ? ». Les 2 chapitres suivants aborderont, en premier lieu, la stratégie consistant à

LA 1ÈRE PARTIE : LA STRATÉGIE DE BASE DE LA PERSUASION

déterminer quand utiliser une nouvelle approche; et deuxièmement, comment affiner cette première promesse de désir avec une verbalisation.

4. Comment Introduire Des Produits Qui Répondent À Des Besoins

Le prospect possède – non pas un désir – mais un besoin. Il reconnaît le besoin immédiatement. Mais il ne réalise pas encore le lien entre la satisfaction de ce besoin et votre produit.

Il s'agit de la publicité de résolution de problèmes. Elle pourrait être considérée comme un cas particulier du désir susmentionné, car sa technique de rédaction est très similaire. Ici, vous commencez par nommer le besoin et / ou sa solution dans votre titre. Puis vous dramatisez le besoin si vivement que le prospect réalise à quel point il a besoin de la solution. Puis vous présentez votre produit comme la solution inévitable.

Encore une fois, ce type d'annonce va de la promesse la plus dénuée à la seule affirmation du besoin, aux rebondissements verbaux les plus compliqués pour la porter au maximum de son impact. Pour commencer par le début, le titre le plus efficace possible pour votre problème particulier peut être aussi simple que ceci :

« Du maïs ? »

Ici, seul le problème lui-même est mentionné – rien de plus. Ou il peut être nécessaire d'énoncer immédiatement le problème et la solution :

« Arrête les démangeaisons exaspérantes. »

De nombreux titres de cette catégorie promettent la suppression des freins auparavant invincibles. Ils sont particulièrement populaires dans la vente par catalogue :

LA 1ÈRE PARTIE : LA STRATÉGIE DE BASE DE LA PERSUASION

« Quand les radios portables passent par le courant domestique de la maison. »

Et beaucoup combinent les 3 éléments – le problème, sa solution, et la suppression des freins généralement escomptés :

« Élimine les hémorroïdes sans chirurgie. »

Certains titres promettent de remplacer des tâches désagréables ou coûteuses :

« Maintenant ! Le travail d'un anneau et d'un piston dans un tube ! »

Et il y a des titres qui promettent de prévenir un problème futur, avant qu'il ne puisse se produire :

« Regarde, Maman ! Aucunes caries ! »

Mais souvent, le problème n'est pas clairement défini, pas aussi évident à sa surface. Vous connaissez peut-être le problème dans son ensemble – par exemple l'embarras des gens à parler un anglais médiocre. Mais vous ne savez peut-être pas quelle voie est la plus efficace pour les atteindre. Ici, l'accent est mis sur un seul mot – l'affûtage émotionnel d'une image déjà facile à identifier – apporte la réponse :

« Faites-VOUS *ces erreurs* en anglais ? »

Et, là où la solution au besoin avait été promise auparavant – où la promesse directe de la solution avait perdu sa force et sa fraîcheur – il fallait des rebondissements verbaux pour restaurer cette nouveauté :

« Comment un coiffeur chauve m'a aidé à sauver mes cheveux. »

5. Comment Ouvrir Un Marché Complètement Inconscient

LA 1ÈRE PARTIE : LA STRATÉGIE DE BASE DE LA PERSUASION

Et enfin – le plus difficile. Le prospect est soit non conscient de son désir ou de son besoin – ou bien il ne l'admettra pas honnêtement sans être guidé par votre annonce – ou le besoin est si général et si amorphe qu'il résiste à être résumé en un seul titre. – ou c'est un secret qui ne peut tout simplement pas être verbalisé.

C'est la portée extérieure de l'échelle de sensibilisation. Ce sont ces personnes qui demeurent toujours les prospects logiques de votre produit; et déjà, dans leur esprit, ils se trouvent à des centaines de kilomètres d'accepter ce produit. C'est votre travail de combler ce fossé.

Permettez-moi de répéter ce que j'ai dit lorsque nous avons commencé à explorer ces 5 étapes de prise de conscience. Chacune de ces étapes est séparée des autres par un mur psychologique. D'un côté de ce mur se trouve l'indifférence; de l'autre, un intérêt intense. Un titre qui fera des merveilles dans la première étape – par exemple, « Le savon Dial » – du gâteau – échouera complètement lorsqu'il s'adressera à un marché de la troisième étape où votre prospect ne réalisera même pas que des savons peuvent être fabriqués avec des désodorisants. Et un titre de la troisième étape, par exemple « Qui d'autre veut un lavage plus blanc – sans travail acharné ? » – sera désuet, ce n'est pas nouveau pour la femme au foyer d'aujourd'hui, qui a été condamnée à une publicité plus blanche que blanche pendant 20 ans.

En résumé – un titre qui fonctionnera sur un marché à un stade de conscience ne fonctionnera pas sur un marché à un autre stade de conscience. Il ne fonctionnera pas non plus, même sur un marché dans lequel il a réussi, une fois que ce marché passera à une nouvelle étape de la prise de conscience.

La plupart des produits sont conçus pour satisfaire un besoin ou un désir spécifique. Ils naissent dans des marchés qui sont au

LA 1ÈRE PARTIE : LA STRATÉGIE DE BASE DE LA PERSUASION

moins au troisième ou au quatrième stade de la sensibilisation. Ils peuvent donc ne jamais être confrontés au problème d'un marché inconscient.

Cependant, de nombreux produits ne sont pas connus du public ou ne sont pas acceptés par le public – à un moment ou à un autre de leur vie. Le désir qu'ils satisfont se tarit, ou d'autres produits le satisfont davantage, ou ils sont catalogués « démodés ».

Encore une fois, il s'agit d'une question de statistiques. Lorsqu'un produit commence à patiner. . . lorsque le volume diminue, même si les budgets publicitaires sont augmentés. . . lorsque le nom du produit ne se vend plus autant. . . lorsqu'une promesse directe de la fonction du produit ne se vend plus autant. . . quand une promesse directe du désir ou du besoin que le produit remplit *ne se vend plus autant – alors ce produit doit renaître, et son problème est la difficulté d'ouverture d'un marché inconscient.*

Encore une fois, c'est le problème le plus difficile, le plus ambitieux de tous. Il existe peu de jalons positifs pour vous guider. Mais heureusement, il existe des règles négatives tout à fait évidentes qui peuvent éliminer de nombreuses impasses et vous mettre face à face avec votre tâche. Planifier un titre pour un marché totalement inconscient de la résistance du marché est, donc, avant tout un processus d'élimination.

Voici les premières étapes :

1. Le prix ne signifie rien pour une personne qui ne connaît pas votre produit ou qui veut votre produit. Par conséquent, éliminez toute mention de prix ou de réduction de prix dans votre titre ou dans votre présentation générale.

2. Le nom de votre produit ne signifie rien pour une personne

LA 1ÈRE PARTIE : LA STRATÉGIE DE BASE DE LA PERSUASION

qui ne l'a jamais vu auparavant, et pourrait en réalité endommager votre annonce si vous aviez eu un mauvais modèle l'année précédente, ou si elle était maintenant associée à l'ancien, au démodé ou au désagréable. Par conséquent, veillez à ce que votre produit se trouve en dehors du titre, et faites attention à ne pas casser l'ambiance ou masquer votre annonce avec un logo proéminent.

3. Voici le fait le plus difficile à accepter. À ce stade de votre marché, une promesse directe de ce que votre produit fait, du désir qu'il satisfait ou du problème qu'il soulève, ne fonctionnera tout simplement pas. Votre produit n'a pas encore atteint ce stade, ou il est passé au-delà. Et vous ne pouvez pas simplement passer d'un désir à un autre. Vous n'êtes pas confronté ici à un problème de sophistication, mais à une totale indifférence ou à une inadmissibilité. Par conséquent, les performances de votre produit et le désir qu'il satisfait ne peuvent être ajoutés que plus tard. Vous ne pouvez pas les mentionner dans votre titre.

Vous ne pouvez donc pas mentionner le prix, le produit, la fonction ou le désir. Qu'est-ce qu'il vous reste ? *Votre marché, bien sûr !* Et la possibilité évidente qu'en élargissant votre attrait au-delà du prix, de la fonction du produit ou de votre désir spécifique, vous puissiez atteindre les limites maximales de votre marché jusqu'à son plein potentiel; regrouper les attraits dissidents; et augmentez les ventes de votre produit à un taux légendaire.

Une fois que vous avez accepté le défi de rédiger ce type d'annonce, votre produit et ses attributs s'estompent, et vous vous concentrez exclusivement sur l'état d'esprit de votre marché à ce moment précis.

Ce que vous faites essentiellement dans cette cinquième étape

LA 1ÈRE PARTIE : LA STRATÉGIE DE BASE DE LA PERSUASION

consiste à *regrouper votre marché* dans le titre de votre annonce. Vous écrivez un titre d'identification. Vous ne vendez rien, ne promettez rien, ne satisfaites rien. Au lieu de cela, vous faites écho à une émotion, une attitude, une satisfaction qui distingue les gens de la foule et les lie dans une seule promesse.

Dans ce type de titre, vous leur dites ce qu'ils sont. Vous les définissez pour eux-mêmes. Vous leur donnez les informations dont ils ont besoin et qu'ils désirent, à propos d'un problème encore si vague que vous êtes le premier à l'exprimer.

Voici, avant tout, le type de titre qui ne tente jamais de vendre un produit ou une performance, mais qui tente simplement de vendre le reste de la publicité elle-même – les informations qui suivent sur la page. La seule fonction de ce titre est de permettre au prospect de lire le paragraphe suivant. Et ce deuxième paragraphe l'amène au troisième; et le troisième au quatrième; et jusqu'en bas de la page, paragraphe après paragraphe.

En attendant, ces paragraphes construisent une progression constante des images logiques, depuis la première identification avec le titre, à une prise de conscience croissante du problème ou au désir de réaliser qu'une solution est à portée de main, et à la focalisation inévitable de ce désir et de cette solution sur votre produit particulier.

Telle est donc la stratégie générale consistant à traiter avec un marché inconscient. L'application de cette stratégie, lorsque toutes les méthodes directes ont échoué, a produit des centaines de grands titres. Il serait impossible de tous les classer, car chaque solution établit son propre modèle nouveau. Cependant, il existe des points de repère précis et des directions que nous pouvons distinguer. En voici quelques-unes – à commencer par le principe général utilisé, puis par le problème résolu, ensuite par le titre lui-même, puis par le paragraphe structurel le plus important du corps du texte de vente...

LA 1ÈRE PARTIE : LA STRATÉGIE DE BASE DE LA PERSUASION

Mettre Des Mots Sur Un Rêve Caché

Le problème : élargir le marché des cours à domicile par correspondance au-delà de celui obtenu avec les titres « Gagner plus d'argent » et « Obtenir plus de compétences ».

La solution :

L'UNIVERSITÉ DE NUIT

Le jeune Lincoln, penché sur des livres d'école empruntés jusque tard dans la nuit – cherchait, dans la pénombre du feu de sa cheminée – la lumière transformante du savoir – désireux de grandir – désireux de faire. . . Voici un exemple qui a inspiré l'homme qui lutte contre les obstacles des circonstances pour se faire une place dans le monde.

Ce soir, dans les villes et villages. . . des milliers d'hommes abandonneront leurs tâches quotidiennes pour livrer, sous la lampe, la bataille que Lincoln a menée. . . En haut des mines, en bas des mâts de navires. . . de tous les lieux de travail des hommes, ils rentreront chez eux et prendront leurs livres car ils aspirent à grandir, car ils recherchent une formation plus poussée, davantage de compétences, plus de responsabilités. . .

Certains d'entre eux sont des hommes qui travaillent dans un domaine alors que leurs talents et leurs désirs se situent dans un autre. Certains . . . sont interrompus dans leur progrès parce qu'ils ne comprennent pas les principes supérieurs de leur entreprise ou de leur profession. Certains ont quitté l'école à l'enfance parce que la pauvreté rendait cela nécessaire. . . Il y a 50 ans, ces hommes. . . n'auraient eu aucun endroit où se tourner en ce qui concerne les programmes d'études et

LA 1ÈRE PARTIE : LA STRATÉGIE DE BASE DE LA PERSUASION

l'orientation personnelle dont ils ont besoin.

Il y a 30 ans, une école a été fondée pour leur venir en aide – une école créée pour leurs besoins et pour leur situation – une école qui leur est destinée, où qu'ils soient – une école. . .

Créée pour répondre à un besoin, les Écoles Internationales par Correspondance ont développé leur portée et leur utilité pour répondre à la croissance de ce besoin. . .

Exploiter Une Peur Cachée

Le problème : Revitaliser les ventes d'un substitut de café, longtemps après que les titres santé, les titres promesses et les gros titres ont échoué. Problème secondaire : pour surmonter un nom de marque qui perdait de sa splendeur, il n'était plus un atout, ni dans le titre ni dans le logo.

La solution :

POURQUOI LES HOMMES CRAQUENT...

Une autorité de rang international a récemment écrit : « Vous avez trop mangé et rempli vos organes de stimulants modérés, dont les pires sont non seulement l'alcool et le tabac, mais également la caféine et le sucre. »

Vous les connaissez. Des hommes forts, des hommes vigoureux, des hommes robustes – des hommes qui n'ont pris aucun congé maladie de leur vie. Ils poussent. Ils se poussent à bout. Ils se déchaînent avec des stimulants. Ils craquent. Souvent, ils se crashent.

Vous les avez vus après. Des coquilles pitoyables. Le

LA 1ÈRE PARTIE : LA STRATÉGIE DE BASE DE LA PERSUASION

zeste a disparu, le feu a disparu. Les brasiers d'énergie sont épuisés.

« Il était en tellement bonne santé »

Il l'était. Sa santé l'a mené à sa perte. Sa constitution a absorbé la peine. Sinon, il aurait pu être prévenu à temps.

« Pour chaque action, il existe une réaction égale et opposée. » Vous avez appris la loi en physique. Cela s'applique au corps physique.

Pour chaque gramme d'énergie obtenu par stimulation, en fouettant les nerfs à l'action, un gramme de force en réserve est drainé... Mais les retraits répétés épuisent toute la réserve. C'est la faillite physique. Puis le crash...

Il est temps de revenir à la normale, de clore les ébauches, d'éteindre certains incendies ...

Évitez les stimulants. Ce qui est bon pour le garçon l'est aussi pour l'homme ...

L'énergie empruntée doit être remboursée !

2 millions de familles américaines évitent la caféine en buvant du Postum. Et 2 millions de familles américaines s'en sortent mieux...

Diriger Vers Un Problème Inacceptable En Partant D'une Image Universellement Acceptée

Le problème : pour gagner à la fois l'approbation de l'éditeur et du prospect avec un déodorant pour femmes, une promesse directe de la performance ou du produit serait non seulement offensante, mais ne serait jamais publiée.

LA 1ÈRE PARTIE : LA STRATÉGIE DE BASE DE LA PERSUASION

La solution :

DANS LA COURBE DES BRAS D'UNE FEMME

Une discussion franche sur un sujet trop souvent évité.

Les bras d'une femme ! Les poètes ont chanté sa grâce; des artistes ont peint sa beauté.

Ce devrait être la chose la plus douce et la plus délicate au monde. Et encore, malheureusement, ça ne l'est pas toujours.

Il y a un vieux délinquant dans cette quête de la douceur parfaite – un délinquant dont nous sommes naïfs nous-mêmes, nous sommes toujours aussi inconscients, mais qui est tout aussi présent.

Pouvons-nous en discuter franchement ?

Les nombreuses femmes qui affirment : « Non, la transpiration ne m'ennuie jamais », ne connaissent pas les faits...

Bien sûr, nous ne sommes pas à blâmer car la nature nous a fait en sorte que les glandes sudoripares sous les bras soient plus actives que partout ailleurs. Nous ne sommes pas à blâmer parce que... elles y ont rendu l'évaporation normale impossible.

Êtes-vous absolument sûr de votre douceur ?

Ce sont les produits chimiques du corps, pas la saleté, qui provoquent les odeurs. Et même s'il n'y a pas de transpiration active – pas d'humidité apparente – il peut y avoir une odeur sous les bras...

Des femmes exigeantes qui veulent être absolument sûres de leur état de douceur ont constaté qu'elles ne pouvaient pas avoir confiance en leur propre conscience,

LA 1ÈRE PARTIE : LA STRATÉGIE DE BASE DE LA PERSUASION

elles ont ressenti le besoin d'une eau de toilette qui les protège contre ce genre de désagrément sous les aisselles, de l'humidité ou des odeurs.

Pour répondre à ce besoin, un médecin a prescrit Odorono, une eau de toilette parfaitement inoffensive et délicieuse...

Projeter Un Désir Caché Qui Ne Peut Pas Être Exprimé Par Des Mots

Le problème : Tirer profit des résultats de la recherche selon laquelle fumer des cigarettes procure aux hommes un sentiment de virilité, de l'importance et de la force sexuelle. Toute expression verbale de ces thèmes, cependant, serait immédiatement rejetée comme absurde et offensante.

La solution :

LA PUBLICITÉ AVEC LE TATOUAGE MARLBORO

Avec ses hommes virils (des cow-boys, des pilotes de voitures de course, des parachutistes, etc.) dont l'apparence à elle seule projetait plus d'image de virilité brute que n'importe quel nombre de mots jamais utilisés.

Utiliser Un Ressentiment Commun Ou Une Protestation Non Exprimée Pour Conquérir Un Marché Beaucoup Plus Vaste Que Ce Que La Promesse Directe De La Solution De Ce Ressentiment Produirait

Le problème : Vendre un livre de bricolage sur les réparations de télévision. Bien que tous les propriétaires de téléviseurs constituent le marché potentiel, seule une petite fraction se

LA 1ÈRE PARTIE : LA STRATÉGIE DE BASE DE LA PERSUASION

considère suffisamment intéressée ou suffisamment capable pour répondre à un titre avec une promesse directe : « Économisez jusqu'à 100 dollars par an sur les réparations de votre téléviseur ! » La plupart avaient peur de ne pas pouvoir effectuer les réparations eux-mêmes. Par conséquent, le marché doit être élargi pour inclure les propriétaires non-bricoleurs, en exploitant le ressentiment existant envers les contrats de maintenance de télévision.

La solution :

POURQUOI LES PROPRIÉTAIRES DE TÉLÉVISION N'ONT-ILS PAS ÉTÉ AVISÉS DE CES FAITS

Votre télévision a-t-elle été acheté après le printemps 1947 ? Alors, voici l'histoire complète et non censurée de la façon dont vous pouvez éviter ces factures de réparation de 15 à 20 dollars – évitez ces 30 à 860 dollars de frais de service annuels – et obtenez toujours les images claires et parfaites dont vous avez toujours rêvé !

Combien de fois cette semaine avez-vous dû vous lever pour corriger une image télévisée instable ? . . . Combien de fois avez-vous eu à supporter des spectres ? . . .

90 % De Ces Pannes Sont Inutiles !

Toutes ces pannes vous ont peut-être semblé tragiques au moment où elles se sont produites, mais voici la véritable tragédie ! Saviez-vous que le même téléviseur que vous possédez maintenant dans votre salon. . . est allumé dans les salles de test des fabricants depuis des mois – et fonctionne à la perfection !

Ces téléviseurs ont été soumis à des « tests de panne » . .

LA 1ÈRE PARTIE : LA STRATÉGIE DE BASE DE LA PERSUASION

. Ces téléviseurs ont été testés contre tous les types d'inconvénients imaginables. . . Et, dans presque tous les cas, ces téléviseurs ont produit des images claires et parfaites, sans pannes majeures, pendant une année entière ! En voici certains des facteurs :

Ce Que Les Experts De La Télévision Ont Appris Sur Votre Poste De Télévision.

Si votre téléviseur a été correctement entretenu, comme ces téléviseurs l'étaient. . . il n'a besoin de tomber en panne qu'une fois par an. . .

Si votre appareil a été correctement entretenu, il peut vous offrir une réception nette et parfaite, les 364 autres jours de l'année. . .

Et surtout, ces experts ont découvert qu'il n'était pas nécessaire d'être un homme à tout faire ni un mécanicien pour assurer cette performance. . . Voici pourquoi :

5 Minutes Par Semaine Pour Une Réception Parfaite.

Ces experts de la télévision ont découvert que votre téléviseur ressemblait beaucoup à votre corps à cet égard : il émettait des signaux d'avertissement avant qu'il ne tombe en panne. . .

Maintenant, si vous aviez le savoir-faire pour effectuer quelques ajustements mineurs, sur les contrôles extérieurs de ce téléviseur, vous pourriez alors corriger ces symptômes. . .

Si vous n'avez pas cette connaissance. . . alors votre diffusion faiblira, vous aurez toujours une mauvaise image. . .

C'est aussi simple que ça. Vous payez un réparateur –

LA 1ÈRE PARTIE : LA STRATÉGIE DE BASE DE LA PERSUASION

non pour son travail – mais pour ses connaissances. Si vous aviez la connaissance vous-même, vous n'auriez pas du tout à le payer.

Supposons maintenant que vous ayez un expert en télévision à votre disposition 24h/24. Supposons que chaque fois que votre poste commence à grésiller ou à sauter. . . cet expert vous montrerait exactement quel bouton situé à l'extérieur de votre poste vous pourriez tourner. . .

Supposons que chaque fois que des spectres vous agacent. . . Cet expert vous montrerait un truc simple et non mécanique. . .

Oui, et supposons que même lorsque votre poste s'éteint, cet expert pourrait vous montrer. . .

Toutes Les Informations Dont Vous Avez Besoin Sur Votre Téléviseur !

C'est exactement ce qu'un nouveau livre, le GUIDE DU PROPRIÉTAIRE DE TÉLÉVISION fait pour vous. . .

Projeter Un Triomphe Ultime À Laquelle Le Prospect S'identifiera

Le problème : vendre des leçons de musique par correspondance à un public plus large que ne le ferait une approche directe « Jouer de vraies mélodies avec un piano en 5 jours ».

La solution :

ILS SE SONT MIS À RIRE QUAND
JE ME SUIS ASSIS AU PIANO.
MAIS QUAND J'AI COMMENCE À JOUER !

LA 1ÈRE PARTIE : LA STRATÉGIE DE BASE DE LA PERSUASION

Arthur venait de jouer « The Rosary » (Le Rosaire). La salle a résonné dans un tonnerre d'applaudissements. J'ai décidé que ce serait un moment exceptionnel pour moi de faire ça à mes débuts. À la stupéfaction de tous mes amis, je m'approchai avec confiance du piano et je m'assis.

« Jack est à la hauteur de ses vieux tours », gloussa quelqu'un. La foule a ri...

« Peut-il vraiment jouer ? » ai-je entendu une fille murmurer à Arthur.

« Ciel, non ! » S'exclama Arthur. « Il n'a jamais joué une note de sa vie. Mais vous voyez, ça va être drôle. »...

Puis J'ai Commencé À Jouer.

Instantanément, un silence tendu s'abattit sur les invités. Le rire mourut sur leurs lèvres comme par magie... J'ai entendu des halètements d'étonnement. Mes amis étaient à bout de souffle – fascinés.

J'ai joué encore et encore et pendant que je jouais, j'ai oublié les gens autour de moi. J'ai oublié l'heure, l'endroit, les auditeurs à bout de souffle. Le petit monde dans lequel je vivais semblait s'estomper – semblait s'affaiblir – irréel. Seule la musique était réelle... C'était comme si le maître musicien lui-même me parlait... pas en mots mais en accords. Pas dans les phrases mais dans d'exquises mélodies !

Une Victoire Totale !

Alors que les dernières notes de la Moonlite Sonata (Sonate au clair de lune) s'éteignaient, la salle retentit sous un rugissement d'applaudissements. Je me suis retrouvé entouré de visages excités. Comme mes amis

LA 1ÈRE PARTIE : LA STRATÉGIE DE BASE DE LA PERSUASION

m'ont félicité ! Les hommes me serraient la main – me félicitaient sauvagement – me martelaient le dos avec enthousiasme ! Tout le monde s'exclamait de joie, me posant des questions rapides. . . « Jack ! Pourquoi ne nous as-tu pas dit que tu pouvais jouer comme ça ? » . . . « Où as-tu appris ? » . . . « Depuis combien de temps prends-tu des cours ? » . . . « Qui est ton professeur ? »

« Je n'ai même jamais vu mon professeur », répondis-je. « Et il y a peu de temps, je ne pouvais même pas jouer une note. »

« Ne me fais pas rire », rigola Arthur, pianiste accompli. « Tu as pris des cours depuis des années. Je peux le confirmer. »

« J'ai pris des cours depuis peu de temps », ai-je insisté.

« J'ai décidé de garder le secret pour que je puisse tous vous surprendre, les gars. »

Puis je leur ai raconté toute l'histoire

« Avez-vous déjà entendu parler de la US School of Music (L'école américaine de musique) ? », ai-je demandé.

Quelques-uns de mes amis ont acquiescé. « C'est une école par correspondance, n'est-ce pas ? », s'exclamèrent-ils.

« Exactement », ai-je répondu. « Ils utilisent une nouvelle méthode simplifiée qui peut vous apprendre à jouer de n'importe quel instrument par correspondance en quelques mois seulement. » . . .

Projeter Le Résultat D'un Problème De Manière À Ce Qu'il Soit Identifié Par Des Personnes Susceptibles De Rejeter Une

LA 1ÈRE PARTIE : LA STRATÉGIE DE BASE DE LA PERSUASION

Déclaration Directe Du Problème Lui-même

Le problème : augmenter les ventes d'un bain de bouche, non seulement sur un thème de germe (qui pourrait être immédiatement accepté), mais sur le thème plus général de l'exclusion sociale, qui serait rejeté sous sa forme directe. L'idée de mauvaise haleine était trop insultante pour que le public la prenne « directement ».

La solution :

SOUVENT DEMOISELLE D'HONNEUR MAIS JAMAIS LA MARIÉE

Le cas d'Edna était vraiment pathétique. Comme chaque femme, son ambition première était de se marier. La plupart des filles de son groupe étaient mariées ou sur le point de l'être. Pourtant, personne ne possédait plus de charme, de grâce ou de beauté qu'elle.

Et, au fur et à mesure que ses anniversaires défilaient progressivement vers ce tragique mariage à la trentaine, elle semblait plus éloignée de sa vie que jamais.

Elle était souvent demoiselle d'honneur mais jamais la mariée.

C'est ce qu'il y a d'insidieux avec la mauvaise haleine (une haleine désagréable). Vous-même, vous savez rarement quand vous l'avez. Et même vos amis les plus proches ne vous diront rien.

Parfois, bien sûr, la mauvaise haleine provient d'un trouble organique profondément ancré qui nécessite des conseils professionnels. Mais habituellement – et heureusement – la mauvaise haleine n'est qu'une condition locale qui succombe à l'utilisation régulière de la Listerine comme bain de bouche et gargarisme. Il est

LA 1ÈRE PARTIE : LA STRATÉGIE DE BASE DE LA PERSUASION

intéressant de noter que cet antiseptique bien connu, utilisé depuis très longtemps pour les pansements chirurgicaux, possède ces propriétés inhabituelles comme déodorant de l'haleine ...

Projeter Le Résultat D'un Exploit Pour Attirer Des Personnes Qui Seraient Effrayées Par Le Travail Requis Pour Y Parvenir

Le problème : Élargir le marché des cours à domicile par correspondance, au-delà de ce qui est possible, avec une promesse directe du résultat immédiat – apprentissage ou compétence. Une tentative doit être faite pour éloigner l'esprit du prospect de l'effort, en guise de récompense.

La solution :

« VOICI 50 DOLLARS SUPPLÉMENTAIRE, GRACE »

« Je gagne *vraiment* de l'argent désormais ! »

« Oui, j'ai gardé ça secret jusqu'à l'arrivée du jour de paie. On m'a promu avec une augmentation de 50 dollars par mois. Et le premier supplément est pour vous. Juste une petite récompense pour m'avoir exhorté à étudier à la maison. Le patron a vu que mon temps libre en formation a fait de moi un homme de grande valeur pour la firme et que nous gagnerons bientôt plus de l'argent. Nous commençons par la voie facile, Grace, grâce à toi et à l'ICS.

La Liste Ne Finit Jamais

Chaque jour de nouvelles solutions, de nouveaux modèles sont créés. Partout où l'attrait direct échoue ou perd de sa puissance,

LA 1ÈRE PARTIE : LA STRATÉGIE DE BASE DE LA PERSUASION

vous devriez commencer à explorer un titre de la cinquième étape.

Cependant, il convient de rappeler deux points essentiels par rapport à ce problème. Tout d'abord, il est beaucoup plus difficile de ramener ce type de titre à la cible que les 4 autres types. Vous êtes beaucoup plus susceptible de manquer la cible sur ce titre, car vous avez beaucoup moins de balises pour vous diriger. *Votre titre ne se réfère plus à votre produit, mais doit donc encore plus faire référence à votre marché.* Il ne peut pas être simplement une amorce, ou un sujet qui attire l'attention, ou qui est drôle ou mignon. Il ne peut pas non plus masquer le fait qu'il n'existe pas de titre derrière une belle image. La plupart des rédacteurs utilisent un problème de la cinquième étape pour écrire un titre vide et gaspillent donc simplement l'argent de leurs clients.

Comme il est si facile de se perdre dans un titre non pertinent, gardez à l'esprit cette règle fondamentale. *Votre prospect doit s'identifier à votre titre avant de pouvoir acheter.* Ce doit être *son* titre, *son* problème, *son* état d'esprit à ce moment particulier. Il doit choisir les prospects logiques du produit et rejeter autant de personnes qu'il en attire.

Et si le titre est efficace et qu'il fonctionne, il deviendra aussi obsolète à mesure que votre marché passera à une nouvelle étape de prise de conscience. Et vous serez confronté à un autre problème, tout aussi stimulant et valorisant que celui que vous avez résolu auparavant. Vous ne nagerez jamais 2 fois dans la même rivière. Aucun marché ne reste à jamais immobile.

Un Dernier Mot Sur Le Style Pour La Rédaction Publicitaire

Les marchés changent; les désirs changent; les modes changent. Et les styles de publicités acceptables changent également. Certains styles de publicité – la *forme* que prend votre message publicitaire – s'usent avec le temps – puis deviennent périmés – puis deviennent risibles. Au siècle précédent, des publicités efficaces étaient écrites en vers; 20 ans plus tard, personne ne les croirait. Dans les années 20, la plupart des grandes publicités étaient des récits narratifs – soit des aveux à la première personne, soit des révélations à la troisième personne, soit des dramatisations de bandes dessinées. Aujourd'hui, tout sauf la bande dessinée a disparu – et nous en voyons de moins en moins chaque année. Quand un nouveau style est né, les gens le croient et cela renforce le message qu'il porte. Lorsque ce même style devient banal, les gens ne peuvent pas voir le message de la publicité.

Nous approfondirons ce sujet dans les chapitres consacrés à l'Humeur et au Déguisement dans des publicités écrites. En attendant, encore une note ici.

Dans une publicité efficace, bien que les styles puissent changer, la stratégie ne change pas. Si vous étudiez les annonces du *piano* et de la *demoiselle d'honneur* de ce chapitre, vous remarquerez ceci : même si le style narratif de ces deux annonces est désormais dépassé, vous pouvez toujours répondre à leur puissance. Les deux désirs existent encore – bien que maintenant ils puissent être dirigés vers des produits et des problèmes différents. Et toutes deux évoquent ces désirs et les canalisent avec une telle efficacité que, si elles étaient réécrites dans le langage actuel et appliquées à différents produits, elles pourraient toujours vendre aujourd'hui des biens pour des millions de dollars.

3 – LA SOPHISTICATION DE VOTRE MARCHÉ : COMBIEN DE PRODUITS ONT ÉTÉ LANCÉ AVANT VOUS ?

LA 1ÈRE PARTIE : LA STRATÉGIE DE BASE DE LA PERSUASION

Comme nous l'avons mentionné précédemment, au chapitre 2, vous devez répondre à trois questions avant de pouvoir déterminer ce qui figure dans votre titre. Les voici :

1. Quel est le désir de masse qui motive votre marché ?
2. À quel point votre marché connaît-il de votre produit ? (Leur état de conscience.)
3. *Combien de produits similaires ont déjà été mentionnés auparavant ? (Leur état de sophistication.)*

Cette troisième question est la plus facile à répondre. Quelques heures de recherche devraient vous donner des échantillons de chaque annonce concurrente sur le terrain – s'il en existe.

Si vous êtes le premier sur votre marché

S'il n'y en a pas – si vous êtes le premier sur votre marché particulier, avec votre produit particulier – vous avez alors affaire à des prospects qui ne sont pas du tout sophistiqués à propos de votre produit. En d'autres termes, ils n'ont jamais reçu d'informations sur un tel produit auparavant. Une fois que vous les intéressez, ils vont probablement devenir beaucoup plus enthousiastes, croire davantage à ce que vous avez à dire et acheter cela beaucoup plus facilement. Rappelez-vous, votre histoire est nouvelle pour eux.

Ceci, bien sûr, est le rêve de chaque fabricant et de chaque copywriter. *Être le premier.* Et cela arrive assez souvent aujourd'hui. Parfois en raison d'une avancée technologique : création d'un nouveau produit (sprays pour cheveux pour les femmes), d'un produit radicalement meilleur (les vinyles 45

LA 1ÈRE PARTIE : LA STRATÉGIE DE BASE DE LA PERSUASION

tours), ou d'un produit familier à un prix extrêmement bas (la Ford Model T).

Et parfois, ce marché tout neuf est créé par la perspicacité d'un publicitaire, qui s'occupe d'un produit déjà établi. Dans ce cas, l'annonce visualise l'application du produit sur un marché totalement différent (le passage, dans les années 20, d'Ovaltine, une aide pour l'insomnie à un produit pour construire le corps pour les enfants maigres).

Ou encore, il atteint ce marché par un média inexploité jusqu'à présent (les résultats fabuleux de Revlons provenant du parrainage de « La Question à 64.000 dollars » au tout début de la télévision).

Ou alors, il découvre une performance de son produit jusque-là inaperçue, qui l'emporte complètement sur les limites de son ancien marché (la découverte par Lifeboy que les gens accepteraient sa forte odeur médicinale comme remède contre la transpiration, et le baptême de cette odeur avec le mot « B.O »).

Lorsqu'une telle opportunité en or – d'être le premier – se présente, vous avez probablement affaire à un marché dans sa troisième ou quatrième phase de prise de conscience. Vos prospects savent qu'ils aimeraient ce que votre produit fait ou souhaitent se débarrasser du problème que votre produit résout – si seulement cela était possible.

Ici, la réponse à votre troisième question est assez simple. Vous avez affaire à un marché où vous êtes le premier. Par conséquent, ils n'ont aucune information antérieure sur des produits similaires. Par conséquent, ils ne sont pas du tout sophistiqués.

Et votre exploitation de cette réponse – votre stratégie pour aborder ce marché – est également simple :

LA 1ÈRE PARTIE : LA STRATÉGIE DE BASE DE LA PERSUASION

1. Soyez simple. Soyez direct. Surtout, ne soyez pas fantaisiste. Même chose pour le besoin ou la promesse dans votre titre – rien de plus. Dramatisez cette promesse dans votre texte de vente, rendez-la aussi puissante que possible. Puis, présentez votre produit; et prouvez qu'il fonctionne.

Rien de plus, parce que rien de plus n'est nécessaire. Pour illustrer notre propos, examinons l'un des domaines de l'histoire du marketing les plus rentables, les plus insatiables, qui se renouvellent constamment et donc, surchargés : le domaine du régime. Personne ne sait qui a été le premier homme à tomber dans le domaine du régime (bien qu'il soit à peu près certain qu'il soit devenu millionnaire). Mais tout ce qu'il avait à dire dans son titre était une simple promesse du désir direct de millions de femmes :

« MAINTENANT ! PERDEZ LA VILAINE GRAISSE ! »

Alors qu'il commençait à bien fonctionner, d'autres suivaient inévitablement. Mais, à ce moment-là, le domaine du régime avait déjà été exploité. Des publicités avaient été réalisées. La promesse directe avait été faite. Une simple répétition ne suffirait plus. En d'autres termes, le marché du régime en était maintenant à sa deuxième étape de sophistication. Une nouvelle approche était nécessaire. La stratégie devait être changée – en ceci :

Si Vous Êtes En Second, Faites Ceci

Si vous êtes deuxième et que la promesse directe fonctionne toujours – *alors copiez cette promesse avec succès – mais développez-la. Conduisez-la à la limite absolue. Surenchérissez sur la concurrence.*

Par exemple, voici deux titres qui ont réussi dans le domaine du régime, qui est désormais extrêmement concurrentiel, et qui

LA 1ÈRE PARTIE : LA STRATÉGIE DE BASE DE LA PERSUASION

ont fait exactement cela. Ils ont tous les deux été poussés à l'extrême limite de la légalité et de la crédibilité. Mais ils ont tous les deux bien fonctionné.

« PERDEZ 30 KILOS EN 4 SEMAINES -
OU RECEVEZ 40 DOLLARS EN RETOUR ! »

« J'AI MAIGRI DE 27 KILOS
... SANS AVOIR FAIM UNE SEULE MINUTE. »

Dans la plupart des domaines, cette technique des promesses élargies atteint les limites extérieures par étapes successives. Parfois, l'achèvement de ce processus prend des années. Autre exemple, dans le domaine des jardins potagers, un annonceur a sorti une rose Floribunda, utilisant ce titre avec un succès saisissant :

« CUEILLEZ-EN 25 — 50 — 100
SUR CETTE SEULE ET MAGNIFIQUE PLANTE ! »

Ça a marché. Et ainsi, quelques années plus tard, une variété spéciale de "cushion mum" a ratissé le pays avec ce titre :

« 600 MUMS
DEPUIS UN SEUL PLANT »

Et, un an plus tard, ce titre a mené le processus à ce qui constitue probablement les limites absolues de Mère Nature :

"QUI N'A JAMAIS ENTENDU PARLER DE
17.000 FLEURS
PROVENANT D'UNE SEULE PLANTE ? »

Aussi simple que cette évolution paraisse, elle produit des résultats. Cela a considérablement augmenté les ventes de voitures dans les années 50, alors que 50 chevaux supplémentaires étaient ajoutés aux publicités chaque année. La Chrysler 300 a atteint son apogée – une voiture du nom de sa puissance nominale – et a atteint la limite de la crédibilité,

LA 1ÈRE PARTIE : LA STRATÉGIE DE BASE DE LA PERSUASION

pratiquement, et de l'inévitable réaction du public.

Car la réaction *viendra*. Vers la fin, le processus se désintègre. La promesse réussie est surchargée; l'élargissement des piles sur l'élargissement. De nouveaux concurrents entrent en jeu – chacun essayant de promettre plus. Les titres doublent et triplent par leur taille. Les mots commencent à perdre de leur signification – « plus blanc que blanc » apparaît. Les prospects deviennent confus – puis sceptiques. La crédibilité est brisée; les promesses sont automatiquement réduites de 50 % par les lecteurs. Il y a encore plus de promesses pour compenser. Le gouvernement commence à enquêter. Et la courbe des ventes commence à baisser.

La Troisième Étape De La Sophistication

À ce stade, votre marché est entré dans sa troisième phase de sophistication. Vos prospects ont maintenant entendu toutes les promesses, à tous les extrêmes. Ils ont peut-être même acheté un ou deux produits concurrents. Chaque fois qu'ils ouvrent un journal, un autre titre similaire leur crie dessus. *Comment doivent-ils distinguer un produit de la masse ? Comment pouvez-vous percer pour les atteindre ?*

Un facteur est essentiel ici. C'est *le pouvoir de réparation* du marché auquel vous faites face. Il peut s'agir d'un marché reposant sur un instinct de masse récurrent, tel que le régime. Il peut s'agir d'un marché fondé sur un problème technologique non résolu, tel que le remplacement de la bougie. Il peut s'agir d'un marché qui souhaite périodiquement renouveler ou améliorer ses achats, tels que les voitures, les maisons, les appareils ménagers.

Dans tous ces cas, le désir ne s'estompe jamais; le marché se renouvelle continuellement. De nouveaux prospects arrivent sur le marché. Les anciens clients deviennent insatisfaits de leurs vieux achats, de leurs anciennes solutions et recommencent à chercher.

LA 1ÈRE PARTIE : LA STRATÉGIE DE BASE DE LA PERSUASION

Le désir de masse – le potentiel de profit énorme – existe toujours. *Mais il ne peut plus être exploité avec les anciennes méthodes simples.*

Les femmes veulent toujours perdre du poids. Mais à ce jour, elles ont lu des dizaines d'annonces sur le régime, toutes promettant de faire perdre 20, 30 et 40 kilos en quelques semaines. Elles n'y croient plus vraiment. Elles accordent si peu de confiance à ces annonces qu'elles ne tenteront même pas un nouveau produit. Pendant des mois, voire des années, elles peuvent simplement accepter leur problème de surpoids comme « quelque chose qui ne peut tout simplement pas être traité ».

Mais le désir ne s'estompe jamais. Le mécontentement s'accumule mois après mois. Secrètement, peut-être même inconsciemment, ces femmes espèrent trouver un nouveau produit – un nouveau titre – qui leur promet *une nouvelle façon de satisfaire ce désir séculaire.*

Et sur ce fait fondamental, nous construisons notre stratégie pour vendre à un marché dans sa troisième étape de sophistication.

Si votre marché est au stade où ils ont entendu toutes les promesses, dans tous leurs extrêmes, alors la simple répétition ou l'exagération ne fonctionneront plus. Ce dont le marché a besoin maintenant, c'est d'un nouveau dispositif permettant de redonner à toutes ces anciennes promesses leur crédibilité. En d'autres termes, UN NOUVEAU MÉCANISME – une nouvelle façon de faire fonctionner l'ancienne promesse. Un processus différent – une nouvelle chance – une toute nouvelle possibilité de succès où seule la déception a résulté.

Ici, l'accent est mis sur le fonctionnement du produit. Pas l'accomplissement, mais la performance devient dominante. Le titre se développe. La promesse demeure, mais elle est maintenant renforcée par le mécanisme qui la réalise. Dans le domaine du

LA 1ÈRE PARTIE : LA STRATÉGIE DE BASE DE LA PERSUASION

régime, par exemple, les limites de la promesse avaient été atteints avec les titres suivants :

« J'AI MAIGRI DE 27 KILOS
... SANS AVOIR FAIM UNE SEULE MINUTE. »

Maintenant, de nouveaux leaders émergent – en évitant la concurrence sur les promesses – en insistant sur un mécanisme, comme ceci :

« FAIS SORTIR LA GRAISSE DIRECTEMENT
HORS DE VOTRE CORPS ! »

« LE PREMIER MÉDICAMENT MIRACLE
POUR MAIGRIR ! »

Un changement vital est intervenu dans ces deux publicités – et dans toutes les publicités qui traitent avec succès cette troisième étape de la sophistication. Dans les publicités de la précédente étape, l'intégralité du titre était reprise avec une promesse complète de la promesse principale. En dessous, en caractères plus petits, soit dans un sous-titre, soit dans le corps du texte, se trouvait le mécanisme qui a mené à bien la promesse. Souvent, ce mécanisme était abrégé – simplement mentionné au lieu d'être expliqué – indiqué par une sorte de raccourci, comme ceci :

« J'AI MAIGRI DE 27 KILOS
... SANS AVOIR FAIM UNE SEULE MINUTE. »

Lisez l'étonnante expérience de l'expert culinaire de New York avec le fameux *Plan Manger – et – maigrir*.

Dans les annonces de troisième stade, toutefois, cet arrangement est complètement inversé. À ce moment-là, la promesse de base est devenue bien connue de presque tous les prospects – peut-être même trop bien connue. Par conséquent, ce raccourci peut être appliqué à la promesse elle-même. Ce qui,

LA 1ÈRE PARTIE : LA STRATÉGIE DE BASE DE LA PERSUASION

avant, était un titre de 5 à 10 mots ne décrivant rien d'autre que la promesse de base – « J'AI MAIGRI DE 27 KILOS » – maintenant peut être communiqué avec un seul mot dans un titre consacré à expliquer comment cette promesse est réalisée. Par exemple :

« FAIS SORTIR LA <u>GRAISSE</u> DIRECTEMENT HORS DE VOTRE CORPS ! »

Ou :

« LE PREMIER MÉDICAMENT MIRACLE POUR <u>MAIGRIR</u> ! »

Tout d'abord, le mécanisme est introduit dans le titre pour établir un point de différence – pour rendre les anciennes promesses nouvelles et crédibles. Et puis – une fois que le prospect est informé qu'il existe une toute nouvelle chance de succès – *la promesse peut être réaffirmée dans son intégralité, afin de s'assurer qu'elle réalise tout ce qu'elle énonce.* Comme ceci :

« FAIS SORTIR LA GRAISSE DIRECTEMENT HORS DE VOTRE CORPS ! »

Publiée pour la première fois ! L'incroyable découverte scientifique qui fait perdre jusqu'à 16 KILOS, que ce soient pour les hommes ou les femmes – sans régimes de famine, sans ressentir la faim un seul instant – sans même renoncer aux aliments que vous adorez !

Ou – en utilisant le même arrangement de mécanisme de la troisième étape dans le titre et la promesse élaborée dans le paragraphe principal – nous avons cette annonce :

« LE PREMIER MÉDICAMENT MIRACLE POUR MAIGRIR ! »

Utilisé avec succès par des milliers de médecins !

LA 1ÈRE PARTIE : LA STRATÉGIE DE BASE DE LA PERSUASION

Perdez autant de kilos que vous voulez sans régime, sans exercice, sans mettre de côté la nourriture que vous aimez manger !

Dans ces deux publicités – et dans toutes les autres semblables – la promesse elle-même est subordonnée au mécanisme qui l'accomplit. Ce mécanisme est présenté dans le titre. Lorsque de telles publicités réussissent, vous avez affaire à un marché qui en est à sa troisième étape de sophistication.

La Quatrième Étape

Mais vous êtes toujours sur un marché concurrentiel et de telles publicités ne donnent qu'un avantage temporaire. De telles annonces, présentant une nouvelle promesse, commencent une nouvelle tendance. En quelques mois, la troisième étape de la sophistication passe à la quatrième étape : une nouvelle étape d'élaboration et d'élargissement. Mais cette fois, l'élaboration est concentrée sur le mécanisme plutôt que sur la promesse – comme ceci :

« LE PREMIER MÉDICAMENT MIRACLE
SANS FAIRE DE RÉGIME ! »

Cette stratégie de la quatrième étape peut être résumée de la façon suivante :

Si un concurrent vient d'introduire un nouveau mécanisme pour obtenir la même promesse que celle utilisée par votre produit et que l'annonce d'un nouveau mécanisme génère des ventes, vous optez pour cette solution. Élaborez ou élargissez simplement le mécanisme réussi. Rendez-le plus facile, plus rapide, plus sûr; permettez-lui de résoudre plus de problèmes; surmontez les anciennes limites; promettez des avantages supplémentaires. Vous commencez une étape d'embellissement similaire à la deuxième étape de sophistication décrite ci-dessus.

LA 1ÈRE PARTIE : LA STRATÉGIE DE BASE DE LA PERSUASION

La même stratégie sera efficace ici.

Malheureusement, il en ira de même avec les mêmes limitations. La quatrième étape de la sophistication, comme la deuxième étape à laquelle elle ressemble, finit par sortir du domaine de la crédibilité. À ce stade, les élaborations ultérieures deviennent inefficaces. Vous êtes alors confronté à deux alternatives :

Premièrement, découvrir un nouveau mécanisme acceptable pour rendre la promesse nouvelle et crédible. Mais souvenez-vous que le mécanisme que vous utilisez ne doit pas seulement être nouveau et légitime, il doit également être accepté comme crédible et significatif par votre marché. Chaque annonce de la troisième et de la quatrième étape qui vous précède rend ce problème d'acceptation de plus en plus difficile.

Bien entendu, aucun nouveau mécanisme ne sera finalement accepté. Le marché se lassera de vos promesses et des mécanismes par lesquels elles sont accomplies. Vos prospects auront été saturés par la publicité. Vous aurez atteint la cinquième étape de la sophistication – la plus difficile – où le domaine est dit épuisé – où les concurrents se retirent en masse du marché.

Comment Faire Revivre Un Produit « Mort »

Dans cette phase finale de la sophistication, votre marché ne croit plus en votre publicité et ne souhaite donc plus être informé sur votre produit. Par conséquent, à bien des égards, cette cinquième étape de la sophistication correspond à la cinquième étape de la sensibilisation abordée au chapitre 2. Les problèmes rencontrés sont les mêmes. La stratégie est la même. L'accent est déplacé de la promesse et du mécanisme qui l'accomplit vers l'identification avec le prospect lui-même. Vous avez affaire ici au problème consistant à intégrer votre prospect dans votre

LA 1ÈRE PARTIE : LA STRATÉGIE DE BASE DE LA PERSUASION

annonce, non pas avec le désir, mais par identification. (Voir le chapitre 8)

Un exemple exceptionnel de produit qui a perdu son marché à cause de cette cinquième étape de sophistication, puis qui l'a retrouvé grâce à une utilisation brillante du titre par identification, est la publicité Postum vue au chapitre 2, et intitulée « POURQUOI LES HOMMES CRAQUENT… »

Observons une industrie qui a traversé les 5 étapes de la sophistication

Mais peut-être que l'exemple classique d'une industrie qui a rencontré les cinq étapes de sophistication – et les a surmontées – est l'industrie de la cigarette. L'histoire de la publicité sur les cigarettes est une lutte permanente contre la concurrence, contre les tabous physiques et sociaux, et même contre le succès même de la publicité actuelle; qui sature et épuise le marché par le poids de ses dépenses combinées de l'industrie et exige constamment de nouvelles approches.

Examinons brièvement le courant principal de la publicité sur les cigarettes – la progression entre la première et la cinquième étape de la sophistication – et discutons ensuite de certains des problèmes secondaires qu'elle a rencontrés.

À la première étape de la sophistication, lorsque le marché était nouveau, la publicité sur les cigarettes mettait en vedette le goût, la jouissance et le plaisir dans le titre :

« JE MARCHERAIS UN KILOMÈTRE POUR UNE CAMEL ! »

« CHESTERFIELD – ELLES SONT SATISFAISANTES ! »

Cette promesse brute de jouissance s'est peu à peu élaborée et embellie pour la pousser aux limites de la crédibilité. Dans cette

LA 1ÈRE PARTIE : LA STRATÉGIE DE BASE DE LA PERSUASION

seconde étape, étant donné que vous ne pouvez pas mesurer le plaisir que vous procure une cigarette, la croissance des promesses a pris la forme avec des comparaisons de plus en plus larges :

« ALLUMEZ UNE LUCKY, ET VOUS NE VOUDREZ JAMAIS
DE BONBONS QUI FONT GROSSIR »

Mais, sans mesure, les limites de l'élargissement sont bientôt atteintes. Alors la stratégie de la troisième étape a commencé à être utilisée – un flux continu de nouveaux mécanismes brillants :

« LUCKIES – ELLES SONT GRILLÉES ! »

« PLUS GRANDE EST LA LONGUEUR DU FILTRE DE PALL MALL,
PLUS LONGTEMPS ON LES FUME ! »

« CAMELS — PROTÉGEZ VOTRE VISAGE ! »

Et, comme chacun de ces mécanismes a été accepté par le public des clients, les concurrents initiateurs ont adopté le mécanisme et ont commencé à le préciser – en ouvrant la quatrième étape :

« PHILIP MORRIS — TOUTE LA DURETÉ CUITE AU FOUR »

« CHESTERFIELD — ORDINAIRE ET AUSSI DE TAILLE ROYALE ! »

« 9 MEDECINS SUR 10 PRÉFÈRENT LES LUCKIES ! »

Mais les mécanismes ont finalement perdu de leur efficacité et le gouvernement a exclu les promesses en relation avec la santé : et au début des années 50, l'industrie était confrontée à un marché de cinquième stade. Mais un nouvel outil marketing – La Recherche de Motivation – leur avait montré comment accéder à

LA 1ÈRE PARTIE : LA STRATÉGIE DE BASE DE LA PERSUASION

ce marché sans mécanismes ni promesses, sans titres, simplement en projetant de fortes identifications visuelles avec la virilité que le public avait accepté dans une cigarette. Par exemple, l'une des publicités des « hommes viriles » de Marlboro. Ou leurs imitations dans Chesterfield, ou des annonces de Camel.

Nous avons donc tout le spectre de sophistication auquel une industrie est confrontée. Mais les annonceurs de cigarettes ont également rencontré deux problèmes secondaires critiques. Le premier leur a offert l'opportunité de doubler leur marché. Le second, de conserver cet énorme marché face à la publicité la plus défavorable

Le premier défi a eu lieu immédiatement après la Première Guerre mondiale. À cette époque, l'ancien tabou des « clous de cercueil » avait été oublié – pour les hommes. Mais il restait encore le marché tout aussi important des femmes qui fument – si fumer pouvait être rendu respectable pour les femmes. La tendance était clairement dans cette direction – l'envie, la curiosité existait chez des millions de femmes de toutes les strates sociales – certaines femmes respectables osaient en fait fumer en public.

Mais la tendance – laissée à elle-même – prendrait des années à se développer. Une publicité devait être créée pour accélérer cette tendance. Rendre le tabagisme non seulement acceptable, mais souhaitable pour les femmes. Canaliser le vaste mouvement vers la libération et l'égalité des années 20 en tant que force motrice pour ouvrir cet immense nouveau marché.

Mais une telle publicité ne pourrait jamais sortir du lot et suggérer aux femmes de fumer. Elle ne pouvait même pas montrer une femme en train de fumer. Une telle publicité était sans aucun doute un problème de la cinquième étape, un problème d'identification. Et le problème a été résolu en associant un homme et une femme dans leur relation la plus attirante – des

LA 1ÈRE PARTIE : LA STRATÉGIE DE BASE DE LA PERSUASION

amoureux – en train de fumer. La publicité montrait un jeune couple assis ensemble sur une plage au clair de lune. Il était juste en train d'allumer une cigarette – les premières bouffées de fumée dérivent dans le clair de lune. Elle avait le visage tourné vers le sien et ses mots composaient l'intégralité du titre (et, à l'exception du logo, c'était l'intégralité de la publicité) :

« SOUFFLE UN PEU DANS MA DIRECTION. »

Rien de plus n'avait besoin d'être dit. Un vaste nouveau marché, ouvert en quatre mots.

Le deuxième défi a eu lieu 30 ans plus tard. C'était la peur du cancer de la fin des années 50, qui continue encore aujourd'hui. Ce défi a provoqué 4 réactions :

1. Premièrement, il y avait des porte-cigarettes, des pipes, des filtres en céramique, etc. – aucun d'eux n'a réussi à établir un marché national, car ils représentaient beaucoup d'inconvénients, une accusation trop flagrante selon laquelle l'acheteur s'inquiétait pour son tabagisme.

2. Deuxièmement, la panique a entraîné un effort déterminé de la part de l'industrie elle-même pour mener ses propres recherches, contrecarrer ou corriger de telles affirmations.

3. Troisièmement, ce défi a entraîné une baisse temporaire des ventes de cigarettes.

4. Quatrièmement, ce défi a ouvert un vaste nouveau marché pour un produit déjà existant – la cigarette à filtre – aidée par l'industrie elle-même, qui a judicieusement misé sur le fait que les fumeurs ne quitteraient pas la cigarette, mais fumeraient simplement un autre type de cigarette.

Les cigarettes à filtre ont toujours existé, en tant que petit marché spécialisé. Mais maintenant, elles ont été étendus à un marché de masse. Des millions de nouveaux clients potentiels, qui

LA 1ÈRE PARTIE : LA STRATÉGIE DE BASE DE LA PERSUASION

n'avaient encore jamais envisagé de cigarettes à filtre, recherchent des informations à leur sujet, se demandent lequel acheter. Un nouveau marché s'ouvre. Et il a commencé à suivre les mêmes étapes de sophistication que son marché mère avait traversé 50 ans auparavant :

Première étape :

« LES FILTRES DE MICRONITE DE KENT PIÈGENT LE GOUDRON
AVANT D'ATTEINDRE VOS LÈVRES »

Deuxième étape :

« 20.000 PIÈGES AVEC LE FILTRE DANS UNE VICEROY ! »

Troisième étape :

« LE PARLEMENT – LE POUVOIR LE PLUS IMPORTANT
DANS LE TABAGISME D'AUJOURD'HUI – AUCUNE RÉACTION SUR LES FILTRES ! »

Quatrième étape :

« TAREYTON — DOUBLE FILTRE POUR DOUBLER LE PLAISIR ! »

Et la cinquième étape – un coup de génie de l'industrie – revenons à la saveur :

« WINSTON A BON GOÛT COMME UNE CIGARETTE LE DEVRAIT ! »

« C'EST L'AVANT-GARDE QUI COMPTE ! »

« L & M A TROUVÉ LE SECRET QUI DÉBLOQUE LA SAVEUR ! »

Et ainsi de suite. Industrie après industrie. Le même cycle de

LA 1ÈRE PARTIE : LA STRATÉGIE DE BASE DE LA PERSUASION

vie pour chaque marché. Les mêmes défis mortels. La même volonté de s'adapter plutôt que de périr.

Une Note Personnelle

Dans ce livre, j'ai essayé de rédiger une étude scientifique de la publicité, sans déranger le lecteur par quelque éthique personnelle que je puisse observer. Tous les copywriters qui ont déjà transpiré pendant des jours pour créer une nouvelle approche sauront ce que cela fait de voir cette approche copiée du jour au lendemain par un concurrent. Je partage chaque once de ce sentiment. Mais de tels événements se produisent tous les jours. Et ils sont efficaces. Par conséquent, des exemples tels que ceux décrits ci-dessus doivent être énumérés, en toute objectivité, en tant que stratégie commerciale qui a résolu et résoudra les problèmes de concurrence dans un secteur concurrentiel. Je les inclus ici – non pas en tant que recommandations, mais en tant que stratégies possibles à choisir ou à rejeter.

4 – 38 FAÇONS DE RENFORCER VOTRE TITRE UNE FOIS QUE VOUS AVEZ VOTRE IDÉE DE BASE

Jusqu'à présent, nous nous sommes intéressés à la stratégie de planification du texte de vente – pour arriver au thème de notre publicité et au contenu de son titre – plutôt qu'aux techniques de rédaction de ce texte de vente. La deuxième partie du livre sera entièrement consacrée à ces techniques. Mais nous devons faire une pause maintenant et examiner l'une de ces techniques en séquence. Cela s'appelle la VERBALISATION. Et c'est l'art *d'augmenter l'impact d'un titre par la manière dont il est énoncé.*

LA 1ÈRE PARTIE : LA STRATÉGIE DE BASE DE LA PERSUASION

Tout ce que nous avons fait jusqu'à présent nous a permis d'obtenir le contenu de notre titre. Nous savons maintenant ce que nous voulons dire. Et nous devons maintenant déterminer comment le dire.

Bien entendu, le plus évident est simplement de formuler la promesse dans sa forme la plus simple. « Perdre du poids » ou « Halte aux boutons », par exemple. Et si vous êtes le premier dans votre domaine, il n'y a pas de meilleur moyen.

Mais lorsque vous êtes compétitif ou que la pensée est trop compliquée pour être exprimée simplement et directement, *vous devez alors renforcer cette affirmation en y associant d'autres images avec les mots avec lesquels vous l'exprimez.* Ceci est la verbalisation. Et elle peut permettre d'obtenir plusieurs objectifs différents :

1. Elle peut *renforcer* la promesse – en l'élargissant, en la mesurant, en la rendant plus vive, etc.

2. Elle peut redonner de la *fraîcheur* à la promesse en la tordant, en la modifiant, en la présentant sous un angle différent, en la transformant en une narration, en défiant le lecteur avec un exemple, etc.

3. Elle peut aider la promesse à *attirer le prospect dans le corps de la publicité* – en lui promettant des informations à ce sujet, en l'interrogeant, en dévoilant partiellement le mécanisme, etc.

Tous ces objectifs sont atteints en ajoutant des variations, des agrandissements ou des embellissements à la promesse principale de la publicité. Ces images supplémentaires sont liées à la promesse principale par la structure de phrase du titre. Elles modifient la promesse principale pour la rendre plus efficace.

Elles constituent la deuxième étape créative dans la rédaction

LA 1ÈRE PARTIE : LA STRATÉGIE DE BASE DE LA PERSUASION

de la publicité. Premièrement, nous avons vu comment déterminer l'appel lui-même. Et maintenant, comment transformer cet appel en sa forme la plus efficace dans le titre.

Il existe, bien sûr, un nombre infini de ces variations (chaque bon rédacteur en invente lui-même quelques-unes). Mais il existe des modèles généraux que la plupart d'entre eux suivent. Voici quelques-uns de ces points de repère pour votre propre réflexion :

1. Mesurer la taille de la promesse :

« *20.000 PIÈGES* DANS LE FILTRE VICEROY ! »

« J'AI MAIGRI DE *27 KILOS…* »

« QUI N'A JAMAIS ENTENDU PARLER DE *17.000 FLORAISONS* PROVENANT D'UNE SEULE PLANTE ? »

2. Mesurer la vitesse de la promesse :

« SENTEZ-VOUS MIEUX *RAPIDEMENT* ! »

« *EN 2 SECONDES*, BAYER ASPIRIN COMMENCE À SE DISSOUDRE DANS VOTRE VERRE ! »

3. Comparer la promesse :

« LAVE 6 FOIS *PLUS BLANC* ! »

« *COÛTE JUSQU'À 300 DOLLARS DE MOINS* QUE DE NOMBREUX MODÈLES À PRIX RÉDUITS ! »

4. Métaphoriser la promesse :

« *BANNIT* LES BOUTONS ! »

« *FAIT FONDRE* LA VILAINE GRAISSE ! »

5. Sensibiliser la promesse en incitant le prospect à percevoir, sentir, toucher, voir ou entendre :

« *DES GOÛTS* COMME CEUX QUE VOUS VENEZ

LA 1ÈRE PARTIE : LA STRATÉGIE DE BASE DE LA PERSUASION

DE CHOISIR ! »

« LA PEAU QUE VOUS AIMEZ *TOUCHER* ! »

6. Démontrer l'affirmation en montrant un bon exemple :

« JAKE LA MOTTA, BOXEUR DE 73 KILOS, N'ARRIVE PAS À APLATIR LE GOBELET EN PAPIER MONO ! »

« À 60 MILES À L'HEURE, LE BRUIT LE PLUS FORT À BORD D'UNE ROLLS ROYCE EST CELUI DE L'HORLOGE ÉLECTRIQUE ! »

7. Dramatiser la demande ou son résultat :

« VOICI UN SUPPLÉMENT DE 50 DOLLARS, GRACE – JE GAGNE BEAUCOUP D'ARGENT DÉSORMAIS ! »

« ILS RIAIENT QUAND JE ME SUIS ASSIS AU PIANO – MAIS QUAND J'AI COMMENCÉ À JOUER… »

8. Énoncer la promesse comme un paradoxe :

« COMMENT *UN BARBIER CHAUVE* A SAUVÉ MES CHEVEUX ! »

« GAGNEZ LES COURSES *EN CHOISISSANT DES PERDANTS* ! »

9. Supprimer les limites de la promesse :

« RÉDUIT LES HEMORROÏDES *SANS CHIRURGIE* ! »

« *VOUS NE RESPIREZ AUCUNE ODEUR DE POUSSIÈRE* LORSQUE VOUS LE FAITES AVEC LEWYT ! »

LA 1ÈRE PARTIE : LA STRATÉGIE DE BASE DE LA PERSUASION

10. Associer la demande à des valeurs ou à des personnes avec lesquelles le prospect souhaite être identifié :

« *MICKEY MANTLE A DIT* : LES CAMELS N'IRRITENT JAMAIS MA GORGE ! »

« *9 DÉCORATEURS SUR 10* UTILISENT LES TAPIS WUNDAWEAVE PENDANT UNE LONGUE PÉRIODE À MOINDRE COÛT ! »

11. Montrer quelle quantité de travail, en détail, constitue la promesse :

« MAINTENANT ! SOULAGEZ *LES 5 TROUBLES D'ESTOMAC* ACIDES EN QUELQUES SECONDES ! »

« SOULAGE INSTANTANÉMENT LA CONGESTION *DES 7 CANAUX NASAUX* ! »

12. Énoncer la demande sous forme de question :

« *QUI D'AUTRE* VEUT UN LAVAGE PLUS BLANC – SANS TRAVAIL ACHARNÉ ? »

« *POUVEZ-VOUS UTILISER* 25 DOLLARS DE REVENU HEBDOMADAIRE SUPPLÉMENTAIRE ? »

13. Fournir des informations sur la façon de réaliser la promesse :

« *COMMENT* SE FAIRE DES AMIS ET INFLUENCER LES GENS ! »

« *VOICI* CE QU'IL FAUT FAIRE POUR VOUS DÉBARRASSER RAPIDEMENT DES BOUTONS ! »

14. Lier l'autorité dans la promesse :

« *UN CHEF MÉCANICIEN MONTRE* COMMENT ÉVITER LES FACTURES DE RÉPARATION DE

LA 1ÈRE PARTIE : LA STRATÉGIE DE BASE DE LA PERSUASION

MOTEUR ! »

« QUAND *LES MÉDECINS* SE SENTENT OBÈSES – VOICI CE QU'ILS FONT »

15. Avant et après la promesse :

« AVANT COLDENE, UN ENFANT ATTRAPE FROID APRÈS 5 JOURS DE COURBATURES, D'ÉTERNUEMENTS, DE DOULOUREUSES RESPIRATIONS, DE SUEURS, DE SOUFFRANCES, DE TOUX, DE PLEURS, DE FIÈVRE. »

« AVEC COLDENE, UN ENFANT TRIOMPHE DU FROID EN 5 JOURS ! »

16. Souligner la nouveauté de la promesse :

« *COMMUNIQUÉ !* BOUGIES D'ALLUMAGE, MISSILES GUIDÉES ! »

« *MAINTENANT !* PLAQUE CHROMÉE SANS CHALEUR, SANS ÉLECTRICITÉ, SANS MACHINERIE ! »

17. Souligner l'exclusivité de la promesse :

« POUR NOUS SEULEMENT ! AGNEAUX PERSES ORIGINAUX — 389,40 DOLLARS ! »

« *SEUL* GLEEM POSSÈDE LE BRILLANT POUR GARDER LES DENTS PROPRES TOUTE LA JOURNÉE EN UN SEUL BROSSAGE ! »

18. Transformer la promesse en défi pour le lecteur :

« QUELLE JUMELLE A UNE TONI ? ET QUI A LA PERMANENTE À 15 DOLLARS ? »

« L'A-T-ELLE FAIT OU NON ? UNE COLORATION DE CHEVEUX SI NATURELLE QUE SEULE SA

LA 1ÈRE PARTIE : LA STRATÉGIE DE BASE DE LA PERSUASION

COIFFEUSE LE SAIT VRAIMENT ! »

19. Énoncer la promesse sous forme de citation d'histoire :

« REGARDE MAMAN, PAS DE CARIES ! »

« LE CROIREZ-VOUS – J'AI FROID ! »

20. Condenser la promesse – échanger votre produit avec le produit qu'il remplace :

« MAINTENANT ! TOUT LE TRAVAIL D'UN ANNEAU ET D'UN PISTON DANS UN TUBE ! »

« INSTALLEZ VOUS-MÊMES UN NOUVEAU MOTEUR ! »

21. Symboliser la promesse – remplacer l'affirmation directe ou la mesure de la promesse par une réalité parallèle :

« À PARTIR DE MARDI PROCHAIN, L'OCÉAN ATLANTIQUE DEVIENT SEULEMENT UN CINQUIÈME PLUS PETIT ! »

22. Connecter le mécanisme à la promesse dans le titre :

« EXPULSEZ LA GRAISSE MOLLE HORS DE VOTRE CORPS ! »

« RENVOIE LES ÉMANATIONS DE GAZ DANS VOTRE MOTEUR ! »

23. Surprendre le lecteur en contredisant sa manière de penser sur comment le mécanisme devrait fonctionner :

« TAPE LA BALLE AVEC TON COUP DROIT, DIT TOMMY ARMOR ! »

24. Lier le besoin et la promesse dans le titre :

« IL N'EXISTE QU'UNE SEULE SOLUTION À UN PROBLÈME DE PUBLICITÉ : *TROUVEZ*

LA 1ÈRE PARTIE : LA STRATÉGIE DE BASE DE LA PERSUASION

L'HOMME ! »

25. Fournir des informations dans la publicité elle-même :

« POURQUOI LES HOMMES CRAQUENT... »

« CE QUE TOUT LE MONDE DEVRAIT SAVOIR SUR CETTE SOCIÉTÉ STOCK AND BOND ! »

26. Transformer la promesse ou la nécessité en une histoire, une étude de cas :

« TANNE MEG, QUI N'A JAMAIS ÉTÉ MARIÉE ... »

« DE NOUVEAU, ELLE COMMANDE — UNE SALADE DE POULET, S'IL VOUS PLAÎT »

27. Donner un nom au problème ou au besoin :

« LORSQUE VOUS ÊTES ÉPUISÉ APRÈS UNE JOURNÉE DE FATIGUE, PRENEZ ALKA-SELTZER. »

28. Avertir le lecteur des pièges possibles s'il n'utilise pas le produit :

« *N'INVESTISSEZ PAS UN CENTIME DE VOTRE ARGENT SI DUREMENT GAGNÉ* AVANT D'AVOIR CONSULTÉ CE GUIDE ! »

29. Souligner la promesse par sa phraséologie – en la divisant en 2 phrases ou en la répétant entièrement ou en partie :

« UN HOMME SUR QUI VOUS POUVEZ COMPTER ! C'EST KLOPERMAN ! »

« PERSONNE MAIS PERSONNE NE PEUT VENDRE MOINS CHER QUE GIMBEL'S ! »

30. Montrer à quel point la promesse est facile à accomplir en imposant une limite universellement surmontée :

LA 1ÈRE PARTIE : LA STRATÉGIE DE BASE DE LA PERSUASION

« *SI VOUS POUVEZ COMPTER JUSQU'À 11*, VOUS POUVEZ AUGMENTER VOTRE VITESSE ET VOTRE COMPÉTENCE AVEC LES NOMBRES ! »

31. Indiquer la différence dans le titre :

« LA DIFFÉRENCE AVEC LES ESSENCES PREMIUM SE TROUVE DANS LES ADDITIFS ! »

32. Surprendre votre lecteur en réalisant que les anciennes limites ont maintenant été dépassées :

« VOYEZ-VOUS CE QU'IL SE PASSE LORSQUE VOUS ÉCRASEZ UN HARTMAN DC-8 ? RIEN ! »

33. S'adresser aux personnes qui *ne peuvent pas* acheter votre produit :

« SI VOUS AVEZ DÉJÀ PRIS VOS VACANCES, NE LISEZ PAS CECI. CELA VOUS BRISERAIT LE CŒUR. »

34. S'adresser directement à votre prospect :

« À L'HOMME QUI NE VOUDRA QUE RIEN DE MOINS QUE LA PRÉSIDENCE DE SON ENTREPRISE. »

35. Dramatiser à quel point il était difficile de réaliser la promesse :

« QUAND JEAN A FINI LA CONCEPTION DE CE BOUGEOIRE, NOUS AVONS DU INVENTÉ UN TOUT NOUVEAU TYPE DE BOUGIE. »

36. Accuser la promesse d'être trop bonne :

« EST-IL IMMORAL DE GAGNER DE L'ARGENT AUSSI FACILEMENT ? »

37. Défier les prospects qui présentent des croyances

LA 1ÈRE PARTIE : LA STRATÉGIE DE BASE DE LA PERSUASION

limitantes :

> « VOUS ÊTES 2 FOIS PLUS INTELLIGENT QUE VOUS NE LE PENSEZ. »

38. Transformer la promesse en question et en réponse :

> « VOUS NE SAVEZ PAS CE QU'IL Y A SOUS LE CAPOT ET VOUS NE POUVEZ PAS VOUS EN SOUCIER AU MOINS AUSSI LONGTEMPS QUE VOTRE VOITURE ROULE SANS À-COUPS. QUI DEVRIEZ-VOUS CONSULTER DANS LE CAS CONTRAIRE ? ... QUELQU'UN QUI S'EN SOUCIE – UNITED DELCO. »

Et ainsi de suite : un nombre infini de variations. Essayez de créer la vôtre – demain.

5 – SOMMAIRE : L'ART DE LA PLANIFICATION CRÉATIVE – COMMENT DÉVELOPPER UNE IDÉE

Examinons maintenant quelques problèmes particuliers, puis résumons :

Les Trois Niveaux De Créativité

Quelque chose doit être dit ici sur les différentes approches utilisées par les copywriters pour déterrer un nouveau titre. Pour autant que je le sache, il y en a 3...

La première, la moins profonde, la plus répandue et la plus inefficace est la technique de substitution du mot. Le copywriter consulte ici une liste de titres prouvés et réussis. Il retire ensuite le

LA 1ÈRE PARTIE : LA STRATÉGIE DE BASE DE LA PERSUASION

nom du produit d'origine et le remplace par le sien; ou la performance de son propre produit, etc. Il propose généralement quelque chose comme ceci :

> « JE MARCHERAI UN KILOMÈTRE POUR UNE TASSE DE CAFÉ BLANK ! »
>
> « POURQUOI LES PROPRIÉTAIRES DE BATEAU N'ONT-ILS PAS ÉTÉ AVISÉS DE CES FAITS ? »
>
> « EXPULSEZ LES VILAINS BOUTONS HORS DE VOTRE PEAU ! »

Si ces publicités sont copiées à partir d'un produit similaire, sur le même marché et simultanément, leurs chances de réussite sont bonnes, surtout si elles embellissent la promesse. Mais si le produit, ou le marché, ou le moment choisi sont différents, les chances de succès diminuent proportionnellement. Elles deviennent alors des publicités en écho – des publicités qui rappellent aux gens un autre produit. Ils ne prêtent aucune attention à la relation unique qui existe actuellement entre le produit et le marché. Par conséquent, ils perdent toutes les forces qui sont enveloppées dans cette relation. Ce sont les types de publicités plutôt écrites par des clients, que par des copywriters.

La deuxième approche, plus profonde et plus difficile, consiste à utiliser des formules. Ici, le rédacteur a mémorisé une liste de règles ou de principes et il essaie d'y insérer son titre comme s'il avait versé du plomb dans un moule. De telles règles concernent généralement la manière dont un titre est exprimé. Elles énumèrent des méthodes pour renforcer la verbalisation de l'idée principale et elles ont ici un usage parfaitement valable. Plusieurs exemples de ces principes sont donnés dans le chapitre 4.

Mais l'idée d'une publicité ou d'un titre exige sa propre forme. Elle ne peut pas être intégrée dans la solution de quelqu'un

LA 1ÈRE PARTIE : LA STRATÉGIE DE BASE DE LA PERSUASION

d'autre. Le problème défie une formule. Et la troisième approche analytique que nous avons décrite ci-dessus – sans réponse; seuls des guides et des questions – offre le seul moyen.

C'est un fait difficile à accepter. Cela signifie qu'une solution qui vous a coûté des jours et des semaines d'efforts pénibles et qui a parfaitement fonctionné, ne peut être utilisée qu'une seule fois. Cela signifie qu'il n'y a pas de raccourci créatif; l'effort doit être dupliqué pour chaque publicité individuelle. Mais heureusement, les techniques de sondage peuvent être apprises et perfectionnées; l'intuition peut être aiguisée; une sensibilité peut être développée pour extraire le fait essentiel d'un labyrinthe d'informations.

Et bien sûr, l'abandon de cet effort conduit à une réalité encore plus dure. De nombreux copywriters vieillissent ou se fatiguent, ou ils ont peur. Ils arrêtent de chercher la solution unique à chaque problème. À partir de ce moment, ils commencent à copier au lieu de créer. Et le plus pathétique de tout, ils commencent à se copier eux-mêmes. Plus le copywriter a du succès, plus la tentation de dénicher son nouveau titre dans ses anciens fichiers est grande.

Mais ça ne marchera pas. Le texte de vente peut être fait par n'importe quel débutant. Tout ce processus ne fait que ramener les talents au niveau de la médiocrité des classeurs. Le véritable copywriter *doit* argumenter avec succès – il doit aller au-delà chaque fois qu'il fait face à un nouveau produit. Dans la publicité, ainsi que dans les sciences et dans les arts, la solution à l'unique réside uniquement en elle-même.

Sur la recherche de motivation et sa relation avec le copywriter

Comme nous l'avons répété tout au long de cette première partie du livre, le travail principal du rédacteur est de connaître

LA 1ÈRE PARTIE : LA STRATÉGIE DE BASE DE LA PERSUASION

son marché. Souvent, il doit en savoir plus sur ce marché que le marché ne le sait lui-même.

Avant MR (*Motivation Research* : Recherche de Motivation), il le faisait principalement en creusant, en lisant, en parlant et en devinant. Avec MR, il a des devineurs assez professionnels qui travaillent avec lui. Et ils ont le matériel nécessaire pour prouver leurs hypothèses beaucoup plus facilement et à moindre coût que de rédiger une campagne et de la tester.

Le copywriter peut utiliser MR de 2 manières. Cela peut être une source d'information extraordinaire pour lui. Des informations sur les besoins et les désirs les plus puissants de son marché – des désirs qui peuvent être cachés, verbalement inacceptables ou complètement inconnus. Cela lui montre la force de ces désirs – leur dérive et leur élan – les tabous qui les accompagnent et limitent leur expression. Cela l'aide à localiser les scissions dans son marché – à jauger leurs points de différence – à concevoir des appels ciblés pour chacun d'eux. Et cela lui rappelle les premières réactions de sa propre phraséologie – pour tester ses propres points d'inquiétude dans la publicité – afin de lui permettre de changer de cap – et même d'émerger avec une idée complètement nouvelle.

Tout va bien. Mais une recherche de motivation ne constitue pas un titre, ni même le thème central d'une publicité, et ne le fera jamais. Comme tout autre fait, c'est une direction. Tout d'abord, elle vous indique où ne pas aller pour éviter de perdre votre temps. Et puis elle indique la zone générale de votre solution.

Mais la transformation de ces faits en une idée, et l'expression de cette idée sous la forme la plus forte possible nécessitent toujours autant de talent créatif que tout autre point de départ. La source d'une idée, aussi profonde soit-elle, n'est toujours que le début. Le copywriter doit commencer à partir de là.

LA 1ÈRE PARTIE : LA STRATÉGIE DE BASE DE LA PERSUASION

Le deuxième grand service que MR puisse rendre au copywriter consiste à mettre à l'épreuve ses propres intuitions en répondant aux questions qu'il découvre dans le traitement de son marché au fil du temps.

Dans un souci de simplicité, nous avons traité la stratégie publicitaire comme si elle consistait toujours à rédiger une seule publicité, plutôt qu'une campagne continue. En nous limitant ainsi, nous avons pu traiter chacune des phases d'une campagne comme s'il s'agissait d'un problème séparé et distinct, exigeant une publicité séparée et distincte pour le résoudre. Ce faisant, nous avons souligné qu'une avancée décisive pouvait avoir lieu à n'importe quel stade d'une campagne; et que les mêmes techniques révolutionnaires pouvaient être utilisées pour produire le germe de l'idée pour l'ensemble de la campagne suivante.

En réalité, toutefois, le copywriter travaille habituellement sur un produit donné ou sur un marché donné pendant de longues périodes. Pendant ce temps, il écrira de nombreuses publicités sur le même sujet. Et pendant ce temps, il engagera une sorte de discours avec son marché, dans lequel il nourrira ses idées avec le marché, et le marché lui fera remonter les réactions par rapport à ses idées.

Au cours de cette conversation massive, s'il est sensible, le copywriter suivra un flux continu des informations les plus vitales. Certaines de ces informations seront des tendances et préférences réelles, qui pourront être immédiatement traduites en nouvelles publicités. Mais beaucoup d'autres seront sous forme négative : échecs, obstacles, limitations du taux de réponses de ses publicités. Et seules les mesures statistiques de ces limitations seront montrées, pas leurs causes. Le copywriter voudra savoir pourquoi elles se produisent. Et en demandant pourquoi, il donnera naissance à des questions comme celles-ci :

Pourquoi une femme confectionne-t-elle la plupart de ses

LA 1ÈRE PARTIE : LA STRATÉGIE DE BASE DE LA PERSUASION

vêtements à la maison et une autre utilise-t-elle sa machine à coudre uniquement pour des réparations mineures ?

Comment convaincre plus de gens qu'il est prudent d'acheter par correspondance ?

Pourquoi les hommes achèteront-ils instantanément un éplucheur de pommes de terre automatique – et les femmes le renverront au magasin ?

Ce sont des questions de recherche. Elles traitent avec les dimensions psychologiques. Le copywriter les découvre et les transmet à ses collaborateurs MR pour qu'elles soient formulées, testées et répondus. Ainsi est née une nouvelle idée, un nouveau thème et un nouveau titre, peut-être même une nouvelle campagne.

Sur L'expression De La Personnalité D'un Produit Dans Votre Titre

L'une des découvertes les plus puissantes de la recherche sur la motivation est qu'un produit, un magasin ou tout un groupe de produits, a une personnalité distincte et complète pour le consommateur. Cette personnalité est une qualité complexe, englobant de nombreux traits. Dans le cas de la Cadillac, par exemple, la qualité, le prestige, les performances, l'apparence, le confort, la valeur de revente, l'absence de réparations et bien plus encore.

Mais — et c'est le point important à prendre en compte dans l'écriture de votre titre — *l'un de ces traits sera toujours le plus efficace pour résumer et exprimer cette personnalité.* Dans le cas de Cadillac, cela a toujours été la qualité, et ça le restera toujours. Ce trait récapitulatif est présenté dans une série de titres, ou d'illustrations de titres, il peut être mélangé à 1 ou 2 autres traits

LA 1ÈRE PARTIE : LA STRATÉGIE DE BASE DE LA PERSUASION

pour lui donner de la variété, mais en renforçant toujours ces autres traits et en les associant à cette qualité dominante.

Ainsi, la personnalité est simplifiée, symbolisée et affinée pour saisir le lecteur. Et puis, au fur et à mesure que le lecteur avance dans le corps de la publicité, cette personnalité est élargie et examinée dans tous ses attraits – une pyramide de plus en plus vaste de persuasion, rassemblant toutes les informations nécessaires – chargeant cette information de désir – se terminant inévitablement dans l'unique source de satisfaction pour ce désir – votre produit.

Nous examinerons ce concept plus en détail dans le chapitre 8 – portant sur l'identification.

Sur Le Seul Type De Titre Préventif Qui Se Vendra

De nombreux copywriters estiment qu'*aucun* titre préventif (car il traite d'un problème qui *pourrait* se produire et qui ne gêne pas réellement votre prospect), peut être efficace. La raison invoquée pour expliquer cet échec est l'incapacité du prospect de s'identifier à un problème qui ne s'est pas déjà imposé à lui.

Cela est vrai – *mais uniquement pour les problèmes qui le concernent personnellement.* Il est parfaitement capable d'imaginer de tels problèmes qui touchent ses proches, ses amis, sa femme et ses enfants, voire sa nation. C'est pourquoi le dentifrice anti-caries s'est si bien vendu lorsque les publicités ciblaient les caries, non pas sur le parent mais sur les enfants. C'est pourquoi l'assurance-vie peut être vendue, non pas en imaginant sa mort potentielle, mais en horreurs infligées à sa femme et à ses enfants s'il ne leur reste pas assez d'argent pour subvenir à leurs besoins.

Pour résumer : un homme ne visualisera pas les catastrophes à

LA 1ÈRE PARTIE : LA STRATÉGIE DE BASE DE LA PERSUASION

venir, mais il est parfaitement capable de visualiser et d'acheter des produits préventifs à l'image des problèmes de ce type qui affectent les autres autour de lui.

Sur La Sélection Des Marchés Fragmentaires Pour Éviter La Concurrence

Tout au long de ce livre, nous avons supposé que chaque concurrent sur un marché essayait de faire de la publicité pour ce marché dans son ensemble. Par exemple, chaque aide (ou formation) en faveur d'un régime tentera d'être vendu auprès de toutes les femmes intéressées par la perte de poids.

Cette hypothèse n'est pas nécessairement vraie, à au moins 2 égards.

- Premièrement, elle suppose qu'un tel marché ne fait qu'un (par exemple, que toutes les femmes veulent perdre du poids pour la même raison). Ce qui n'est pas vrai, bien sûr. Il existe au moins 2 grandes sous-catégories sur ce marché : celles qui souhaitent perdre du poids pour des raisons esthétiques et celles qui doivent le faire pour des raisons de santé. Le même appel général – PERDRE DU POIDS – sera efficace avec les deux. Mais les mécanismes devraient certainement varier – rapidité et facilité dans le premier cas – sécurité et permanence dans le second

- Deuxièmement, une petite entreprise disposant d'un budget limité peut éviter de rivaliser sur le marché avec des concurrents plus importants et concentrer son attaque sur un segment plus restreint de ce marché. Cela se fait habituellement au niveau régional. Mais elle peut être encore plus efficace si elle se base sur la sociologie du marché plutôt que sur sa géographie. Par exemple, une aide en faveur d'un régime peut décider d'abandonner le

LA 1ÈRE PARTIE : LA STRATÉGIE DE BASE DE LA PERSUASION

segment de l'apparence sur le marché et faire appel beaucoup plus spécifiquement au segment de la santé. Cette focalisation délibérée de l'attrait modifierait tous les aspects de la campagne, du titre au texte de vente d'identification en passant par le mécanisme et la justification, jusqu'à la sélection des supports et des canaux de distribution. (Magazines de santé, magazines gériatriques, distribution par des médecins plutôt que par des pharmacies.)

Éventuellement, bien sûr, si l'attrait réussit et que le budget augmente, le publicitaire peut alors décider d'envahir le marché dans sa majorité. S'il le fait, le succès limitée de la campagne initiale peut être utilisé comme un point de différence pour attirer un marché plus vaste. Par exemple, le fait que les femmes obligées de perdre du poids ont recours de façon *permanente* à ce produit 2 fois plus souvent que les autres, etc.

Pour Résumer

Les 5 premiers chapitres de ce livre, que vous venez de terminer, décrivent un processus qui peut prendre des jours, des semaines, voire des mois.

1. Ce processus commence par une analyse approfondie du marché du produit de votre client – avec une tentative de mesurer l'ampleur et la profondeur de ce marché – afin d'identifier les gigantesques forces émotionnelles qui créent ce marché – afin de définir et de concentrer ces forces sur une seule image, désir ou besoin – et pour canaliser ces forces vers une solution inévitable – le produit de votre client.

2. Pour ce faire, la deuxième étape de ce processus implique une étude minutieuse du produit lui-même – de ce qu'il est

LA 1ÈRE PARTIE : LA STRATÉGIE DE BASE DE LA PERSUASION

et de ce qu'il fait – du produit physique que vous livrerez et du produit fonctionnel que vous vendrez – ainsi que de ses diverses satisfactions et performances – toujours axées sur une seule image, une seule identification, une promesse unique qui exploitera au maximum la force émotionnelle de votre marché.

La combinaison de cette première et seconde étapes vous donne le thème de votre publicité – le désir de votre marché et sa satisfaction. . . le besoin de votre marché et sa solution. . . l'identification de votre marché et son expression.

Et une fois que vous avez découvert ce thème, vous commencez le processus d'expression. Vous explorez l'état de maturité de votre marché. Vous découvrez ce que les gens savent sur votre produit et sur ce qu'il fait – à quel point on leur a parlé de produits similaires – et à quel point ils se soucient des deux.

De cette analyse découle le point d'entrée de votre titre – le point de contact – le plus grand intérêt et l'acceptation de la part de votre prospect. Il peut être situé n'importe où : dans votre produit lui-même, dans son prix, ses performances, la satisfaction que promet votre produit, le besoin que votre marché exige de votre produit ou uniquement dans le marché lui-même. Mais, où que ce soit, c'est le point de départ. C'est ici que la recherche et la planification s'arrêtent. C'est ici que les mots commencent.

Encore une fois, ce processus peut prendre des semaines voire des mois. Et à la fin de cette période, vous aurez peut-être écrit 5 ou 10 mots.

Ces 5 ou 10 mots constitueront environ 90 % de la valeur de votre publicité. Si vous avez raison, ils peuvent créer une nouvelle industrie. Si vous vous trompez, rien de ce que vous écrirez après ne sauvera votre publicité. La rédaction publicitaire – au niveau des idées – est une profession tout ou rien. Vous construisez votre

LA 1ÈRE PARTIE : LA STRATÉGIE DE BASE DE LA PERSUASION

idée, pièce par pièce... vous l'entourez avec 5 ou 10 mots... et puis elle se dresse ou meurt toute seule. Et tout ce qui suit, reste ou meurt avec. C'est pourquoi nous avons consacré tellement de temps à ce processus de planification.

Et c'est un processus. Vous *n'avez pas* d'idée ou de titre – vous le *construisez* ou vous le déployez pétale par pétale. Vous le retirez des études de marché... vous le tordez du produit... vous lisez, vous écoutez, vous expérimentez vous-même. Vous travaillez dur. Vous vous frottez contre ce produit et ce marché si fort qu'ils s'infiltrent dans vos pores. Et avant tout, *vous vous souvenez de ce tour de force de la créativité...*

Ce que vous recherchez dans ce produit et sur ce marché est l'élément qui le rend unique. L'idée que vous voulez – le titre que vous souhaitez – la percée que vous souhaitez – est intégrée à ce produit et à ce marché. Nulle part ailleurs.

Et pas de promenade à l'extérieur – aucune formule extérieure ne vous les donnera. Vous faites face à une relation produit-marché-timing qui ne s'est jamais produite auparavant – elle est unique. Et la solution dont vous avez besoin est tout aussi unique.

Ce que cette première partie du livre a essayé de vous donner, ce ne sont pas des moules, mais des compas. Pas des formules à copier mot pour mot, ni de règles à suivre de manière rigide. Mais plutôt des guides pour orienter votre réflexion dans la bonne direction. Spécifiquement et techniquement, ces points de repère se répartissent en 2 classes :

- Les premiers sont des procédures analytiques. Leur objectif est de décomposer un problème complexe en plusieurs parties... d'examiner ces parties une par une... pour savoir laquelle est la plus importante et pour commencer votre solution à partir de là

LA 1ÈRE PARTIE : LA STRATÉGIE DE BASE DE LA PERSUASION

- Une fois que vous avez fait cela, vous commencez alors à développer votre solution à sa plus grande puissance. Pour cela, vous supprimez les facteurs limitants et vous ajoutez tout ce que vous pouvez trouver pour renforcer votre idée.

Si nous écrivions de la littérature au lieu de la publicité, ces 2 processus seraient appelés conception et exécution. En rédaction, nous disons que nous obtenons le thème principal de notre publicité, puis nous l'insérons dans un titre.

Et quand vous avez fini, vous avez 5 ou 10 mots. Si ce sont les mots justes, ils seront extrêmement précieux. Mais ils ne resteront toujours que le début. Ils sont la fin d'un chemin et le début d'un autre. Ils sont l'invitation à lire votre publicité, la main que vous tendez à votre prospect pour votre produit. Votre travail consiste maintenant à rendre cette introduction utile, pour les 2 parties.

Dans la suite du livre, nous discuterons des techniques de rédaction du corps du texte de votre publicité. Ces techniques ont un objectif : *créer de la conviction* – non seulement inoculer le désir pour votre produit, mais aussi renforcer ce désir avec la conviction que ce produit fera ce que le prospect souhaite.

Nous passons maintenant à ce processus de construction de votre publicité, de sorte que votre publicité renforce la conviction.

2ÈME PARTIE : LES 7 TECHNIQUES DE BASE POUR PERCER DANS LA PUBLICITÉ

---◆---

Comment écrire un corps de texte aussi puissant que votre titre.

6 – DANS L'ESPRIT DE VOTRE PROSPECT – CE QUI ENTRAÎNE LES GENS À LIRE, À VOULOIR, À CROIRE

Vous avez maintenant construit votre titre. Vous avez maintenant le moyen d'arrêter votre prospect – d'arrêter momentanément toutes les activités diverses de son esprit – de concentrer son attention, au moins un instant, sur une seule pensée. C'est l'objectif que vous avez déterminé pour votre titre – ne pas vendre, ni identifier votre produit, ni même mentionner le besoin ou le désir que votre produit satisfait – mais simplement et uniquement se signaler à votre prospect et le faire lire votre premier paragraphe.

À partir de ce moment, le corps de votre texte effectue la vente. Pour ce faire, il modifie la vision de la réalité de votre prospect. Il crée un nouveau monde pour votre prospect – un monde dans lequel votre produit apparaît comme l'accomplissement du désir dominant qui a amené cette personne à réagir à votre titre.

Pour créer ce monde, votre texte de vente doit développer ou modifier une ou plusieurs des 3 dimensions de son univers mental déjà existant. C'est la tâche du reste de votre publicité. Votre texte de vente doit être suffisamment long pour accomplir ce changement. La longueur de votre publicité dépend de 3 facteurs :

2ÈME PARTIE : LES 7 TECHNIQUES DE BASE POUR PERCER DANS LA PUBLICITÉ

1. Tout d'abord, de la quantité de textes dont vous avez besoin pour développer son *désir* pour ce produit – et tout ce que ce produit peut faire pour lui – à sa plus grande force.

2. Deuxièmement, de la quantité de textes supplémentaires dont vous avez besoin pour le mettre *à l'aise* et *le complimenter* avec ce produit, pour lui permettre de visualiser ce produit comme faisant partie de la structure de la vie qu'il a construite et construit pour lui-même.

3. Et enfin, de la quantité de textes supplémentaires dont vous avez besoin pour lui faire *croire* ce que vous avez dit – pour compenser ses préjugés et ses croyances déjà existants.

Les réponses à ces 3 questions déterminent non seulement la longueur de votre publicité, mais également sa structure, son développement, son style et son rythme. Chacune de ces questions se rapporte à une dimension distincte de l'esprit de votre prospect – des différentes façons dont il dispose pour organiser ses pensées et ses sentiments. Dans ce chapitre, nous examinerons brièvement ces 3 dimensions et nous indiquerons de quelle manière et dans quelle mesure elles peuvent être modifiées ou développées dans votre publicité. Et ensuite, dans les chapitres suivants, nous détaillerons minutieusement ces *mécanismes de persuasion* ainsi que les techniques les plus efficaces pour les présenter.

Dans le dernier chapitre, nous essaierons ensuite de les associer ensemble pour former une suite d'images simples, linéaires et logiques, permettant au lecteur d'accéder au titre, en passant par le produit, jusqu'à l'achat.

Commençons par ces 3 dimensions de la pensée et du sentiment...

2ÈME PARTIE : LES 7 TECHNIQUES DE BASE POUR PERCER DANS LA PUBLICITÉ

1. Les Désirs

Ce sont les demandes, besoins, envies, soif, faim, convoitises, etc. qui conduisent votre prospect à travers la vie. Ils sont *physiques*, comme le désir d'être maigre, ou fort, ou en bonne santé, ou sans acné, sans boutons, sans mauvaise haleine ou ce que vous avez déjà. Ils sont *matériels*, comme le désir de posséder de l'argent, une grosse voiture ou une belle robe. Ils sont *sensuels*, comme la soif d'une bière froide ou la nécessité pour un corps fatigué de s'allonger sur un lit moelleux.

Ils ont, bien sûr, un formidable pouvoir moteur. Et ils existent déjà. Vous ne pouvez pas les créer, les diminuer ou les combattre. *Mais vous pouvez les développer, les réduire, les canaliser et leur donner un objectif.* Et ceci est votre tâche principale en tant que copywriter.

Votre première tâche – et dans certaines publicités, votre seule tâche – est de donner *l'envie* à votre prospect. D'aiguiser son désir. D'imaginer chaque moment de son accomplissement. De le laisser le voir, le sentir, le toucher, s'y asseoir, écouter ses amis en délire. De lui faire visualiser le nouveau monde merveilleux que votre produit lui offre si puissamment qu'il y vit pratiquement, puis de lui offrir ce produit. La méthode pour faire cela, c'est l'intensification, elle sera abordée dans le chapitre suivant.

2. L'Identification

Ce sont les *rôles* que votre prospect souhaite jouer dans la vie et les *traits de personnalité* qu'il souhaite que votre produit l'aide à construire, ou à projeter.

Ces aspirations identitaires – aspirations à une personnalité bien définie – aspirations à un statut social – ne sont bien sûr ni matérielles, ni physiques, ni sensuelles. Elles complètent et

2ÈME PARTIE : LES 7 TECHNIQUES DE BASE POUR PERCER DANS LA PUBLICITÉ

intensifient les désirs physiques – elles leur ajoutent une autre dimension – en faisant en sorte que chaque achat serve un double objectif. Ainsi, non seulement une femme achète un aliment hypocalorique pour maigrir, mais elle reconstruit également une personnalité radieuse, attirante et jeune. Et non seulement un homme achète une voiture pour la puissance, la rapidité et la facilité de déplacement qu'elle lui procurera, mais également pour la projection de prestige, de succès et d'argent dépensé que cet achat communique à ses voisins.

Appelez-les comme vous voulez – buts, espoirs, rêves, ambitions, envies, admirations, fantasmes ou objectifs – ces projections subtiles, symboliques et jamais dites ouvertement de nos propres images de soi sont des forces de vente immensément puissantes. *Votre tâche consiste à les placer directement derrière votre produit.* Pour lui procurer le sentiment d'appartenance à groupe prestigieux et sélect qu'il rejoint quand il devient un utilisateur de ce produit. Pour illustrer pour lui les personnes qui vivent dans le monde de votre produit aujourd'hui.

Les Croyances

Ce sont les opinions, les attitudes, les préjugés, les fragments de connaissance et les conceptions de la réalité avec lesquels votre prospect vit. C'est le monde de la raison émotive qui l'habite : sa façon d'accepter ou de rejeter les faits et de construire son univers, les types de pensées qu'il utilise pour prendre des décisions, les idées et les valeurs qui le confortent et qu'il considère comme permanentes et vraies.

Ces idées peuvent être superficielles ou profondes, valides ou fausses, parfaitement logiques ou le fruit de souhaits. Mais ce n'est pas la mission de la publicité de se disputer avec elles. Et aucun publicitaire ne peut les modifier. La publicité n'est pas de

2ÈME PARTIE : LES 7 TECHNIQUES DE BASE POUR PERCER DANS LA PUBLICITÉ

l'éducation; elle n'a pas la société comme sponsor ni les années consacrées à l'éducation pour produire des résultats.

La publicité, comme la science, doit accepter la réalité telle qu'elle existe et non telle qu'elle pourrait le souhaiter. Ce n'est qu'ainsi qu'elle pourra modifier la réalité – non pas en la brisant de plein fouet – mais en exploitant ses tendances et en orientant ses énergies.

Croire est un processus – un processus consistant à adapter de nouveaux faits à certains modes de pensée et de conviction établis. Les gens *croient* à certains égards. Ces croyances forment un filtre à travers lequel vos informations du produit doivent être transmises ou rejetées. Et leurs schémas de raisonnement déjà établis créent des canaux d'habitude le long desquels votre texte de vente doit construire sa conviction – ou mourir.

Vous commencez avec ses croyances (du prospect) comme base. Vous construisez à partir d'elles en utilisant son genre de logique, pas la vôtre, pour prouver que votre produit satisfait ses désirs – pour prouver que votre produit fonctionne – pour prouver que son genre de personne compte sur votre produit – pour prouver qu'aucun autre produit satisfait aussi ses besoins.

Les mécanismes pour faire cela sont décrits aux chapitres 9 et 10.

Là vous les avez. Les désirs . . . . L'identification . . . . Les croyances. Chacun d'eux composé à parts égales d'émotion et de pensée. Les 3 dimensions de l'esprit de votre prospect – les matières premières avec lesquelles vous allez travailler.

Pour les étudier, nous traiterons chacun d'eux séparément. Bien entendu, en écrivant votre publicité, vous *les tissez l'un sur l'autre* – pour créer un chemin de pensée simple et fluide du début à la fin de votre publicité. Cette technique – Fusion et Renforcement – fera l'objet du chapitre 14.

2ÈME PARTIE : LES 7 TECHNIQUES DE BASE POUR PERCER DANS LA PUBLICITÉ

7 – LA PREMIÈRE TECHNIQUE D'UN TEXTE DE VENTE QUI BAT DES RECORDS : L'INTENSIFICATION

13 Façons De Renforcer Le Désir

La force qui crée les ventes, qui alimente notre économie actuelle, est le désir. Le désir de masse, répandu parmi des millions d'hommes et de femmes. Et l'art de la vente, fondamentalement et principalement, élargit ce désir. L'élargissement horizontal, chez de plus en plus de gens. L'élargissement vertical en l'aiguisant et en l'agrandissant – en le construisant à un tel degré qu'il surmonte les obstacles du scepticisme, de la léthargie et du prix, et aboutit à la vente.

La publicité est une vente imprimée. Par conséquent, la publicité est avant tout la littérature du désir. C'est l'encyclopédie des rêves de la société. . . notre livre de souhaits du vingtième siècle. La publicité donne forme et contenu au désir. Elle fournit un objectif.

Ces désirs, tels qu'ils existent dans l'esprit de votre prospect aujourd'hui, sont imprécis. Ils sont flous – confus, ambigus, pas encore cristallisés en mots ou en images. Dans la plupart des cas, ce sont simplement des émotions vagues, sans contraintes ni direction. Et à ce titre, ils ne disposent que d'une fraction de leur véritable potentiel.

Votre travail consiste à remplir ces vagues souhaits avec des images concrètes – pour montrer à votre prospect toutes les manières possibles de les satisfaire – et de multiplier leur force par le nombre de satisfactions que vous pouvez suggérer pour les accomplir.

2ÈME PARTIE : LES 7 TECHNIQUES DE BASE POUR PERCER DANS LA PUBLICITÉ

Les premières qualifications d'un copywriter sont l'imagination et l'enthousiasme. Vous êtes littéralement le scénariste des rêves de votre prospect. Vous êtes le chroniqueur de son avenir. Votre travail consiste à lui montrer dans les moindres détails tous les lendemains que votre produit lui permet.

C'est le cœur de la publicité, sa fonction fondamentale. Prendre le désir non formulé et le traduire en une scène vivante d'épanouissement l'une après l'autre. Ajouter l'attrait de la satisfaction concrète après la satisfaction de la motivation fondamentale de ce désir. Pour vous assurer que votre prospect réalise tout ce qu'il reçoit – tout ce qu'il laisse maintenant derrière lui – tout ce qui pourrait lui manquer.

Plus vos images seront nettes – et plus grand sera le nombre d'entre elles que vous pourrez légitimement lui présenter – plus votre prospect demandera votre produit et moins votre prix semblera important.

Combien d'espace pouvez-vous allouer pour ce processus d'intensification ? Cela dépend de 2 facteurs – la quantité d'espace qui vous est attribué pour la totalité de la publicité et le nombre de façons dont vous pouvez présenter vos images sans procurer un sentiment de répétition ou d'ennui.

Tout d'abord, différents médias exigent des traitements différents. Par exemple, les catalogues, les petites annonces dans les journaux et les magazines, la radio et la télévision limitent strictement le nombre de mots qui vous sont donnés pour dessiner vos images. Pour adapter votre message à leurs structures, vous devez utiliser l'une des deux techniques ou les deux.

1. La première est *la compression*, qui consiste à résumer les projections et les images en quelques mots clés.
2. Et la seconde est *la campagne* – la répétition continue de ces mots clés – avec une progression d'embellissements et

2ÈME PARTIE : LES 7 TECHNIQUES DE BASE POUR PERCER DANS LA PUBLICITÉ

de différenciations – à travers toute une série de publicités.

Nous verrons comment cela se fait, en détail, à la fin de ce chapitre.

En revanche, la publicité dans les grands magasins et dans les magazines, et plus particulièrement la vente par correspondance, vous laisse suffisamment de place pour présenter un récit complet. Dans ces médias, la décision quant à la longueur dépend beaucoup plus du deuxième facteur, à savoir – *le nombre de façons de présenter vos images sans procurer un sentiment de répétition ou d'ennui.*

Quoi que vous fassiez, votre prospect n'emportera avec lui qu'une idée de base, une image dominante de votre annonce. Mais chaque fois que vous présentez cette idée de manière nouvelle et différente, l'idée devient plus nette et plus réelle dans l'esprit de votre prospect, et elle acquiert de plus en plus de poids émotionnel.

Ainsi, le problème devient un problème de perspective, de points de vue nouveaux, de détails nouveaux et différents. De marcher autour de votre produit dans votre imagination et de le présenter à votre prospect de toutes les manières par lesquelles il entre dans sa vie.

Vous travaillez contre 2 forces opposées.

1. La première, comme dans votre titre, est la quantité de matériel qui a déjà été présenté à votre prospect avec des produits similaires dans d'autres publicités. Il existe des étapes de sophistication du marché à traiter dans le corps du texte aussi bien que dans votre titre. Si votre prospect a déjà lu la même phraséologie, il s'ennuiera peu importe où il la rencontrera à nouveau.

2. Et le deuxième obstacle est la phraséologie de votre propre

2ÈME PARTIE : LES 7 TECHNIQUES DE BASE POUR PERCER DANS LA PUBLICITÉ

publicité. Une fois que vous avez présenté votre accomplissement de base d'une certaine manière; *alors vous devez changer votre point de vue dans votre deuxième description*, ou ne pas le présenter à nouveau. Sinon, vous perdrez votre lecteur au milieu de votre publicité.

Vous ne pouvez pas répéter, mais vous pouvez renforcer. Et chaque fois que la même promesse de base offre à votre prospect un nouveau cadre, elle renforce les descriptions qui la précédaient et rend votre prospect encore plus déterminé à participer.

La présentation d'une série de réalisations fraîches, nouvelles et différentes pour le désir dominant de votre prospect – notre premier mécanisme de persuasion – est appelée L'Intensification. Elle prend de nombreuses formes, et certainement d'autres à inventer. Nous en énumérerons quelques-unes ici, en donnant des exemples de textes de vente complets pour montrer comment elles ont été élaborées pour traiter des problèmes de textes spécifiques.

Nos illustrations dans cette partie du livre seront principalement tirées de la vente par correspondance. La raison est simple. La publicité par correspondance doit être vendue à partir d'une seule annonce, sans s'appuyer sur la force cumulative de la campagne, sans l'aide de l'affichage du produit ou des vendeurs. Par conséquent, la vente par correspondance essaie de présenter autant que possible l'histoire complète en une seule fois. Ces mêmes techniques s'appliquent également à toutes les formes de publicité. Mais là, elles sont généralement assez compressées, et leur but et leur structure ne sont pas aussi évidentes.

Voici ces techniques d'Intensification...

Votre Première Présentation De Vos Promesses

2ÈME PARTIE : LES 7 TECHNIQUES DE BASE POUR PERCER DANS LA PUBLICITÉ

1. *Présentez d'abord le produit ou la satisfaction qu'il donne directement – sans ménagement – avec une description complète et détaillée de son apparence ou des résultats qu'il donne.* Par exemple, cette publicité sur la rose :

PLUS DE ROSES QUE VOUS NE L'AUREZ JAMAIS VU SUR N'IMPORTE QUEL ROSIER...

Le Directeur de l'Eastern Agricultural College rapporte : cette fabuleuse variété de roses a produit 500 floraisons en juin... 1.523 floraisons de plus en juillet... 1.616 floraisons de plus en août... 437 floraisons de plus en septembre... *4.076 roses provenant d'une seule plante...*

Pouvez-vous imaginer la beauté fantastique d'un rosier qui peut facilement vous rapporter PLUS DE 4.000 ROSES de juin à septembre, puis qui continue à fleurir abondamment jusqu'à la gelée...

Pouvez-vous imaginer le frisson formidable de marcher dans votre jardin et de cueillir chaque jour 3, voire même 4 douzaines de roses à partir d'une seule plante, jour après jour, semaine après semaine, tout en laissant d'immenses grappes de fleurs sur chaque plante.

Des roses colorées et parfumées presque aussi grandes que les plus chères des tisanes hybrides, fleurissant par centaines en même temps... sur un seul plant ! Des roses couleur cerise de 7 centimètres recouvertes de nuances de rouge qui se creusent de feu et de brillance au fur et à mesure que les fleurs se déploient – pour révéler une éclaboussure dorée éblouissante sur leurs pétales ! Des roses qui éclatent en murs vivants de fleurs qui flambent encore et encore en masses exquises en juin, juillet, août, septembre, octobre et novembre... et

2ÈME PARTIE : LES 7 TECHNIQUES DE BASE POUR PERCER DANS LA PUBLICITÉ

qui restent souvent en fleurs plusieurs semaines après la chute des premières neiges ! . . .

C'est une rose avec un pouvoir de floraison si fantastique qu'elle vous donnera d'énormes grappes de 10, 12 voire 15 fleurs sur une seule tige. . . et qui produit ces grappes avec des masses solides de fleurs ! Des grappes aussi grandes que vos deux mains tendues. . . des grappes qui mesurent jusqu'à 30 centimètres. . . chaque tige est un bouquet floral complet en soi. . . cela vous donne en moyenne plus de 50 NOUVELLES ROSES jour après jour, semaine après semaine, pendant 8, 9 voire 10 semaines consécutives pendant les « journées de canicules » durant l'été. . . Assez de roses pour remplir chaque pièce de votre maison de couleurs et de parfums tout l'été. . .

Assez de roses pour imprégner votre terrasse de beauté, pour balayer votre maison et submerger vos lits, vos clôtures, vos promenades, votre allée avec des murs de roses solides et vivants tout au long de l'été. . . avec seulement quelques plantes !

Et c'est la rose que vous pouvez faire fleurir dans votre jardin maintenant et pour les années à venir, qui fera de votre jardin la vitrine des jardins du quartier, si vous acceptez cette offre de fleurs extraordinaire maintenant ! . . .

Ou, comme autre exemple, cette description des résultats d'un projecteur avec lampe de poche de Noël montrant des diapositives colorées de la Bible :

. . . Vous sortez l'incroyable invention que nous vous envoyons. Vous l'allumez simplement. *Et tout à coup, chaque personne dans la pièce retient son souffle avec*

2ÈME PARTIE : LES 7 TECHNIQUES DE BASE POUR PERCER DANS LA PUBLICITÉ

enthousiasme et admiration !

Car devant vous, sur le mur du salon – projeté sur 1 mètre de haut par 1,20 mètres de large – se trouve l'une des plus belles images que vous n'ayez jamais vues ! Devant vos yeux – si réelle que vous pouvez pratiquement l'atteindre et la toucher – la Vierge Marie tient l'Enfant Jésus dans ses bras. La photo brille d'une couleur exquise. Vous pouvez voir chaque détail magnifique. . . les animaux se sont blottis autour de la mangeoire. . . la tendresse dans les yeux de la Vierge. . . le sourire sur le visage de l'enfant.

C'est presque comme si vous y étiez ! Soudain, tous les récits merveilleux que vos enfants ont entendus. . . tout le sens et la gloire de Noël. . . prennent vie aux yeux de vos enfants ! En taille réelle. . . aussi grand que vos enfants. . . scène après scène défilent devant eux sur le mur de leur salon ! Ils voient en vrai l'Ange de Dieu annonçant la naissance aux bergers ! Ils sont témoins de l'Etoile de Bethléem qui se lève sur le monde ! Ils se tiennent côte à côte avec les Trois Mages dans une adoration silencieuse !

Sous leurs yeux, ils voient le Christ atteindre sa maturité. Ils le regardent étonner les anciens du temple comme un petit enfant. Ils se réjouissent de sa première rencontre avec Jean-Baptiste. Ils sont présents pendant le sermon sur la montagne. Ils sont témoins de chacun des miracles – ils voient de leurs propres yeux Jésus apaiser la tempête. . . apprendre à Pierre à marcher sur l'eau. . . ressusciter Lazare d'entre les morts.

Peut-il y avoir une expérience plus passionnante ? Soudain, tous les sermons qu'ils ont entendus. . . chaque livre qu'ils ont lu. . . chaque prière qu'ils ont apprise

2ÈME PARTIE : LES 7 TECHNIQUES DE BASE POUR PERCER DANS LA PUBLICITÉ

> prend un nouveau sens et une beauté nouvelle pour eux. C'est probablement l'heure la plus excitante que vous passerez avec vos enfants. Ils vous demanderont de la répéter encore et encore. Ces magnifiques images continueront à les faire frémir et à les étonner et à les instruire pour les années à venir. . .

Ou, comme autre exemple, cette description de l'aspect extérieur d'un avion en plastique géant :

> . . . Oui ! Imaginez simplement l'expression de vos enfants lorsqu'ils entreront dans votre salon à peine une semaine à partir de maintenant et qu'ils verront soudainement ce magnifique modèle d'avion se tenir devant eux sur la table du salon !
>
> Voici un modèle d'avion en plastique gigantesque, en 3 dimensions, reposant solidement sur son propre triple train d'atterrissage, et qui est si grand que sa queue se situe à 15 centimètres de la table !
>
> Ce magnifique modèle d'avion porte fièrement les couleurs officielles de la Pan American Airways ! Ses ailes et ses moteurs sont en argent éblouissant ! Son fuselage est d'un blanc éclatant, avec une bande bleue, brillante qui s'étend en arrière de 53 centimètres sur toute la longueur du corps de l'avion ! Et sur les 2 côtés de l'énorme gouvernail se trouve l'hélice American World Globe – et le drapeau américain juste au-dessus, prêt à identifier cet avion où qu'il aille !
>
> Les ailes et la queue sont inclinées en diagonale – prêtes à traverser les airs à 1.000 km / h ! Et suspendus sous les ailes, les 4 énormes moteurs – chacun aussi long et aussi épais que les doigts de votre enfant – dotés chacun de son propre JET SOUND SIMULATOR (simulateur de

2ÈME PARTIE : LES 7 TECHNIQUES DE BASE POUR PERCER DANS LA PUBLICITÉ

son d'avion à réaction), pour donner à votre enfant frissons après frissons LORSQU'IL FAIT VOLER EFFICACEMENT CE MODÈLE À COUPER LE SOUFFLE ! ...

Mettez Les Promesses En Action

2. *Maintenant que vous avez présenté votre description principale, vous êtes prêt à agrandir l'image. L'un des moyens les plus efficaces consiste à METTRE LE PRODUIT EN ACTION pour votre lecteur. Pour lui montrer, non seulement à quoi ressemble le produit, et quels avantages il procure au lecteur, mais exactement comment il le fait.* À titre d'exemple, continuons avec notre modèle d'avion à réaction :

> Pas de carburant ! Pas de danger ! Pas de craquement ! Pourtant, il vole à l'échelle de la vitesse de 1.000 km / h, le tout sous votre contrôle total !

> Choisissez ce magnifique modèle en plastique et donnez-le à votre enfant. Pendant qu'il le tient, attachez simplement la ligne de contrôle en U comme nous vous le montrons sur l'aile gauche. Puis suspendez le modèle sur cette ligne de commande et commencez à le balancer lentement dans les airs. Devant vos yeux étonnés, vous verrez l'une des scènes les plus passionnantes de votre vie !

> Ce modèle est parfaitement conçu pour le vol à grande vitesse ! Dès qu'il captera l'énergie du mouvement de votre main, il lèvera le nez, ses ailes commenceront à traverser l'air, il clignotera et s'élèvera devant vous ! Si vous lui donnez de plus en plus de force, il deviendra de plus en plus rapide, il volera de plus en plus vite. . . Vous pouvez le faire voler en cercles de seulement 1,50

2ÈME PARTIE : LES 7 TECHNIQUES DE BASE POUR PERCER DANS LA PUBLICITÉ

> mètres de large, ou vous pouvez l'emmener à l'extérieur et le faire voler en cercles gigantesques de 3 mètres de large – la taille d'un lot de la ville entière...
>
> Vous pouvez faire grimper cet avion dans les airs – atteindre des hauteurs fantastiques – puis le faire plonger vers le sol, et prendre de la vitesse et ainsi reprendre de la hauteur dans une acrobatie à vous couper le souffle !... Vous pouvez faire faire à ce magnifique modèle un atterrissage parfait ! Vous pouvez piloter 2 avions ou plus en formation ! Vous pouvez organiser des courses ! Tous les membres de votre famille peuvent piloter une flotte complète de modèles époustouflants pour un dollar chacun, à un prix inférieur à UN CINQUIÈME du prix que vous paieriez pour un modèle en plastique de cette taille et de cette performance !...

Ou, comme autre exemple, cette description de produit en action tirée d'une brochure vendant un leurre de poisson autoguidé :

> ... Pensez-y ! Pour alimenter ce leurre incroyable, vous n'avez qu'à faire ceci. Ouvrez simplement la chambre à carburant – versez le carburant absolument inoffensif – et fermez à nouveau la chambre à carburant ! ... Il vous suffit de lancer ou de poser le leurre emballé dans une eau douce ou salée et préparez-vous à vivre une expérience de pêche sensationnelle !
>
> Pendant peut-être une minute, le leurre flottera doucement à la surface de l'eau. Mais alors que l'eau atteindra la charge de carburant à l'intérieur – le leurre semblera frémir pendant une seconde – et ensuite, il deviendra pratiquement « vivant » !
>
> L'air qui l'entoure sera empli du bourdonnement d'une

2ÈME PARTIE : LES 7 TECHNIQUES DE BASE POUR PERCER DANS LA PUBLICITÉ

abeille mourante ! Instantanément, le nez du leurre sera dirigé vers le bas et il commencera sa première descente ! Lentement, brusquement, comme un vairon mutilé, il nagera bruyamment vers le bas – bourdonnant et bourdonnant encore – parcourant environ 3 mètres toutes les 15 secondes ! Si aucun poisson ne l'intercepte, il arrêtera alors automatiquement sa descente – levant lentement le nez – et recommencera son irrésistible remontée à la surface !

Et encore ! Et encore ! Inlassablement, heure après heure, augmentant la portée de vos propres lancers ! En errant sans répit sur chaque mètres d'eau sous vous – même avec une ligne relâchée – même lorsque votre bateau est amarré, les yeux fermés lorsque vous êtes assoupi sur le quai, et que vous dormez ! . . .

Et entraînant les poissons autour de vous dans une telle frénésie de natation et de bourdonnement qu'ils vous arrachent pratiquement la canne – ils ont tellement envie d'attraper l'appât avec leur bouche ! . . .

Impliquez Le Lecteur

3. Ou, si votre produit se prête à ce type de traitement, *placez votre lecteur au beau milieu de cette histoire de produit-en-action et faites-lui une démonstration verbale du fait que cela lui arrivera le premier jour où il possédera votre produit.* Par exemple, ce passage extrait d'une publicité vendant un surpresseur pour une voiture classique :

. . . Imaginez ceci dans votre vie ! Le week-end prochain, vous montez dans votre voiture, la même voiture fatiguée que vous conduisez depuis des années. Vous n'avez apporté qu'un simple changement à cette

2ÈME PARTIE : LES 7 TECHNIQUES DE BASE POUR PERCER DANS LA PUBLICITÉ

voiture, si facile que même votre fils de 16 ans pourrait le faire. Mais maintenant, lorsque vous mettez le contact, un miracle moderne de la science de l'ingénierie prend vie sous votre capot !

Dès le premier instant, vous verrez et sentirez la différence avec ce moteur ! . . . Lorsque vous relâchez le frein de parking, votre voiture se déplace hors de son espace de stationnement – vous roulez dans la rue avec le pied touchant à peine la pédale d'accélérateur. Toutes les 30 ou 40 secondes, vous donnerez à cette voiture une injection d'essence supplémentaire – vous sentirez qu'elle pousse fort vers l'avant – testez la nouvelle puissance qui chante sous votre pied !

Nous vous demandons de vous garer à côté d'une autre voiture au feu rouge, d'environ la même année et de faire comme si c'était la vôtre ! Attendez que le feu passe du rouge au vert. Laissez l'autre voiture démarrer en premier. Attendez que l'autre voiture atteigne le milieu de la rue. Et puis enfoncez la pédale d'accélérateur !

Avant même que cette autre voiture n'ait traversé la rue, vous l'aurez rattrapé. Pendant une brève seconde, vous et cette autre voiture ferez la course en tête à tête. Et puis, vous vous éloignerez d'elle. . . vous la laisserez un bloc complet derrière vous. . . vous regarderez dans votre rétroviseur et vous verrez le regard rempli d'étonnement sur le visage de l'autre conducteur ! . . .

Montrez-lui Comment Tester Vos Promesses

4. Mais il reste encore plus de place pour agrandir l'image selon ces lignes. *Transformez la démonstration en test. Laissez*

2ÈME PARTIE : LES 7 TECHNIQUES DE BASE POUR PERCER DANS LA PUBLICITÉ

votre lecteur se visualiser en train de prouver les performances de votre produit – en obtenant immédiatement ses avantages – de la manière la plus spécifique et la plus spectaculaire qui soit. Par exemple, dans cette annonce, avec la vente d'un nouveau type de bougie d'allumage :

> . . . Lorsque vous recevrez une boîte de D'INJECTEURS DE FEU SA, notez à quelle vitesse votre voiture avance quand elle se trouve en position de conduite, avec le moteur tournant au ralenti. Si vous avez une voiture de sport, une voiture de course ou un bateau, notez le nombre de tours / minute indiqué sur le compte-tours lorsque le moteur tourne au ralenti. Si vous avez une transmission manuelle, mettez votre voiture à la vitesse inférieure sur une route plane et notez sa vitesse avec le moteur qui tourne au ralenti. Ensuite... vissez vos injecteurs directement dans les emplacements des bougies...

Maintenant, si vous avez une transmission automatique, mettez votre voiture en marche et laissez votre moteur tourner au ralenti. Si votre voiture est restée immobile avec des bougies d'allumage, elle avancera maintenant de 6 à 10 km/h; cela signifie que la quantité d'essence qui a juste conservé votre moteur en marche va maintenant vous faire parcourir jusqu'à 10 kilomètres supplémentaire sans aucun frais pour vous.

Si vous avez une voiture de course ou de sport ou un bateau avec un tachymètre, votre nombre de tours par minute augmentera jusqu'à 200 tours supplémentaires au ralenti et jusqu'à 300 tours supplémentaires à pleine vitesse.

Si vous avez une transmission manuelle, à faible vitesse et que le moteur tourne au ralenti, votre voiture avancera

2ÈME PARTIE : LES 7 TECHNIQUES DE BASE POUR PERCER DANS LA PUBLICITÉ

de 6 à 10 km/h plus rapidement. En d'autres termes, peu importe quelle voiture vous conduisez, voici la preuve absolue que vous pouvez aller plus loin, plus vite et à moindre coût...

Ou, comme autre exemple, ce test de démonstration tiré d'une publicité vendant un cours de mémoire et intitulé : « Donnez-moi Une Soirée Et Je Vous Donnerai Une Mémoire Automatique » :

. . . Prenez ce livre et allez à la page 39. Lisez-en 8 courtes pages – pas plus. Et puis, posez le livre. Révisez dans votre esprit le seul secret que je vous ai montré. Et ensuite, préparez-vous à tester votre nouvelle mémoire AUTOMATIQUE !

Voici ce que vous allez faire, dès le premier soir. Sans vous référer au livre, vous allez vous asseoir et vous allez écrire – pas 5, pas 10, mais VINGT faits importants que vous n'avez jamais pu mémoriser auparavant ! Si vous êtes un homme d'affaires, il peut s'agir des commandes de clients que vous avez reçues. . . si vous êtes vendeur, il peut s'agir de 20 produits différents dans votre gamme. . . si vous êtes une femme au foyer, il . . .

Dans tous les cas, vous allez simplement parcourir cette liste pendant quelques instants. Vous allez effectuer une simple astuce mentale sur chacun de ces faits – ça va l'imprimer dans votre esprit, de manière permanente et automatique ! Et ensuite, vous allez ranger cette liste. . .

Et le lendemain matin, vous allez épater vos amis et votre famille ! Quand vous irez au travail, vous allez vous référer à chacune de ces commandes – automatiquement – sans consulter votre bloc-notes ! . . . .

2ÈME PARTIE : LES 7 TECHNIQUES DE BASE POUR PERCER DANS LA PUBLICITÉ

Oui ! Et vous épaterez vos amis en vous souvenant de chaque produit de votre gamme – en partant du début ou de la fin – dans l'ordre exact où vous les avez mémorisés ! Vous serez à chaque rendez-vous à l'heure – car votre rendez-vous vous reviendra en mémoire automatiquement – au moment précis où vous en aurez besoin – exactement comme si vous aviez appuyé sur un bouton !

Tout ça, en une seule soirée ! . . .

Tirez Le Meilleur Parti De Vos Avantages Dans Le Temps

5. Le nombre de variations, de points de vue nouveaux et surprenants est infini. Voici un autre départ du thème produit-en-action : montrez le produit pendant son utilisation, pas juste une heure ou une journée, mais sur une période de plusieurs semaines ou mois. Ici, vous prolongez la vision de votre lecteur de plus en plus loin en lui montrant un flux continu d'avantages. Ce passage est tiré d'une publicité pour un aliment végétal anglais :

> . . . Premièrement, les étonnants granulés anglais donnent à vos plantes un nouvel élan de croissance extraordinaire ! Nouvelles et anciennes plantes, elles créent des dizaines de pousses et de bourgeons cachés ! Certaines de vos plantes peuvent en réalité DOUBLER en hauteur et en largeur dès le premier mois !
>
> Mais ce n'est que le début ! En une ou deux petites semaines – sans que vous ne touchiez même votre plante – cet incroyable granulé commence automatiquement la deuxième étape de son travail ! Il envoie automatiquement un second nutriment miraculeux – qui pénètre dans les cellules même du corps de vos plantes – qui remplit ces cellules de santé, de force et de

2ÈME PARTIE : LES 7 TECHNIQUES DE BASE POUR PERCER DANS LA PUBLICITÉ

robustesse. . . De grandes tiges hautes se dressent avec une précision militaire ! Les bourgeons géants commencent à gonfler avec vigueur et vitalité ! Même de vieux arbustes et arbres fatigués – que vous aviez presque abandonné à leur perte – commencent à se redresser – à grossir – à faire croître la jeune pousse verte que vous n'aviez jamais espéré revoir !

Et puis, la partie la plus remarquable de tout ! Tout comme ces plantes d'une beauté fantastique ont atteint leur hauteur et leur force glorieuses – à ce moment-là, ces minuscules granulés anglais libèrent automatiquement un troisième ingrédient merveilleux ! . . .

Et quand ce troisième ingrédient précieux atteindra ces bourgeons, alors le matin même, vous ouvrirez la porte de votre maison – ET VOUS SEREZ AVEUGLÉ PAR L'EXPLOSION DE COULEUR QUI VOUS SALUE DEPUIS VOTRE JARDIN ! . . . Vous verrez des rosiers chargés de fleurs, d'une richesse, d'un parfum et d'une couleur que vous n'aviez jamais imaginés auparavant ! Vous verrez les dahlias, les asters et les glaïeuls si massifs, si exquis, si beaux à couper le souffle que vous pouvez difficilement croire que ce sont les mêmes plantes que vous avez plantées dans le sol ! Et quand vos voisins commencent à entrer dans votre jardin – quand vous les regardez plier et toucher ces fleurs pour voir si elles sont vraies – ALORS VOUS CONNAÎTREZ UN SENTIMENT DE RÉALISATION JARDINIÈRE ET DE FIERTÉ DONT VOUS N'AVIEZ JAMAIS OSÉ RÊVER AUPARAVANT !

Impliquez Un Public

2ÈME PARTIE : LES 7 TECHNIQUES DE BASE POUR PERCER DANS LA PUBLICITÉ

6. À la fin de ce passage, des acteurs autres que le lecteur sont amenés dans la scène. Chacun d'entre eux – chaque groupe d'entre eux – offre une nouvelle perspective à travers laquelle votre lecteur peut visualiser le produit. Vues à travers leurs yeux – expérimentées à travers leurs actions et réactions – les performances du produit redeviennent nouvelles, vives et complètement différentes.

Ces nouveaux participants peuvent être des célébrités, qui racontent leurs expériences à travers un témoignage. Cette technique est trop familière pour justifier un exemple ici. Il peut également s'agir d'hommes et de femmes ordinaires, avec lesquels le lecteur s'identifie facilement, dont les expériences sont liées par le biais de la narration ou de l'étude de cas. L'exemple le plus célèbre de narration est probablement la publicité « Ils Riaient Quand Je Me Suis Assis Au Piano », citée dans la première partie de ce livre. Ici, à titre d'exemple d'étude de cas historique, nous utilisons un passage d'une publicité pour un régime :

> . . . Et puis, si vous étiez comme les hommes et les femmes dont les revues médicales majeures ont relaté de fantastiques antécédents, vous êtes peut-être allé voir votre médecin et vous lui avez demandé UNE SOLUTION FACILE, SANS TORTURE ET SANS RISQUE DE REPRENDRE LES KILOS PERDUS ! . . .
>
> Ces médecins avaient la réponse dans une minuscule pilule grise – et un plan sensé. . .
>
> Ils ont demandé à des dizaines de patients de tester ce plan miracle chez eux, sous la supervision de ces médecins. Ces hommes et ces femmes n'abandonnèrent PAS les aliments qu'ils aimaient – ils les réduisirent simplement et naturellement !
>
> Ils n'ont reçu aucun régime qui laisse sur sa faim ... ils

2ÈME PARTIE : LES 7 TECHNIQUES DE BASE POUR PERCER DANS LA PUBLICITÉ

ont raconté, cas après cas, qu'ils ressentaient plus de peps, plus d'énergie, plus de jeunesse et de vitalité qu'ils n'en respiraient depuis des années !

Et puis, jour après jour, plus rapidement, plus simplement et plus sûr que jamais auparavant, l'excès de vilaine graisse autour de leur corps a fondu ! Alors qu'ils mangeaient 3 délicieux repas par jour, ils perdaient jusqu'à 2 kilos par semaine ! Tandis qu'ils se régalaient de steaks alléchants, d'épaisses tranches juteuses de rôti de bœuf, de pommes de terre, de beurre et de pain, ils perdaient centimètre après centimètre de tour de taille, de leurs cuisses, de leurs hanches. Des vêtements qu'ils auraient jetés des années auparavant commençaient à sortir des placards et des greniers. Hommes et femmes, ils s'émerveillent en remarquant un nouveau regard jeune sur le menton et le visage qu'ils pensaient avoir perdu pour toujours.

Et quand le plan était fini. . . ces hommes et ces femmes avaient perdu jusqu'à 7 et 11 et même 15 kilos. . . ils avaient remonté leur horloge pondérale de 5, 10 voire même de 15 ans. . . Et leurs silhouettes fines et minces ne faisaient que commencer . . .

Montrez L'approbation Des Experts

7. *Mais les célébrités et les gens ordinaires ne sont pas les seuls à pouvoir réaffirmer les avantages du produit. Les experts du domaine – les professionnels – les plus sophistiqués, les plus discriminants, les plus blasés peuvent être appelés à partager leurs réactions.* Il n'y a rien d'aussi étonnant que l'étonnement des experts. Ici, les éléments de surprise, de compétition et de découverte se combinent pour rendre l'image encore plus nette.

2ÈME PARTIE : LES 7 TECHNIQUES DE BASE POUR PERCER DANS LA PUBLICITÉ

Cet exemple est tiré de l'annonce pour les roses mentionnée ci-dessus :

> . . . Imaginez la scène, quand ces horticulteurs universitaires ont commencé cet incroyable test de floraison des roses. Car ici se trouvaient réunies dans un champ d'essais toutes les reines de renom bien élevées. . . floribundas, thés hybrides, polyanthus, roses et mélanges de roses brevetés qui se vendent aujourd'hui à un prix s'élevant jusqu'à 3,75 dollars pour une seule plante. Rangée après rangée de roses. . . lauréats en compétition internationale. . . le meilleur de ce que le monde a à offrir. . . ET ALORS, NEARLY WILD COMMENCE À FLEURIR !
>
> Imaginez l'étonnement de ces experts dès le premier mois seulement, Nearly Wild a produit 15 fois plus de fleurs que la moyenne de toutes les autres roses combinées; qu'en juillet seulement, elle produit en moyenne 50 nouvelles roses par jour, soit 7 fois plus de fleurs que la deuxième rose du podium ! Comment en août, elle produisit 21 fois plus de roses que sa plus proche concurrente; et ensuite elle a continué …
>
> Est-il étonnant qu'un expert en roses réputé, après avoir visionné les résultats de ce test, se soit exclamé : « C'est comme avoir une roseraie complète de 20 plantes, le tout sur un seul plant ! » Ou pourquoi un autre expert des roses, secouant la tête avec incrédulité, déclara : « Si jamais nous publions ces chiffres floraux au public, ils ne le croiraient jamais. Et s'ils le croient, nous ne pourrions pas produire de roses Nearly Wild pour répondre à la demande durant les 25 prochaines années ! ». . . .

2ÈME PARTIE : LES 7 TECHNIQUES DE BASE POUR PERCER DANS LA PUBLICITÉ

Comparez, Contrastez Et Prouvez La Supériorité

8. Chaque nouvelle approche en suggère d'autres. *La compétition peut être mise en contraste. Les inconvénients de l'ancien produit ou service peuvent être mis en parallèle avec les avantages du nouveau – en les mettant en relief.* Voici, à titre d'exemple, un court passage en 3 phrases d'une publicité radiophonique pour un club de lecture qui établit la différence entre achat aléatoire et investissement dans un club de lecture de manière indélébile dans l'esprit de l'auditeur :

> ... Oui ! Tandis que vos amis payaient 3,95 dollars pour leurs textes du best-seller de Frank Yerbv, The Golden Hawk, les membres du Dollar Book Club obtenaient le même livre pour seulement 99 centimes. Alors que vos amis payaient 4,95 dollars pour le nouveau thriller enflammé de John O'Hara, *La Rage de Vivre*, les membres du Dollar Book Club recevaient exactement le même livre pour seulement 99 cents. Et pendant que vos amis payaient 5,95 dollars pour le nouveau triomphe de Thomas B. Costain, *High Toicers*, les membres du Dollar Book Club savourent exactement le même livre – pour seulement 99 centimes ! • • •

Un autre exemple, voici un extrait d'un publipostage vendant un récupérateur de carburant – un appareil destiné au moteur de votre voiture qui renvoie les gaz d'échappement dans votre carburateur :

> ... Ce dispositif utilise la puissance d'aspiration de votre propre moteur pour absorber la fumée. Et puis, avec l'une des idées les plus brillantes de l'histoire, il détruit cette fumée en la réinjectant dans votre moteur, où elle est brûlée sous forme de carburant supplémentaire en continu !

2ÈME PARTIE : LES 7 TECHNIQUES DE BASE POUR PERCER DANS LA PUBLICITÉ

Pensez-y ! Au lieu d'une huile polluée, d'un moteur pollué, de l'air pollué, vous obtenez un flux constant d'essence supplémentaire dans votre moteur, presque comme si vous disposiez d'un deuxième réservoir d'essence gratuit relié à votre voiture !

Au lieu d'une panne l'une après l'autre, d'une facture de réparation supplémentaire, chacune plus chère que la précédente, vous obtenez la puissance supplémentaire d'une voiture récente, l'économie d'une voiture récente, la résistance d'une voiture récente pour éviter les factures, parce que les causes mortelles provenant de la boue, de l'acide, des impuretés qui détruisaient votre voiture sont maintenant brûlées comme carburant dans votre moteur ! …

Faites Imaginer Le Côté Obscur Également

9. *Et il n'y a pas besoin de négliger l'approche du Paradis ou de l'Enfer. Ici, l'aspect négatif de chaque promesse – le problème duquel vous libérez votre prospect pour toujours – est peint dans toute sa couleur noire. Vous échauffez la plaie, puis vous appliquez le baume qui la guérit.*

Vous obtenez donc 2 courants de motivation :

- la répulsion du problème précédent ou du produit inadéquat et
- l'attrait généré par les solutions contrastées de votre propre produit.

Il existe plusieurs façons avec lesquelles vous pouvez présenter cette image avant et après.

Vous pouvez le faire par le biais de la narration ou du témoignage. Vous pouvez le faire en utilisant la technique du «

2ÈME PARTIE : LES 7 TECHNIQUES DE BASE POUR PERCER DANS LA PUBLICITÉ

pitch » pour un produit « ridicule ». Ou vous pouvez simplement présenter une description directe de l'ancien produit ou du problème, avec tous ses inconvénients détaillés, puis la faire suivre directement avec une description similaire de votre nouvelle solution dans un style parfaitement parallèle, élément par élément.

Voici, à titre d'exemple, un extrait d'une publicité vendant un nouveau type de bougie d'allumage :

> . . . Un jour, si vous avez un moment de libre, retirez l'une des vieilles bougies d'allumage de votre voiture ! Regardez l'électrode au bas de cette bougie. En 10 secondes, vous en apprendrez plus sur le gaspillage d'essence qu'aucun livre ne pourra vous apprendre en un an !
>
> Si cette électrode a été dans votre voiture 5 km ou plus, alors ce que vous verrez au bas de cette bougie n'est que de la pure SALETÉ ! L'élément de mise à feu de cette bougie – l'élément le plus important de votre voiture – sera étouffé, étranglé et pollué par du CARBONE NOIR ET CRASSEUX ! Le carbone qui prive votre voiture de 20 chevaux vitaux chaque fois que votre moteur démarre !
>
> Maintenant, essuyez cette saleté et regardez l'élément de mise à feu lui-même. C'est L'ÉLÉMENT D'ÉNERGIE de votre voiture. . . la tête de la bougie, l'électrode qui transforme l'essence brut en 300 chevaux d'énergie motrice ! Et dans quel état se trouve cet élément ? CORRODÉ — ENGRASSÉ — ENDOMMAGÉ — ET USÉ ! À peine capable de produire la moitié de l'étincelle qu'il devrait générer ! Vous gaspillez de l'essence – vous gaspillez de l'argent chaque fois que vous appuyez sur la pédale d'accélérateur !

2ÈME PARTIE : LES 7 TECHNIQUES DE BASE POUR PERCER DANS LA PUBLICITÉ

Oui ! Vous payez entre 2.000 et 83.000 dollars pour votre voiture. Et une seule pièce à 99 centimes vous prive du pouvoir réel et du plaisir de cette voiture.

ENFIN ! UNE BOUGIE SI INTELLIGENTE QU'ELLE PENSE !

Maintenant, regardez la nouvelle bougie — la bougie révolutionnaire Power Flash que je vous enverrai — pour exactement le même prix que vous payez aujourd'hui

Voici une bougie qui ne comporte pas seulement UN seul élément de mise à feu, mais des centaines d'éléments de mise à feu potentiels ! Ils ÉLIMINENT EN RÉALITÉ CE CARBONE MORTEL – ils le brûlent – ils le jettent – ILS LE MAINTIENNENT PROPRE ET ÉTINCELANT À CHAQUE DÉMARRAGE ! La puissance maximale et fulgurante qui existait lorsque votre voiture était neuve est toujours disponible après 50.000 km.

Mais ce n'est que le début ! Cette bougie vous donne en fait la puissance dont vous avez besoin pour chaque condition de conduite : puissance fiable et régulière pour les déplacements en ville, puissance sans effort pour les promenades, puissance de réserve sans pareille pour des vitesses exceptionnelles …

Et ce n'est encore que le début ! Le meilleur de tout. Il s'agit de l'une des bougies les plus robustes, les plus résistantes et les plus durables jamais fabriquées. Vous pourriez en fait la marteler contre un mur de béton avec un marteau sans même l'abîmer – et cette incroyable bougie démarrerait toujours avec une telle intensité même à 50.000 km ! Oui ! Ces bougies fantastiques

2ÈME PARTIE : LES 7 TECHNIQUES DE BASE POUR PERCER DANS LA PUBLICITÉ

vous offrent un service si constant et durable que nous pouvons nous permettre de vous offrir l'une des garanties les plus étonnantes que vous n'ayez jamais entendues…

Montrez À Quel Point Il Est Facile D'obtenir Ces Avantages

10. Pour répéter, les variations sont illimitées. Chaque fois que votre produit touche la vie de votre prospect – le prix, la disponibilité, la facilité d'utilisation, la durabilité, la portabilité, le remplacement, la maintenance, voire même le déballage du carton dans lequel il est livré – il vous offre une nouvelle perspective pour réitérer et souligner à nouveau ses avantages. En voici un exemple – *soulignez la facilité d'application et mettez en contraste les énormes avantages que cette application vous procure* :

> . . . Dans une semaine, vous allez descendre de votre voiture. Vous allez soulever son capot – vous allez prendre la boîte noire et brillante que nous vous avons envoyée – et vous allez simplement verser son contenu dans le tuyau de remplissage d'huile de votre voiture !
>
> C'est tout ce que vous avez à faire ! C'est toute la compétence dont vous avez besoin ! Et pourtant, en 30 secondes de travail, vous améliorerez les performances de cette voiture de 8 manières différentes !
>
> Avec seulement 30 secondes de travail, vous renforcerez tellement le moteur de la voiture que vous obtiendrez 3 à 5 jusqu'à 8 km supplémentaires par litre d'essence pour chaque litre acheté. . .
>
> Avec seulement 30 secondes de travail, vous lubrifierez ce moteur à un point tel que vous pourrez parcourir

2ÈME PARTIE : LES 7 TECHNIQUES DE BASE POUR PERCER DANS LA PUBLICITÉ

jusqu'à 8.000 km sans même vérifier votre huile. . .

Et, avec seulement 30 secondes de travail, vous protégerez ce moteur si efficacement que vous ajouterez jusqu'à 4 ans à sa puissance et à sa durée de vie ! . . . Vous réduirez l'usure des segments et pistons qui pourraient vous coûter 75 dollars chacun – pendant des années !

Utilisez Les Métaphores, Analogies, L'imagination

11. *Vous ne devez pas non plus vous contenter de simplement exposer les faits. Il existe une infinité de possibilités pour l'imagination de présenter ces faits sous une forme plus dramatique, en dehors de l'approche rigide et réaliste.* Certains des exemples les plus célèbres sont la publicité d'Alexander Hamilton dans les années 20, « La Gloire De La Voie Ascendante ». Ou la série des réveils Big Ben : « Il Chuchote D'abord, Ensuite Il Crie. » Ou bien ce passage de la publicité, probablement la plus longue de toutes, le cours d'anglais de Shenvin Cody, dans lequel un manuel d'instruction est personnifié puis on lui donne vie :

> Le principe de base de la nouvelle méthode de M. Cody est la formation d'habitude. N'importe qui peut apprendre à écrire et à parler correctement en utilisant constamment les bonnes procédures. Mais comment savoir dans chaque cas quand l'expression est correcte ? M. Cody résout ce problème d'une manière simple, unique et sensée.
>
> *Un Dispositif à Correction 100% Automatique.*
>
> Supposons qu'il se tienne toujours à vos côtés. Chaque fois que vous prononcez ou que vous orthographiez mal un mot, chaque fois que vous transgressez un usage

2ÈME PARTIE : LES 7 TECHNIQUES DE BASE POUR PERCER DANS LA PUBLICITÉ

grammatical correct, chaque fois que vous utilisez le mauvais mot pour exprimer ce que vous voulez dire, supposez que vous puissiez l'entendre murmurer. « C'est faux, ça devrait être tel ou tel mot. » En peu de temps, vous utiliseriez habituellement la bonne forme et les bons mots pour parler et écrire.

Si vous continuiez à faire les mêmes erreurs encore et encore, il vous dirait patiemment ce qui est juste. Il serait pour ainsi dire un mentor éternel à vos côtés – un mentor qui ne se moquerait pas de vous, mais qui, au contraire, vous soutiendrait et vous aiderait. Ce Dispositif à Correction 100% Automatique fait exactement cela. C'est la voix silencieuse de M. Cody derrière vous, prêt à vous parler chaque fois que vous commettez une erreur. Il trouve vos erreurs et se concentre sur elles. Vous n'avez pas besoin d'étudier ce que vous savez déjà. Il n'y a pas de règles à mémoriser...

Avant De Terminer, Résumez

12. Pour répéter encore, il existe un nombre infini de nouvelles approches. Aucune liste ne peut être complète, car de nouvelles applications, de nouvelles perspectives, de nouveaux points de vue sont découverts chaque jour.

Laquelle d'entre elles, et combien d'entre elles vous utiliserez dans une seule annonce, est une question de timing et d'équilibre lorsque vous commencez à préparer votre publicité. *Tant que chaque nouvelle perspective continue de créer le désir dominant dans l'esprit de votre prospect, utilisez-la. Mais si la perspective supplémentaire n'est pas suffisamment différente ou dramatique pour renouveler l'intérêt de votre prospect pour vos promesses, laissez-là de côté.* Dans une large mesure, c'est une question de

2ÈME PARTIE : LES 7 TECHNIQUES DE BASE POUR PERCER DANS LA PUBLICITÉ

sensibilité et d'originalité de votre part. La sensibilité provient de l'intuition et de l'expérience; l'originalité ne vient souvent que d'un dur labeur. Et peut-être que le meilleur moyen de mesurer l'équilibre entre les deux – ce point critique où le renforcement devient une simple répétition – consiste à relire votre publicité quelques jours après l'avoir écrite pour la première fois.

Il existe cependant 2 dispositifs de synthèse classiques qui sont presque toujours utilisés et qui doivent être mentionnés ici.

1. Le premier est le « *catalogue* ». *Il s'agit d'une brève liste condensée de toutes les performances, avantages et / ou applications du produit, les uns après les autres, sans description, représentation ou élaboration.* Chaque avantage ou point de vue auquel on aurait pu attribuer 3 ou 4 paragraphes au début de votre annonce se trouve résumer ici en une seule ligne.

Il existe 2 types de catalogues. Ceux qui développent le désir horizontalement, parmi des groupes d'applications ou des prospects toujours plus larges. Et ceux qui développent le désir verticalement en approfondissant ou en magnifiant ce désir.

Voici un exemple du premier type de catalogue, utilisé pour répertorier toutes les applications d'un kit de chalumeaux susceptibles d'être vendu à un propriétaire :

TOUT EN UN !

Chalumeau, décapant de peinture, fer à souder !

Le chalumeau au propane de type professionnel fait également office de décapant de peinture rapide et sûr et de fer à souder de précision ! Il exécute 101 travaux autour de la maison, y compris -

Laver les tuiles; enlever la peinture ou le mastic; décongeler des tuyaux gelés; faire fondre des tubes de

2ÈME PARTIE : LES 7 TECHNIQUES DE BASE POUR PERCER DANS LA PUBLICITÉ

> cuivre; souder des gouttières; effectuer des travaux de réparations électriques; allumer des barbecues aux charbons de bois et des feux de cheminée; brûler les mauvaises herbes, les parasites et les feuilles humides; décongeler des serrures congelées; de la brasure légère; desserrer les boulons rouillés; réparer les carrosseries et les pare-chocs de voitures; souder l'aluminium, l'argent, les bijoux et autres assistances dans vos loisirs, et plus bien plus encore. . . .

Bien sûr, il est évident que ce dispositif de catalogue utilise la « méthode du fusil de chasse ». Jusqu'à présent, votre publicité a pris un seul désir dominant et développé ce désir unique au point d'intensité maximale absolue. Cette volonté de jouer avec exactitude – après avoir choisi l'attrait le plus puissant – confère à votre publicité l'impact d'un fusil à longue portée. Mais cela exige aussi la précision d'un tireur expert.

À présent, grâce à cette liste de catalogues multi-désirs, vous avez une chance de faire mouche à la dernière minute. Maintenant, vous « tirez » avec chaque désir, avantage, application et point de vue énumérés dans ce livre. Avant de susciter un seul désir, imaginez la satisfaction de ce désir dans une douzaine de contextes différents.

Maintenant, vous créez un effet d'un type différent – de magnitude considérable, de nombre, de possibilités infinies – dans l'espoir que l'un d'entre eux, ou la combinaison de leurs effets communs, puisse fournir une poussée supplémentaire pour conclure la vente.

Cette technique de catalogue est née avec la vente par correspondance, et elle trouve ici son application la plus large. L'exemple suivant est la suite de l'annonce du livre sur la mémoire citée ci-dessus :

2ÈME PARTIE : LES 7 TECHNIQUES DE BASE POUR PERCER DANS LA PUBLICITÉ

... Mais ce n'est que le début des « miracles » que vous pouvez accomplir avec votre mémoire. Ce secret n'est que l'un des plus de 50 AMPLIFICATEURS DE LA MÉMOIRE contenus dans ce livre ...

Par exemple, SOUVENEZ-VOUS DES NOMS ET DES VISAGES ! . . . Voudriez-vous entrer dans une pièce avec 20 personnes que vous ne connaissez pas – rencontrer chacune d'elles une seule fois – puis vous souvenir de leurs noms, automatiquement, aussi longtemps que toute votre vie ? . .

Pensez à cet avantage dans les affaires lorsque vous pouvez appeler chaque client par son prénom, puis demander des nouvelles de sa femme et de ses enfants, instantanément, en les appelant par leur prénom ! Pensez à l'impression que vous ferez lorsque vous lui poserez des questions sur l'état de ses affaires, ses loisirs, lorsque vous répétez presque mot pour mot la dernière conversation que vous avez eue avec lui. Pensez que vous pouvez devenir populaire dans votre club, en tant que membre « qui connaît tout le monde », sur qui on peut compter pour éviter les erreurs, gagner de nouveaux amis, faire avancer les choses dans une activité !

Mais ce n'est encore que le début ! Ce livre vous apprend à vous rappeler exactement ce que vous entendez et lisez ! . . . Il vous apprend à mémoriser un discours ou une présentation de vente en quelques minutes ! Il vous apprend à vous souvenir de chaque carte jouée lorsque vous vous détendez la nuit ! . . . Il vous montre comment améliorer la profondeur, la force et la puissance de votre esprit ! Comment doubler votre vocabulaire – découvrir des dizaines de façons de graver

2ÈME PARTIE : LES 7 TECHNIQUES DE BASE POUR PERCER DANS LA PUBLICITÉ

> de nouveaux mots dans votre mémoire – d'apprendre leur signification sans les rechercher – de répéter des phrases entières, des citations, des paragraphes de grands écrivains ! Vous pouvez apprendre une langue étrangère en quelques semaines, au moins 3 à 4 fois plus rapidement et facilement avec ce système ! Vous serez capable d'entendre une blague, une histoire ou une anecdote qu'une seule fois, puis vous la répéterez de la même manière toute aussi hilarante !
>
> Oui ! Et surtout, ce livre vous montrera comment organiser votre esprit de manière professionnelle : faire ce que vous avez à faire en 2 fois moins de temps ! Vous vous souviendrez des dates, des adresses et des rendez-vous – automatiquement ! Vous aurez des dizaines de numéros de téléphone dans le classeur de votre esprit ! . . . Laissez-moi vous envoyer ce livre et vous prouver ces faits en une courte soirée, ou cela ne vous coûte pas un centime ! . . .

2. La deuxième utilisation de cette technique du catalogue est d'empiler désir sur désir, plutôt qu'application sur application. Il s'agit là encore de construire la taille, le nombre – *mais cette fois-ci en résumant tous les points de vue précédents*. Cet exemple est tiré de la publicité de leurre pour poisson citée ci-dessus :

> . . . Voici Ce Que Cet Incroyable Leurre Pour Poisson Autoguidé Fait Pour Vous !
>
> Tout d'abord, ce Leurre Pour Poisson Autoguidé vous libère à jamais de la tâche immonde de chercher des vers et des chenilles, d'attraper des grenouilles ou de payer de 50 centime à 1 dollar pour un seau de vairons qui meurent avant que vous ne puissiez les avoir mis dans le bateau ! Il vous libère pour toujours de la dépense de 3, 4 ou même 5 dollars pour un leurre aussi inefficace que

2ÈME PARTIE : LES 7 TECHNIQUES DE BASE POUR PERCER DANS LA PUBLICITÉ

« mortel comme un canard » qui ne marche que lorsque vous tirez dessus – et qui ne pourrait jamais nager de lui-même derrière vous !

Il vous libère pour toujours de longues heures de travail minutieux, à attacher les mouches sur les leurres, car vous ne pouviez rien acheter, où que ce soit, qui dépasserait vos lancés les plus lointains et attirerait le poisson pour vous !

Cela signifie que demain. . . vous pourrez sortir en eau douce ou salée. . . et attirer les yeux des poissons avec un leurre qui les plongent réellement dans une frénésie grâce à son mouvement de vairon estropié et un son d'abeille mourante ! Cela signifie que vous pouvez rempllir à craquer votre bateau avec de l'achigan à grande bouche, de l'achigan à petite bouche, du poisson-chat, du poisson-chien. . . où que vous laissiez flotter votre ligne !

Cela signifie que vous pouvez pêcher mieux – novice ou passionné – endormi au fond de votre bateau – que la plupart des pêcheurs qui transpirent et se jettent à terre jusqu'à ce que leurs bras leur fassent mal avec des leurres ordinaires et inefficaces « mortels comme un canard » !

Et cela signifie que vous passerez un moment inoubliable – vous ne ferez pas qu'étonner vos amis et votre famille avec la pêche que vous laisserez derrière vous – mais vous observerez le visage de vos amis pêcheurs, la première fois qu'ils verront cet incroyable LEURRE À POISSON AUTOGUIDÉ en action ! Leurs yeux vont presque sortir de leurs orbites ! …

2ÈME PARTIE : LES 7 TECHNIQUES DE BASE POUR PERCER DANS LA PUBLICITÉ

Mettez Votre Garantie Au Travail

13. Enfin, au fur et à mesure que vous concluez la vente, lorsque vous demandez au prospect d'agir, lorsque vous énoncez les termes de votre garantie, *vous pouvez transformer cette garantie en l'apogée de votre publicité – le dernier bref résumé des performances de votre produit – renforcé à chaque étape par la réaffirmation positive de cette garantie.* Voici un exemple tiré de l'annonce pour bougie d'allumage citée ci-dessus :

> . . . Garantie pour 2 années complètes !
>
> Oui ! Vous essayez ces incroyables BOUGIES D'ALLUMAGE POWER FLASH pendant 2 années complètes à nos risques ! Tout d'abord, testez-les pendant 1 mois complet pour vous assurer d'une puissance inégalée, de nouvelles performances de conduite et des économies d'essence époustouflantes ! Pendant ce premier mois seulement :
>
> 1. Ces bougies doivent vous donner instantanément jusqu'à 15 km supplémentaires par litre d'essence – ou votre prix d'achat est intégralement remboursé !
>
> 2. Ces bougies doivent vous donner instantanément jusqu'à 31 chevaux de puissance en plus – ou votre prix d'achat est intégralement remboursé !
>
> 3. En guise de garantie supplémentaire – ces bougies doivent continuer à vous donner cette puissance, ces performances et ces économies d'essence PENDANT 2 ANS – ou nous vous enverrons un tout nouvel ensemble ABSOLUMENT GRATUITEMENT ! …

Ou encore, pour illustrer encore davantage l'impact total que vous pouvez obtenir en utilisant votre garantie en tant que dispositif récapitulatif, voici le passage de la garantie cité dans la

2ÈME PARTIE : LES 7 TECHNIQUES DE BASE POUR PERCER DANS LA PUBLICITÉ

publicité sur les aliments pour les plantes citée ci-dessus :

. . . Ces Granulés Anglais Magiques. . . ne coûtent que 2,98 dollars pour un colis de 144 granulés. . . Puisqu'il ne faut qu'un ou deux granulés pour traiter une plante moyenne, il ne s'agit que d'un investissement de quelques centimes pour chaque plante pour la beauté la plus étonnante que vous ayez jamais vue !

Et ces résultats sont totalement garantis ! Voici ce que nous vous demandons de faire lorsque vous recevrez vos granulés magiques la semaine prochaine ...

UTILISEZ-LES POUR CRÉER DES SUPER-FLEURS ! Placez un petit granulé à côté de chacun de vos hortensias. Zinnias. . . tout type de fleur avec laquelle vous voulez obtenir une super floraison ! Et si vous ne voyez pas une nouvelle croissance fantastique dans quelques semaines. . . Si vous ne regardez pas avec étonnement pendant que des poignées de nouvelles fleurs jaillissent de ces vieilles plantes, renvoyez simplement le paquet vide pour recevoir en retour chaque centime de votre argent !

UTILISEZ-LES POUR CRÉER DES SUPER-VÉGÉTAUX !

Et obtenez d'énormes beautés à couper le souffle en quelques semaines seulement. . . émerveillez votre famille avec les légumes les plus sucrés, les plus juteux et les plus tendres que vous n'ayez jamais vus – ou chaque centime de votre argent vous sera remboursé !

OUI ! UTILISEZ-LES DANS TOUT VOTRE JARDIN ! Utilisez-les sur des plantes malchanceuses où vous avez presque perdu tout espoir ! Utilisez-les sur les plantes d'intérieur les plus difficiles à cultiver que vous

2ÈME PARTIE : LES 7 TECHNIQUES DE BASE POUR PERCER DANS LA PUBLICITÉ

connaissez ! Oui, vous pouvez même les utiliser dans le sable, et étonner vos amis ! Et si vous n'êtes pas d'accord pour dire que cette invention britannique est un véritable miracle du jardinage. . . Si votre jardin ne devient pas la vitrine de votre quartier au bout d'un mois – renvoyez simplement le paquet vide – pour recevoir en retour chaque centime de votre argent ! . . . .

À la fin de votre publicité et au début de celle-ci – *avec l'Intensification – vous construisez le désir en présentant continuellement de nouvelles images de satisfaction grâce à votre produit.* C'est Le Premier Des Processus De Persuasion.

Comment Appliquer Ces Principes De L'intensification À Une Campagne Publicitaire

Comme indiqué au début de ce chapitre, nous avons principalement utilisé des exemples de vente par correspondance pour illustrer le mécanisme de l'Intensification. Nous l'avons fait pour 2 raisons.

1. Premièrement, parce que la vente par correspondance utilise habituellement un long texte de vente et une hyperbole; et c'est par les extrêmes de ce long texte de vente et de ses superlatifs que ces techniques fonctionnent le mieux.

2. Deuxièmement, nous avons utilisé la vente par correspondance pour ces exemples, car la vente par correspondance dit tout ce qu'elle a à dire d'un produit dans une seule publicité. Il n'existe pas de « campagnes » de vente par correspondance, au sens d'une série de publicités différentes, apparentées les unes aux autres, et basées sur un thème commun. La vente par correspondance compresse une telle campagne en une

2ÈME PARTIE : LES 7 TECHNIQUES DE BASE POUR PERCER DANS LA PUBLICITÉ

seule publicité. Elle dit tout ce qu'elle peut, tout ce à quoi vous pouvez penser, dans cette publicité (qui est souvent laborieusement assemblée à partir d'une série de publicités préliminaires, chacune apportant un élément à la forme finale). Et puis, quand elle a fait ses preuves, elle est en production – même du point de la typographie – et fonctionne jusqu'à l'épuisement de son potentiel.

Ainsi, la vente par correspondance contient généralement le plus grand nombre de ces dispositifs d'Intensification dans une seule publicité; et en étudiant ces annonces de vente par correspondance, nous pouvons les voir se contrarier, se compléter, se renforcer, renforçant l'effet général lorsque chque paragraphe est empilé l'un sur l'autre.

Mais avec une publicité nationale, les règles changent. Si la vente par correspondance consiste en une série d'introductions de nouveaux produits, dont la durée de vie moyenne est inférieure à 2 ans, la publicité nationale concerne des produits dont la durée de vie est beaucoup plus longue et qui approche souvent toute la durée de la publicité elle-même. Et, alors que la publicité par correspondance est diffusée une fois, puis ne se répète pas avant 3 à 6 mois, la publicité nationale doit conserver constamment l'image de produit de son produit auprès du public et, par conséquent, elle est diffusée beaucoup plus fréquemment.

Ainsi, la publicité nationale, par ses diffusions fréquentes, perd rapidement sa nouveauté immédiate. Le problème de la création dans la publicité nationale passe donc par la recherche du thème d'une publicité à celui d'une série de publicités. Et le problème de l'Intensification passe la construction du désir tout au long de la publicité à la construction du désir tout au long de la série. Et un problème d'équilibre tout à fait nouveau se pose – *celui de maintenir la continuité tout au long de la série, en maintenant l'image dominante suffisamment nette et identifiable*

2ÈME PARTIE : LES 7 TECHNIQUES DE BASE POUR PERCER DANS LA PUBLICITÉ

pour pouvoir utiliser le désir généré par les publicités passées, tout en faisant varier suffisamment l'image pour que le prospect la relise et renforce ainsi ce désir.

En supposant que vous ayez trouvé votre image dominante, votre problème de création devient double. Tout d'abord, pour compresser cette image en une seule promesse ou image, si puissante qu'elle vendra le produit dès sa première utilisation, et si fidèle au cœur de votre marché qu'elle continuera à vendre ce produit, même si elle est utilisée encore et encore.

Il est important de réaliser que, au fur et à mesure du déroulement de la campagne, cette image ou idée dominante ne peut rester au premier plan. Le fait de présenter le même titre de base (ou la même photo principale) au même public rendrait bientôt la campagne illisible.

Cela nous amène à votre deuxième problème de création. La présentation d'une série de variations ou de points de vue de cette image principale – chacune faisant ressortir votre idée dominante, mais de manière si différente des autres qu'elle pousse votre prospect à lire, et si fraîche qu'elle redonne une apparence nouvelle à cette idée dominante.

Ainsi, vous avez votre Idée Principale De Campagne et sa répétition continue dans une série de nouveaux déguisements.

Il existe autant de façons différentes d'utiliser cette technique de base de construction de campagnes que de styles publicitaires. Elles vont de la plus flagrante et évidente à la plus subtile. Pour commencer avec les meilleures, avec un bref résumé d'exemples, considérons la campagne extrêmement efficace de Colgate, menée à la fin des années 50. Ici, l'idée principale a été énoncée ouvertement et répétée avec précision pendant chaque publicité :

« Gardol – Le Bouclier Invisible Qui Protège Vos Dents. »

2ÈME PARTIE : LES 7 TECHNIQUES DE BASE POUR PERCER DANS LA PUBLICITÉ

Les variations consistaient en une série d'analogies en introduction. En utilisant la télévision comme exemple le plus clairement défini, un bouclier invisible qui protège l'annonceur contre la balle de baseball, le ballon de football, etc. – contre lequel il rebondissait simplement. La formulation des publicités suivait un rituel. Une fois la démonstration initiale terminée, il n'y avait aucune variation dans les phrases suivantes :

> « Tout comme ce bouclier invisible (l'annonceur frappe le bouclier avec ses doigts) me protège contre cette balle de baseball, le bouclier invisible du dentifrice Colgate protège vos dents contre les caries. »

Ici, les variations se limitent à la démonstration pendant l'introduction des 10 premières secondes de la publicité. Celles-ci sont conçues pour surprendre le spectateur (la balle lui étant lancée directement depuis le poste de télévision) et cette réaction émotionnelle est reprise pour renforcer le reste du message publicitaire répété de manière rigide. Vous avez ainsi une implication émotionnelle rapide et surprenante, soudée à un message de vente précis.

La technique consistant à répéter l'image verbale exacte tout au long d'une série de publicités est toute aussi puissante. Elle permet également de varier et de rafraîchir l'attrait émotionnel grâce à un éventail d'illustrations principales en constantes évolutions. Ainsi, l'image dominante reste intacte – la continuité est maintenue – mais il n'y a pas de sentiment de familiarité excessive ni d'ennui. Cette technique pourrait être nommée « Règle et Exemple ». Deux de ses utilisations les plus efficaces ont été récemment effectuées dans le domaine de la coiffure. D'abord avec Toni, où l'image verbale précisément répétée était :

> « LAQUELLE DES JUMELLES A UNE TONI – et qui a la permanente à 15 dollars ? »

2ÈME PARTIE : LES 7 TECHNIQUES DE BASE POUR PERCER DANS LA PUBLICITÉ

Au-dessus de ce titre invariable, il y avait un groupe de jolies filles qui changeait continuellement. Chaque nouvelle image rendait la question nouvelle, et nécessitait une interaction entre le texte et l'image pour découvrir la réponse.

Quelques années plus tard, Clairol utilisait la même technique pour vendre de la teinture pour cheveux. Ici, la Règle a été exprimée dans le titre répété avec précision :

« L'A-T-ELLE FAIT OUI OU NON ? »

« La coloration des cheveux est si naturelle que seule sa coiffeuse est sûre de le savoir. »

Là encore, ce titre a été revigoré par une série d'illustrations principales montrant de jolies jeunes femmes séduisantes, qui partagent leurs activités quotidiennes glamour et qui profitent de la vie. Ici encore, les exemples ont non seulement prouvé la Règle, mais l'ont renouvelée.

À l'autre extrême, toutefois, l'image dominante peut ne même pas apparaître dans les publicités elles-mêmes, mais peut simplement être le thème sous-jacent de la campagne dans son ensemble. Ici, la continuité est maintenue – non pas par un slogan ou une promesse répété avec précision – mais avec un seul point de focus maintenu de manière rigide. Ce point de focus peut constituer un attrait dominant pour le produit, comme la qualité de la Cadillac, qui est symbolisée dans chaque publicité Cadillac avec des photos d'identification en arrière-plan, par la typographie, avec le style de texte, dans les vêtements et les bijoux choisis pour apparaître avec la voiture, et les lignes de crédit qui leur sont attribuées – même par des dessins stylisés qui sont utilisés lorsque la campagne passe dans les journaux.

Ou, si cela se justifie, le point de focus peut être simplement le produit lui-même. Dans une telle campagne, chaque publicité successive révèle un autre fait concernant le produit. Chacune est

2ÈME PARTIE : LES 7 TECHNIQUES DE BASE POUR PERCER DANS LA PUBLICITÉ

complètement différente; aucune phrase ou slogan n'est répété deux fois. Ici, les variations comprennent l'intégralité du contenu verbal des publicités. Mais leur objet et les illustrations sont toujours les mêmes – le produit.

Le meilleur exemple de cette technique est peut-être la magnifique campagne du magazine Volkswagen. Ici, les publicités sont réduites à une simplicité extrême. Il n'y a aucune identification en arrière plan de quoi que ce soit. Les différents points de vue du produit sont présentés de manière aussi rapprochés que possible (sauf dans la publicité « Think Small ») avec un arrière plan totalement dépouillé.

En opposition de cette focalisation rigide sur la voiture elle-même, à l'exclusion de tout autre élément visuel, la série de messages texte présente une exploration complète des facettes de la performance, de l'utilité, de l'économie, des options, de la durabilité de la voiture et de ce que vous recevez avec. Une seule publicité est suffisante pour intéresser l'acheteur potentiel. Ensemble, en particulier lorsqu'elles sont concentrées dans les mêmes médias et atteignent le même public, semaine après semaine, la série crée une impression saisissante de nouveauté et de valeur – le thème sur une *Voiture Honnête*. Voici, à titre d'exemples, quelques dizaines de titres différents :

« VOYEZ PETIT. »
(Le premier de la série, qui traite des avantages de la taille réduite en tant qu'atout.)

« *Citron.* »
(Montrer ce qui semble être une voiture parfaitement performante et examiner la faille microscopique, presque imperceptible, qui la disqualifie.)

« *Notre nouveau modèle.* »
(Une voiture qui ne montre aucune différence, mais qui a des

2ÈME PARTIE : LES 7 TECHNIQUES DE BASE POUR PERCER DANS LA PUBLICITÉ

dizaines de modifications techniques essentielles à l'intérieur de la voiture, où elles ne rendront pas les modèles actuels obsolètes.)

« Pourquoi devriez-vous ouvrir la fenêtre avant de fermer la porte d'une Volkswagen. »
(Parler du fait que la voiture est étanche et de la qualité que ce fait symbolise.)

« Notre vendeur numéro un. »
(Le militaire, bien sûr, précise la qualité des soins apportés au propriétaire de Volkswagen et lutte contre la conception selon laquelle les voitures étrangères offrent un service éparpillé.)

Et ainsi de suite. Une série de publicités de base, ne cherchant pas à raconter toute l'histoire en elles-mêmes, s'appuyant sur leur capacité à saisir l'acheteur potentiel et à le guider à travers une succession d'histoires courtes et bien ciblées qui se combinent pour donner un désir aiguisé en profondeur.

Notez, par ailleurs, que chacun de ces titres remplit les conditions nécessaires pour être placé en haut d'une annonce. Chacun d'eux tend la main et touche le prospect à son point de désir dominant (obtenir plus de valeur avec l'argent investi dans sa voiture). Chacun exprime le thème commun de la campagne (il s'agit d'une voiture convenable). *Et chacun des titres déplace le prospect dans le corps du texte de vente, ce qui lui permet de lire le message de vente complet, bien qu'il soit bref* (les premier, deuxième, troisième et cinquième titres font cela en présentant au lecteur une contradiction apparente – dans le premier cas, avec la notion acceptée de « penser grand » et dans les publicités restantes, entre le message du titre et le contenu de la photo au-dessus – obligeant ainsi le lecteur à consulter le contenu du texte pour résoudre le problème de cette contradiction, en promettant au lecteur des informations expliquant cette demande inhabituelle et provocante).

2ÈME PARTIE : LES 7 TECHNIQUES DE BASE POUR PERCER DANS LA PUBLICITÉ

Notez également que pour accomplir cette nouveauté dans la continuité, et pour capter l'attention du prospect avec une série de publicités et pour l'amener dans le contenu du texte où le produit peut être vendu de manière plus complète, chacun de ces titres reprend le « Jeu créatif ». Le produit, sa marque ou ses performances ne sont pas mentionnés dans le titre. *Le copywriter admet qu'il ne peut vendre de manière satisfaisante qu'avec le nombre de mots que lui permet le contenu du texte de vente.* Par conséquent, il est prêt à risquer son titre pour attirer l'attention de son prospect et le pousser à continuer à lire, dans le message de vente lui-même, présenté ci-dessous de manière convaincante. S'il échoue dans son pari, il a perdu sa page. S'il réussit, il a doublé et triplé l'efficacité de sa publicité.

8 – LA SECONDE TECHNIQUE DE BREAKTHROUGH ADVERTISING : L'IDENTIFICATION

Comment Construire Une Personnalité Vendeuse Dans Votre Produit

Les désirs, les demandes, les besoins et les envies de l'humanité dont nous venons de parler sont avant tout évidents. L'homme affamé *ressent* les gargouillements dans son estomac : le malade *ressent* sa douleur. La femme en surpoids *ressent* son embarras, son inconfort, sa honte. Le désir de satisfaction ou de soulagement se manifeste ouvertement. Il annonce à la fois ses besoins et ses désirs. Il répond de tout cœur et immédiatement aux mécanismes qui permettent d'atteindre ses objectifs.

Par conséquent, la reconnaissance et l'agrandissement de ce

2ÈME PARTIE : LES 7 TECHNIQUES DE BASE POUR PERCER DANS LA PUBLICITÉ

désir est la tâche première et la plus évidente de la rédaction. Tous les principes et techniques décrits dans le dernier chapitre ont été appliqués à la perfection par les rédacteurs de textes publicitaires sur les médicaments brevetés des années 1890. Avant la Première Guerre mondiale, Claude Hopkins avait pris des médicaments brevetés et les avait établis dans toutes les catégories de la publicité en général. Jusqu'en 1954, ils dominaient littéralement la publicité.

Mais il existe un autre type de désir dans l'esprit humain – beaucoup plus subtil, en partie inconscient, qui ne cherche pas la satisfaction, mais l'expression. Ce deuxième type de désir est si différent du premier et opère sous des règles si différentes qu'il peut être décrit à juste titre comme une deuxième dimension de l'esprit humain. Cela pourrait être intitulé le Désir d'Identification. Son ascension en tant que motif d'achat marque la grande révolution du commerce à notre époque. Son utilisation dans la rédaction publicitaire – en complément de la construction du désir – constitue notre deuxième Mécanisme de Persuasion... celui de l'*Identification* appropriée à votre produit.

Une Note Personnelle

Permettez-moi d'inclure ici une note personnelle sur les noms que j'ai donnés à ces techniques – ou processus – que je pense que vous devriez utiliser pour renforcer votre texte de vente de manière cumulative. Comme je l'ai mentionné dans l'introduction, je n'ai jamais entendu ni lu de discussion sur ces techniques. Par conséquent, elles ne font pas partie de la terminologie publicitaire courante et elles ne sont en réalité pourvus d'aucun nom.

À cause de cela, j'ai dû inventer des noms pour chacunes d'entre elles. Certains de ces noms transmettent leur signification au premier abord, tels qu'*Intensification*. D'autres noms que j'ai

2ÈME PARTIE : LES 7 TECHNIQUES DE BASE POUR PERCER DANS LA PUBLICITÉ

rassemblés à partir de 2 mots ordinaires ou plus, tels que *Gradualisation*, pour tenter de transmettre une idée qui a été volontairement laissée ambiguë au premier abord. Et dans d'autres cas encore, tels que la technique d'*Identification* décrite dans ce chapitre, j'ai utilisé des termes que vous connaissez déjà et j'en ai élargi le sens.

L'Identification ici, par exemple, signifie plus que le processus d'identification du client avec la personnalité du produit, voire avec un groupe d'utilisateurs de prestige de ce produit. Ici, dans ce nouveau contexte que je viens d'expliquer, il s'agit en même temps *du processus actif* par lequel le copywriter tire profit de ce besoin d'identification en construisant son accomplissement par le biais de son texte de vente dans son produit.

L'accent est toujours mis, dans toutes ces techniques, sur le mot *actif*. Ce sont les activités que vous devez accomplir. . . les processus que vous devez utiliser. . . les effets psychologiques que vous devez obtenir pour donner à votre texte la puissance maximale possible. C'est ce processus actif, délibéré et continu – cet ensemble d'effets – que j'ai essayé de transmettre par ces termes.

Les Rôles Que Votre Prospect Désire

En quoi consiste exactement ce processus d'*Identification* ? Tout simplement, *c'est d'abord le désir de votre prospect de revêtir certains rôles dans sa vie.*

Votre prospect aspire à se définir avec le monde qui l'entoure – à exprimer les qualités qu'il valorise et les positions qu'il a acquises.

Et comment utilisez-vous ce désir d'identification lorsque vous écrivez votre texte ? De 2 manières :

2ÈME PARTIE : LES 7 TECHNIQUES DE BASE POUR PERCER DANS LA PUBLICITÉ

1. Premièrement, en transformant votre produit en un instrument permettant d'accomplir ces rôles.
2. Et deuxièmement, en transformant ce produit en une reconnaissance du fait que ces rôles ont déjà été accomplis.

Chaque produit sur lequel vous travaillez doit offrir à votre prospect 2 raisons de l'acheter.

- Premièrement, il doit lui offrir la satisfaction d'une demande ou d'un besoin. C'est la satisfaction que votre produit lui donne.
- Et deuxièmement, il devrait lui offrir *une méthode particulière pour satisfaire ce besoin*, qui le définit aux yeux du monde extérieur en tant qu'être humain particulier.

C'est le *rôle* que votre produit offre à votre prospect. C'est la valeur non fonctionnelle et super fonctionnelle de ce produit. Et ce rôle est intégré à ce produit – non pas par le biais de l'ingénierie – mais seulement par la vente.

Par exemple, seul le pauvre aujourd'hui achète de la nourriture pour ses seules satisfactions physiques. L'américain moyen *choisit* aujourd'hui sa nourriture. Il choisit des aliments qu'il croit modernes, car il souhaite être à la mode. Il choisit des aliments qui ne font pas grossir, car il souhaite rester jeune et mince. Il choisit des aliments qui proviennent de tous les pays et qui reflètent les goûts des 4 coins de la planète, car il souhaite être cosmopolite, audacieux et sophistiqué.

Cet homme n'achète plus de nourriture dans le seul but de se nourrir. Il a acquis ou on lui a donné un tout nouveau vocabulaire de besoins. Il achète maintenant non seulement des objets, mais des rôles. Sa vie devient consacrée à une quête de reconnaissance – « à la mode » ... « jeune » ... « mince » ... « cosmopolite » ... «

2ÈME PARTIE : LES 7 TECHNIQUES DE BASE POUR PERCER DANS LA PUBLICITÉ

audacieux » ... et « sophistiqué » dans ce seul exemple.

Et à cause de cette augmentation des besoins, cet homme vous propose des centaines de nouvelles façons de concentrer son attention, de stimuler son désir, d'accroître ce désir jusqu'au moment de l'achat. Chaque nouveau rôle qu'il convoite – chaque nouveau désir d'identification qu'il développe – vous donne un désir de masse supplémentaire que vous pouvez exploiter dans votre produit.

Quels sont ces rôles ? D'où viennent-ils ? Comment fonctionnent-ils ? Comment les mettez-vous en œuvre dans votre produit ?

Tout d'abord – les rôles eux-mêmes. Il en existe 2 sortes :

- Il y a des rôles qui définissent la personnalité.
- Et il y a des rôles qui expriment la réussite.

Regardons brièvement chacun d'eux :

1. Les Rôles de la Personnalité

Habituellement exprimé avec des adjectifs, ou des adjectifs transformés en noms. Par exemple, « progressif » ... « élégant » ... « charmant » ... « brillant » ... « instruit ». Ils font partie de la personnalité de votre prospect. Ils lui appartiennent. Votre tâche est de choisir ceux qu'il valorise le plus et de les développer. Et ensuite, d'attirer l'attention des autres personnes sur eux, l'un après l'autre.

La réalisation de ces rôles de la personnalité – leur maîtrise – ne suffit pas. Une fois maîtrisés, ils doivent être reconnus, valorisés et admirés, sinon ils ne valent rien.

Là encore, votre produit peut servir votre prospect de 3 manières différentes – au-delà de ses satisfactions physiques –

2ÈME PARTIE : LES 7 TECHNIQUES DE BASE POUR PERCER DANS LA PUBLICITÉ

dans cette recherche constante de définition de soi.

1. Premièrement, il peut l'aider à maîtriser les rôles de la personnalité qu'il a choisis – comme un livre de philosophie, il souhaite être considéré comme instruit.
2. Deuxièmement, il peut l'aider à simplifier ou à accélérer cette maîtrise, comme un cours de lecture rapide.
3. Et troisièmement, et le plus important, il peut servir de symbole de cette maîtrise pour solliciter la reconnaissance ou l'admiration de ses amis, comme une bibliothèque.

Vous devez réaliser que chacune de ces valeurs va bien au-delà des satisfactions physiques des produits eux-mêmes. Elles sont supra-fonctionnels et ajoutent donc une incitation supplémentaire à l'achat.

Le prospect n'aurait peut-être pas acheté le livre de philosophie s'il ne souhaitait assouvir que sa curiosité académique, et ne souhaitait pas également éclairer ses amis au cours d'une conversation. Le prospect n'aurait peut-être pas acheté le cours de lecture rapide s'il souhaitait seulement ingurgiter davantage d'informations sur une plus courte période, et ne souhaitait pas également utiliser ces informations pour grimper les échelons dans son entreprise comme dans sa vie sociale. Et la bibliothèque n'aurait certainement pas revêtu la même qualité, la même finition et le même luxe si le prospect avait seulement voulu l'utiliser comme entrepôt, et non également comme joyau de la maison.

Au moins la moitié de tous les achats effectués aujourd'hui ne peuvent pas être appréhendés uniquement en termes de fonction. Il serait absurde pour un homme de dépenser 5.000 dollars pour une voiture de sport qui roule à 150 km/h pour des raisons fonctionnelles, lorsqu'il l'utilisera uniquement pour se rendre au travail sur des routes embouteillées, où il ne roulera qu'à 35 km/h.

2ÈME PARTIE : LES 7 TECHNIQUES DE BASE POUR PERCER DANS LA PUBLICITÉ

Sa volonté de dépenser cet argent ne devient rationnel que lorsque vous prenez en compte un fait supplémentaire : cette vitesse de pointe de 150 km/h, ce changement de vitesse manuel, cette capacité fantastique de prendre les virages, lui confèrent le rôle de « sportif » – et très probablement de « sportif à succès ».

Chaque produit peut tirer parti de ce pouvoir. Mais il existe de nombreux produits pour lesquels cette capacité à renforcer la personnalité – intégrée à ce produit par sa conception, par la société ou par la publicité – l'emporte largement sur la valeur commerciale de la performance intrinsèque de ce produit. *Dans de tels produits, c'est la fonction, qui donne un rôle, qui vend* et non la performance.

Un autre fait permet de distinguer ces rôles de la personnalité. Étant donné qu'ils ne sont pas créés par la société mais par le prospect lui-même, et qu'ils ne sont presque jamais promis ouvertement, mais seulement suggérés, implicites et incités, ils ne peuvent donc jamais vraiment être testés ou mesurés, et ils sont ambigus. Ils sont sujets à erreur. Et, plus important encore, *ils sont sujets à la fantaisie.*

De grandes zones de ces rôles de la personnalité existent littéralement dans le subconscient. On ne leur donne jamais de mots définis. Ils ne sont ni énoncés ni discutés, mais subtilement exprimés en symboles et en images. Le prospect ne les définit même que rarement. Et, il les teste encore plus rarement vis-à-vis du monde extérieur, pour vérifier s'ils sont réellement vrais.

Par conséquent, votre prospect est beaucoup plus susceptible de croire aux rôles que vous lui attribuez que de croire aux performances de votre produit ou aux rôles de réussite qu'il peut lui offrir. Si le rôle de la personnalité est flatteur, tel que la « virilité », et s'il est exprimé de manière subtile dans une image symbolique non verbale, tel qu'un pilote d'essai fumant une cigarette, le prospect peut facilement se persuader que la même

2ÈME PARTIE : LES 7 TECHNIQUES DE BASE POUR PERCER DANS LA PUBLICITÉ

action, fumer, effectuée sur le même produit, la cigarette, lui transmet au moins une partie de la virilité implicite du véritable possesseur – en l'occurrence, le pilote.

Aucune promesse directe n'est faite dans la publicité. Aucune verbalisation à transmettre par l'esprit conscient et rationnel. Aucune situation de test n'exige que le prospect doit prouver que le rôle est valide. L'acceptation est facile, indolore et sans exigences.

Ce n'est pas le cas d'une demande de performance, qui doit être justifiée en termes de résultats concrets pour nos amis. Ce n'est pas non plus le cas d'un rôle d'accomplissement, qui doit résister à la dure réalité de notre position dans la vie quotidienne. Cette superbe facilité d'acceptation, ce caractère de soulagement sans coût du rôle de la personnalité est sa grande force, et la raison pour laquelle il devrait être utilisé pour compléter les affirmations verbales de chaque publicité.

2. Les Rôles d'Accomplissement

Ce sont les rôles de statut. . . les rôles de classe. . . les rôles de position créés par toutes les sociétés du monde et offerts aux hommes et aux femmes qui peuvent les acquérir. Dans une civilisation aussi complexe que la nôtre, il y en a littéralement des centaines – généralement exprimés par des noms, ou par des noms servant de titres.

Par exemple, pour les hommes, il y a — « cadre ». . . « maître de maison » . . . « un homme qui gagne 20.000 dollars par an » … « handicap 5 » . . . « l'homme qui gravit les échelons » … « le Président de Groupe » . . . et des dizaines d'autres, embrassant chaque activité de nos vies.

Pour les femmes, le rôle principal à gagner est celui d'«

2ÈME PARTIE : LES 7 TECHNIQUES DE BASE POUR PERCER DANS LA PUBLICITÉ

Épouse » et, à partir de ce moment-là, « Créatrice de mode » . . . « Femme avec une carrière » . . . « Bonne mère » . . . « Leader civique » . . . « Le pouvoir derrière le chef » . . . « Mécène dans les Arts » . . . et ainsi de suite.

    La liste, pour les hommes et les femmes, est interminable. Chacun de ces rôles est un exploit à accomplir, à conserver *et – surtout – à exhiber.*

    Ici, l'exhibition est vitale – car aucune de ces réalisations n'est évidente. Au contraire, elles sont immatérielles et invisibles – de simples titres, rôles, ensembles de privilèges. Ils existent – ils sont réels – et une fois qu'ils sont acquis, ils possèdent un grand potentiel pour changer nos vies. Mais ce potentiel doit d'abord se traduire par des symboles physiques du succès, à la vue de tous ceux qui nous entourent.

    Et les symboles de succès les plus faciles et les plus universellement reconnus en Amérique sont les produits que nous pouvons acheter. *Les produits qui sont achetés – pas par un effort d'imagination pour leur seule fonction physique – mais pour l'appellation qu'ils nous donnent en tant que propriétaires. Aujourd'hui, en Amérique, nous sommes connus – non seulement par l'entreprise que nous gérons – mais par les produits que nous possédons.*

    L'exemple le plus évident est celui de la jeune mariée. Sa première fonction dans son nouveau statut d'« Épouse » consiste à recevoir un cadeau physique, qui n'a absolument aucune autre tâche que de définir son statut – la bague de mariage qui montre qu'elle est mariée. Quelques semaines auparavant, elle s'est littéralement débarrassée de toute sa garde-robe – ses vêtements lui allaient toujours, physiquement mais pas socialement – pour les remplacer par une nouvelle personnalité matérielle, une nouvelle garde-robe.

2ÈME PARTIE : LES 7 TECHNIQUES DE BASE POUR PERCER DANS LA PUBLICITÉ

Ses draps et linges de maison sont neufs. Ses meubles et moquettes sont neufs. Même son toît (sa maison), aujourd'hui, dans notre société, doit être neuve. Parce qu'elle est littéralement une nouvelle femme – son nouveau rôle l'a transformée – et elle doit exprimer cette transformation dans tout ce qu'elle possède.

Le même principe s'applique à tous les aspects de nos vies. *Chaque rôle social que nous accomplissons dans la vie se traduit immédiatement par les possessions dont nous croyons qu'elles expriment le plus clairement cette position.* Et comme nous acquérons ces biens tout au long de notre vie, nous nous construisons une « personnalité matérielle », que nous emportons partout où nous allons et qui a pour fonction de nous définir, instantanément, auprès de tous ceux que nous rencontrons.

L' « Homme qui gravit les échelons » par exemple, échange sa Ford contre une Buick et, lorsqu'il devient « cadre », échange sa Buick contre une Cadillac. La « femme avec une carrière » a besoin d'une garde-robe entièrement différente de celle qu'elle possédait lorsqu'elle était « femme au foyer ». Et quand l'homme de la maison reçoit une augmentation, la maison grandit, soit elle devient plus charmante, soit remplie de davantage de produits qui définissent le statut de chaque description – ou la maison elle-même est mise au rebut, pour être remplacée par une autre plus digne de la nouvelle personnalité de son propriétaire.

Comment Mettre Ces Désirs D'identification Au Service De Votre Produit

Ainsi, les produits deviennent plus que des produits. En plus de leurs fonctions physiques, ils assument de nouvelles fonctions immatérielles en tant que définisseurs de statut. Ils annoncent nos réalisations, définissent notre rôle dans la vie, documentent notre succès.

2ÈME PARTIE : LES 7 TECHNIQUES DE BASE POUR PERCER DANS LA PUBLICITÉ

Tous les produits peuvent bénéficier de ce pouvoir de définition. Mais en particulier, lorsque vous avez un produit qui fait le même travail que ses concurrents et dont le prix est si élevé qu'il n'est plus un facteur, *le choix du prospect dépendra presque exclusivement de la différence de rôle que votre produit lui offre.* Et il vous appartient de lui attribuer ce rôle dans votre publicité.

La performance de ce travail – le processus de création de ces rôles de la personnalité et de réalisation dans votre produit, pour être utilisé par votre prospect – est le processus d'identification, notre deuxième mécanisme de persuasion.

Et tout comme le souhait de cette identification par votre prospect est une forme spéciale de désir – le désir, pas de satisfaction, mais de reconnaissance – de sorte que la méthode que vous utilisez pour le mettre en œuvre dans votre produit suit exactement le même modèle de découverte et de grossissement que vous utiliseriez pour tout autre désir.

Tout d'abord, votre travail consiste à déterminer exactement pour quels types de rôles de personnalité et de réalisation votre prospect est prêt à s'identifier dans votre produit – pour quels types de rôles il rejettera ce produit – et lequel des rôles acceptés est le plus convaincant. Et ensuite, vous devez présenter les rôles choisis de manière – si vive et si intense – que le rôle que vous projetez deviendra virtuellement irrésistible.

Encore une fois, c'est votre marché lui-même qui vous présente à la fois vos opportunités et vos limites. Et ce sont vos compétences personnelles en tant que copywriter qui déterminent votre efficacité à contourner ces limites et à exploiter pleinement le potentiel de ces opportunités.

Tout d'abord, les limites. Avant tout, *vous ne pouvez bien sûr pas forcer votre marché à accepter une identification irréaliste.* Les gens attribuent certaines caractéristiques à certains produits.

2ÈME PARTIE : LES 7 TECHNIQUES DE BASE POUR PERCER DANS LA PUBLICITÉ

Ces caractéristiques peuvent découler du produit lui-même : sa structure ou ses performances, son histoire, son coût de production ou de vente. Elles peuvent aussi provenir du rôle ou des rôles qu'il remplit dans leur vie actuelle – ou que des produits similaires remplissent dans leur vie – ou que ces produits remplissent dans la vie d'autres personnes, qu'ils ont vues, entendues ou lues.

Ces caractéristiques peuvent être vraies ou fausses, superficielles ou profondes, flatteuses ou diffamatoires. Mais en ce qui concerne votre produit, elles sont aussi dures que le roc et tout aussi déterminantes. Elles existent. Ce sont des faits. Elles ne peuvent pas être changées. Si vous essayez de les percer et d'établir une image contradictoire, vous apprendrez qu'elles se transformeront en murs d'une prison.

Mais si vous décidez de les exploiter – de les utiliser comme base pour des images plus nettes et coordonnées, qui peuvent même être plus étendues et plus attirantes – vous pouvez, si nécessaire, transformer ces limites apparentes en éléments de vente déterminants dans votre publicité.

Bien entendu, tous les produits n'ont pas besoin de cette technique. En termes de potentiel d'identification, il existe 2 types de produits.

- D'un côté, il y a le produit avec un prestige intégré – la voiture de sport, la piscine, le bracelet en diamant. Ces produits rares et coûteux incarnent déjà les attraits d'identification que souhaitent la plupart des Américains. En fait, ils symbolisent ces attraits – succès, réussite, audace, auto-indulgence, exclusivité – si incontestablement qu'ils peuvent être utilisés pour intégrer ces mêmes valeurs à d'autres produits.

- D'un autre côté, il y a ces autres produits – de loin la

2ÈME PARTIE : LES 7 TECHNIQUES DE BASE POUR PERCER DANS LA PUBLICITÉ

> majorité écrasante des produits avec lesquels vous allez travailler – qui n'ont pas un tel prestige intégré. C'est à vous de créer leur prestige. *Et vous devez le faire en vous appuyant sur les caractéristiques qu'ils possèdent déjà – en utilisant ces caractéristiques acceptées comme un pont – entre le produit. . . l'image qu'il a déjà. . . et l'image de prestige que vous voulez mettre en évidence.*

Nous disposons maintenant de tous les outils nécessaires pour créer des valeurs d'identification pour notre produit. Nous réalisons que les aspirations identitaires sont une forme de désir distincte et extrêmement puissante – un désir, non pas de satisfaction physique, mais d'expression et de reconnaissance.

Ces aspirations pour l'identification possèdent une double facette. Nous souhaitons tous exprimer notre caractère et nous voulons tous être reconnus pour nos réalisations.

Mais nous ne pouvons pas le faire ouvertement, verbalement. Nous ne pouvons pas nous vanter de notre virilité ni de notre richesse. Nous symbolisons donc ces promesses de prestige. Nous les exprimons en termes de produits – et nous achetons des produits qui les expriment.

En tant qu'Américains vivant dans notre culture et notre siècle, il existe certains rôles de personnalité et certains rôles de réalisation que nous valorisons plus que d'autres. Les plus généraux et les plus convaincants d'entre eux sont : le désir d'être viril ou féminine – le désir d'être passionnant, unique, amusant et audacieux – le désir d'être amical et aimable – le désir d'être important, influent et convenable – le désir d'être moderne et à la mode – et par-dessus tout, le désir de réussir, de faire quelque chose de nos vies.

Ce sont les rôles que la plupart des Américains achètent. Sur certains marchés fragmentés, d'autres rôles contradictoires

2ÈME PARTIE : LES 7 TECHNIQUES DE BASE POUR PERCER DANS LA PUBLICITÉ

peuvent s'appliquer. Mais, dans la masse, ce sont ces caractéristiques qui feront passer le prospect d'une marque à l'autre.

L'image Principale De Votre Produit

Il existe un point critique qui sépare le processus de construction d'identification du processus de construction de désir, à savoir que *le produit qui vous est donné possède sa propre personnalité au moment où vous le recevez.* Il possède ses propres caractéristiques. Et ses caractéristiques peuvent être en contradiction avec ce que la plupart des Américains souhaitent – ou il ne les inclue pas simplement, ou tout simplement il ne les inclue pas autant que vous le souhaitez.

Par exemple, une cigarette n'est pas en soi un symbole de réussite. Mais vous réalisez que si vous pouviez en faire un symbole de réussite, vous pourriez en vendre davantage. Un segment de piston n'est pas non plus un symbole de virilité en soi – mais cette image de virilité, si vous pouviez la créer, elle permettrait de vendre davantage de segments de piston. Et, bien que les appareils ménagers ne soient pas, à première vue, des symboles de la féminité, les femmes en achèteraient davantage s'ils pouvaient être rendus plus féminins.

Comment faites-vous ça ? En 2 étapes, dont la première consiste à identifier *l'image principale* que chacun de ces produits possède déjà dans l'esprit de vos prospects. Par exemple, une cigarette *est* virile dans l'esprit de presque tout le monde. Et un segment de piston *est* fabriqué avec précision et revêt une véritable beauté mécanique pour presque tous les hommes. De plus, les appareils ménagers *permettent* de gagner du temps, grâce aux fonctions qu'ils remplissent.

Ce sont les *images principales* des produits que vous êtes

2ÈME PARTIE : LES 7 TECHNIQUES DE BASE POUR PERCER DANS LA PUBLICITÉ

appelés à vendre. Ce sont les *images acceptées* qui existent déjà dans l'esprit de votre prospect. Votre travail consiste maintenant à utiliser ces images déjà acceptées comme matériau brut, *comme point de départ pour construire de nouvelles images doubles, triples et quadruples, qui intègrent davantage les rôles les plus recherchés dans la personnalité de votre produit et multiplient son attrait d'identification.*

Vous faites cela de 2 manières...

Tout d'abord, *en modifiant l'intensité de votre image principale.* En soulignant et en dramatisant cette image principale, si elle est déjà acceptable. Ou en l'atténuant, si elle est négative ou neutre.

Par exemple, la virilité masculine naturellement associée aux cigarettes constitue une aide précieuse à la vente, même auprès des femmes. Le simple fait de fumer – de « jouer avec le feu » – de « respirer le feu » – est depuis des siècles l'affirmation de la virilité et de l'audace.

Mais Marlboro a pris cette image de la virilité et l'a intensifiée de 3 manières :

- Tout d'abord, ils ont présenté des hommes qui étaient eux-mêmes, virils.
- Deuxièmement, ils ont présenté ces hommes dans des situations ou activités qui exigent de la virilité.
- Et troisièmement, ils ont relevé le « défi créatif » consistant à apposer sur les mains de ces hommes l'un des symboles les plus primitifs de la virilité – connus de l'histoire – le tatouage.

Une seule émotion dominante – la virilité – symbolisée de 3 manières. L'impact de la répétition est renforcé par la variation. Bien plus puissant – beaucoup plus accrocheur – beaucoup plus

2ÈME PARTIE : LES 7 TECHNIQUES DE BASE POUR PERCER DANS LA PUBLICITÉ

attirant que n'importe laquelle de ces images aurait pu être d'elle-même.

Jusqu'à présent, il n'y a pas eu de différence entre cette technique et l'intensification du désir dont nous avons discuté précédemment. Bien que nous parlions ici en termes visuels, les mécanismes sont exactement les mêmes – l'intensification d'une émotion déjà existante chez votre prospect, à travers une série d'images de renforcement exprimant la réalisation de cette émotion.

Avec certains produits naturellement favorisés, ce processus d'intensification peut renfermer tout ce qui est essentiel – cependant, même Marlboro, comme mentionné ci-dessous, va au-delà. Mais – et ce point est impératif – bien que le processus d'intensification du désir de votre produit se termine ici, le processus de création de l'identification appropriée à votre produit – de création d'un prestige pour ce produit – commence seulement ici.

Car l'image principale de votre produit peut ne pas être favorable. Elle peut être négative, contredire les rôles que la plupart des gens veulent jouer. Ou elle peut simplement être neutre – un produit banal – n'offrant à la plupart des gens aucune réaction émotionnelle.

Dans ces 2 cas, votre première suggestion peut être de simplement supprimer ces images principales et de les remplacer par des images plus favorables. Cela a été fait dans d'innombrables publicités. Et ça ne fonctionne pas – pour une raison très simple. Parce que les gens ne veulent tout simplement pas croire qu'un produit est ce qu'il *n'est pas. Vous ne pouvez pas contredire les images ou les croyances acceptées dans la publicité.* Ce n'est pas le rôle de la publicité. Ce n'est pas non plus vraiment nécessaire.

154

2ÈME PARTIE : LES 7 TECHNIQUES DE BASE POUR PERCER DANS LA PUBLICITÉ

Afin de surmonter ces images défavorables, vous les incorporez simplement dans une image globale plus grande – vous diminuez leur intensité émotionnelle – et vous les utilisez comme des ponts facilement acceptés pour mener votre prospect vers des avantages bien plus convaincants.

Comment Créer De Nouvelles Images Pour Votre Produit

Il s'agit d'un processus unique, mais constitué de 2 étapes.

1. Premièrement, comme mentionné ci-dessus, un changement dans l'intensité de votre image principale – dans ce cas, la faire dépendre d'une image plus globale même si vous la conservez.

2. Et deuxièmement, l'utiliser comme un lien logique pour générer un nombre illimité d'images plus favorables.

L'un des exemples les plus frappants est la publicité de Chesterfield de 1926 – « Souffle Un Peu À Ma Façon » – examinée de manière approfondie au chapitre 3. Voici de la pure publicité d'identification – traitant d'une image défavorable du statut de 2 générations – que la cigarette est un « produit masculin ». Bien que l'objectif de la campagne soit de rendre le tabagisme et les situations de tabagisme plus acceptables pour les femmes, il aurait été impossible de le faire en imaginant la femme seule. L'idée que les femmes pratiquaient cet acte masculin en privé ou entre elles était inadmissible. Par conséquent, l'homme doit être gardé. L'image acceptée doit être reconnue.

Mais elle subit 2 transformations vitales. Tout d'abord, l'homme est mis en retrait. Sa silhouette est assombrie, il se fond presque avec l'arrière-plan. Et sa position sur la photo – sa posture – la disposition de ses mains et de son visage lorsque la lumière les expose – dirigent l'attention du spectateur au-devant

2ÈME PARTIE : LES 7 TECHNIQUES DE BASE POUR PERCER DANS LA PUBLICITÉ

de l'homme lui-même et sur le point de focus de la photo, la femme assise à côté de lui.

Ainsi, l'homme assure simplement la fonction de suggestion, amenant le spectateur à une image globale beaucoup plus attirante – celle d'un beau jeune couple, seul ensemble sur une plage éclairée par la lune, rehaussée émotionnellement avec les suggestions soigneusement combinées d'évasion, d'intimité et d'une sensation d'audace partagée.

Parce que l'image principale est là – parce que le tabagisme est un acte masculin – le spectateur, même une femme bienséante des années 20, accepte la situation. *Mais cette acceptation, une fois établie, dépasse de loin cette image principale.* Ce spectateur féminin est également disposé à accepter la romance de la scène dans son ensemble, y compris ses nuances émotionnelles d'échapper aux règles et frontières conventionnelles, ainsi que ses sentiments de détente et de liberté. Elle est maintenant prête à se projeter dans cette scène.

Et en acceptant la scène dans son ensemble, elle est finalement amenée à accepter les mots décisifs « Souffle Un Peu À Ma Façon » comme une action parfaitement naturelle et acceptable pour elle, avec toutes ses implications pour sa conduite dans le futur.

C'est donc le processus d'identification – qui consiste à renforcer le prestige de votre produit. Pour intégrer des images sociales et de personnalité, favorables à la personnalité de votre produit, afin de renforcer et même de dominer les images principales que votre produit possède déjà.

Il n'y a qu'une limite au nombre ou à la plage d'images favorables que vous pouvez ajouter à la personnalité de ce produit. *Simplement, vous devez toujours inclure l'image principale comme base.* Elles doivent émerger de cette image

2ÈME PARTIE : LES 7 TECHNIQUES DE BASE POUR PERCER DANS LA PUBLICITÉ

principale et elles doivent être logiquement compatibles avec sa définition la plus large.

Par exemple, pour revenir à Marlboro, une fois que vous avez développé l'image principale à son intensité maximale, rien ne vous empêche absolument d'intégrer d'autres puissants avantages sur cette base. Des connotations de succès peuvent être incluses dans les vêtements du personnage, tels que le smoking porté dans les premières publicités, ou dans la fortune qu'il possède. L'aventure et l'excitation peuvent être suggérées par la situation dans laquelle vous le dévrivez, par exemple sur un bateau, dans un avion, à cheval, etc. La romance avec une jeune fille, du mystère et des affaires de grande envergure avec un arrière-plan sombre ou une malette d'homme d'affaires, la culture et la réussite intellectuelle avec un livre rare ou un télescope ancien.

En fait, de nombreux symboles visuels, à eux seuls, communiquent en même temps plusieurs rôles très intéressants. Par exemple, l'image unique de la possession d'un beau tableau peut exprimer non seulement le succès, mais aussi la grandeur culturelle et la réalisation intellectuelle.

De tels symboles multi-images effectuent 2 tâches essentielles pour votre produit...

1. Ils élargissent la taille de son marché en se greffant sur de nouveaux attraits émotionnels – des identifications sociales et de personnalités qui touchent des zones périphériques de ce marché – qui intriguent des personnes qui ne seraient pas suffisamment influencées par les valeurs purement fonctionnelles de votre produit.

2. Et deuxièmement, en s'ajoutant à ces images émotionnelles multiples, ils approfondissent et intensifient l'attirance émotionnelle ressentie pour votre produit par tous les hommes et toutes les femmes qui composent ce

2ÈME PARTIE : LES 7 TECHNIQUES DE BASE POUR PERCER DANS LA PUBLICITÉ

marché.

Il est peut-être préférable de montrer cela en prenant un exemple hypothétique, d'un produit avec des images principales strictement neutres, et de développer, et tisser ensemble, un réseau d'images émotionnelles beaucoup plus puissantes pour ce produit.

Commençons par les segments de piston et supposons qu'un nouveau type de segments de piston vient d'être mis au point. Ils durent plus longtemps et permet donc d'économiser de l'huile et de l'essence. Le corps de notre texte de vente développe bien sûr ce thème d'économie. Nous avons exploité les avantages fonctionnels du produit dans la mesure du possible. *Nous sommes maintenant prêts à renforcer ces avantages en élargissant les attraits sociaux et de personnalités du produit.*

Nous commençons par faire un inventaire. Nous avons un produit – des segments de piston. Ils ne contiennent que quelques *images principales* : mécanique, précision, invisible. Rien d'excitant ici. Il existe également une *situation principale* : le remplacement, toujours par un mécanicien, et, généralement, uniquement en cas de problème.

Ces images principales sont soit neutres, soit négatives. Mais c'est tout ce avec quoi nous devons travailler. Elles, et elles seules, doivent constituer la base, définir la direction à suivre pour tout autre attrait que nous apportons à l'image globale que nous construisons.

Nous savons donc que nous devons nous occuper de l'action de remplacement et que le remplacement doit être effectué par un mécanicien. Ce sont nos limites – *mais une fois que nous les analysons, nous les transformons en un point de départ pour le véritable message émotionnel que nous voulons communiquer par le biais de notre publicité. Nous prenons chacun de ces*

2ÈME PARTIE : LES 7 TECHNIQUES DE BASE POUR PERCER DANS LA PUBLICITÉ

éléments principaux et nous les glorifions, nous les dramatisons et nous mettons en exergue les émotions qu'ils dégagent au maximum.

La voiture elle-même – de quel modèle de voiture s'agit-il ? Certainement pas une berline familiale qui a déjà beaucoup servi. Pourquoi pas une Mercedes SL-300, une voiture de sport à 12.000 dollars dotée de ses avantages distinctifs et de tous les extras émotionnels de puissance, de vitesse, de maniabilité, de sophistication, de succès et de sensations fortes.

Maintenant, le garage, à quoi devrait-il ressembler ? Un magasin de voitures de sport, bien sûr. Elégant, propre, précis. Avec des équipements de haute puissance, de chrome et d'acier étincelants – accrochés aux murs, prêts sur les étagères, installés sur d'autres modèles de voitures sportives en arrière-plan.

Le mécanicien n'est pas jeune, ni vieux, simplement *mature*. Robuste, compétent, méticuleux. Il est sûr de ce qu'il fait : aucun mouvement superflu ni d'outil traînant n'importe où autour de lui.

Le propriétaire de la voiture est jeune, nerveux et viril, mais lui aussi est présent. (Exprimé en mots, ces images doivent revêtir un degré d'incrédulité, ce que nous exprimons en disant qu'elles sont « ringardes ».) Cependant, exprimées en termes visuels, elles peuvent être symbolisées, et donc insérées plutôt que nommées, elles entrent dans notre esprit en passant inaperçu et nous les acceptons sans poser de question. Les termes verbaux – mots et phrases – peuvent être utilisés pour insérer des images d'identification, mais il s'agit de différents types d'images, qui doivent être transmises de manière différente. Nous aborderons à nouveau cette construction d'image verbale, liée à l'excitation et l'humeur, dans le chapitre 14.

Le propriétaire n'est pas un pilote professionnel, mais il pilote la voiture pour le sport (nous le savons par la barre anti-

2ÈME PARTIE : LES 7 TECHNIQUES DE BASE POUR PERCER DANS LA PUBLICITÉ

basculement située à l'arrière des sièges). Il adore cette voiture (son éclat parfait, son moteur chromé brillant, son absence totale de la moindre saleté). Lui aussi est méticuleux (le chronomètre au poignet). Et il arbore son succès avec une totale désinvolture (l'absence de tenue de conduite spéciale – juste un pantalon et une chemise de sport).

Et que dire de la relation entre les deux hommes ? Ils possèdent des connaissances complémentaires. L'expert dans un domaine conseillant l'expert dans un autre. Confort, compréhension, travail d'équipe – conduisant à des réalisations mutuelles.

Et que font-ils ? Le remplacement des segments, bien sûr. Mais pas parce que les anciens segments ont rencontré des problèmes (rien dans cette voiture ne serait laissé incontrôlé assez longtemps pour avoir développé un défaut). Mais parce que ce mécanicien installe de nouveaux segments dans cette voiture comme un équipement de haute performance, exactement comme il installerait un compresseur pour augmenter sa puissance.

Tout ce qui concerne l'image – l'angle de sa caméra, sa composition, son éclairage, l'angle de la tête et les bras des hommes lors de l'examen des segments – développe l'émotion de la précision, de l'excitation et la scène de la découverte de nouvelles performances avec une précision toujours plus grande.

C'est une image, une situation et une humeur qui invite à la participation. Le lecteur ne remarquera peut-être pas tous les détails émotionnels que vous avez développés; mais il sentira l'excitation et le plaisir que vous avez accumulés. Il voudra faire parti de ce monde. Et il achètera le produit qui lui donne ce monde – comme un bonus à toutes ses satisfactions fonctionnelles et physiques.

2ÈME PARTIE : LES 7 TECHNIQUES DE BASE POUR PERCER DANS LA PUBLICITÉ

Sur Les Limites Des Images Auxquelles Vos Prospects S'identifieront

Je dois donner un avertissement ici. Bien que ces images d'identification soient extrêmement puissantes lorsqu'elles sont utilisées correctement, il existe également des règles strictes et des limites à leur utilisation. Et, si elles sont mal utilisées, elles peuvent s'avérer désastreuses.

De nombreuses campagnes ont échoué parce qu'elles ont demandé à leur marché de s'identifier avec une image *non crédible*. Par exemple, la campagne d'un savon désodorisant, il y a plusieurs années, utilisait une image d'élite de la société pour vendre à un marché de masse. Les hommes et les femmes qui composaient le marché ne pouvaient pas faire le lien avec les personnages représentés dans la publicité. Ils ont non seulement refusé de croire l'identification suggérée, mais l'incrédulité s'est répandue sur la performance des promesses elles-mêmes, et elle a tué les ventes.

La clé pour éviter de telles erreurs, bien sûr, est la structure du mot, *non crédible*. Qu'est-ce qui rend une image – ou une promesse ou une idée – crédible ou non crédible ? Nous aborderons cette question de manière approfondie dans les prochains chapitres. Cependant, en ce qui concerne la construction d'images, la réponse repose sur 2 points :

1. *Qu'est-ce que les gens pensent déjà de la personnalité de votre produit ?* Croient-ils, aujourd'hui, qu'il a les traits de caractère que vous dites qu'il possède ? Et s'ils le croient, peuvent-ils s'identifier eux-mêmes, leur vie, leur position actuelle dans la société ou leur prochaine étape dans la société à ces traits de personnalités ?

Si la réponse à ces 2 questions est Oui, vous pouvez utiliser l'image exactement telle que vous l'avez conçue. Si, toutefois,

2ÈME PARTIE : LES 7 TECHNIQUES DE BASE POUR PERCER DANS LA PUBLICITÉ

l'une des réponses est non, vous devez passer à la deuxième étape :

2. *Quelle autre image principale dois-je utiliser comme pont de crédibilité pour relier ce que mon prospect croit déjà avec ce que je veux qu'il croie lorsqu'il aura visualisé ma publicité ?* S'il ne croit pas que mon produit possède ces traits de personnalités souhaitables, je dois commencer par ce qu'il croit déjà. Je dois utiliser ces images comme base et les relier à l'image globale souhaitée, comme indiqué précédemment.

Et, en outre, si mon prospect croit que mon produit possède ces caractéristiques-cibles, mais il ne croit pas qu'elles soient liées à sa vie, telle qu'elles existent dans le présent ou dans l'avenir, alors je dois utiliser un pont-image. Je dois insérer une première image discernée avec laquelle il peut s'identifier immédiatement et utiliser cette identification acceptable comme crochet pour attacher mon image cible.

Par exemple, dans la publicité de Marlboro, des hommes qui ne s'identifieraient jamais immédiatement avec un costume de yacht ou un chapeau d'opéra, ont accepté l'image en intégralité après que celle-ci ait été introduite par le concept déjà accepté de la virilité du personnage masculin fumant la cigarette.

Si vous demandez à votre prospect de franchir un gouffre en matière de crédibilité, votre publicité échouera. Si, toutefois, vous construisez un pont d'idées ou d'images pour traverser ce gouffre, en commençant de son côté, il vous laissera le guider presque n'importe où.

Sur Les Identifications Vendables Issues Du Produit Physique Lui-même

Nous avons mentionné au chapitre 2 que, aux fins de la

2ÈME PARTIE : LES 7 TECHNIQUES DE BASE POUR PERCER DANS LA PUBLICITÉ

préparation d'une publicité, chaque produit peut être considéré comme 2 produits. D'un côté, le produit *fonctionnel* – ce que le produit fait pour le consommateur. D'un autre, le produit *physique* – ce que le consommateur obtient réellement. En exploitant le désir de masse, nous mettons de côté le produit physique et nous nous concentrons sur les performances fonctionnelles. Maintenant, dans la recherche de sources d'images pour construire des identifications puissantes, nous réexaminons le produit physique lui-même.

Le produit physique peut être divisé en 3 zones :

1. Son apparence;

2. Ses composants et sa structure; et

3. L'arrière-plan technique dont il est issu.

Chacune de ces zones a un potentiel d'image. Dans chacune d'elles, vous pouvez trouver des images principales puissantes déjà existantes ou, dans chacune d'elles, vous pourrez peut-être greffer des images associées qui augmenteront considérablement les ventes de votre produit.

Par exemple, l'apparence de votre produit. Au fur et à mesure que vous le découvrez, l'apparence de ce produit est probablement déterminée par sa fonction. Disons que le produit est mécanique, comme une voiture. Dans ce cas, son apparence sera une combinaison de ce qu'il doit faire (rouler sur une autoroute, transporter 6 personnes, les protéger du vent et de la pluie, etc.), et le moyen pratique le moins cher de le faire. Cette combinaison de performance et d'économie découle de l'armature brute de votre voiture, son aspect fonctionnel de base. C'est à ce stade que vous commencez à intégrer les images.

Vous faites cela de 2 manières. Premièrement, vous exploitez les images principales dramatiques qui existent déjà dans les

2ÈME PARTIE : LES 7 TECHNIQUES DE BASE POUR PERCER DANS LA PUBLICITÉ

formes extrêmes de votre produit. Pour les voitures, par exemple, vous empruntez aux voitures glamour – l'aileron de fuselage et de stabilisation de la voiture de course – les enjoliveurs et les passages de roue de la voiture de sport – les orifices d'échappement et la ligne de toit de la voiture personnalisée. Et vous mélangez leur sentiment d'excitation, de puissance et de distinction dans la berline familiale.

Mais ce n'est que la première étape. Une fois que vous avez exploité les images principales déjà existantes dans votre produit (si elles existent), vous commencez alors à incorporer d'autres images qui n'ont absolument rien à voir avec la structure physique nécessaire de votre produit. *Et vous modifiez l'apparence de votre produit pour aligner et exprimer ces images.*

Par exemple, de nombreux produits sont chimiques plutôt que mécaniques. Ce sont des liquides, des poudres, des aérosols, des granulés, etc. Par conséquent, leur apparence physique, pour le fabricant, est totalement arbitraire. En dehors de la nécessité de les maintenir ensemble et de les protéger contre l'usure, leur emballage physique peut prendre n'importe quelle forme.

Ici, bien sûr, il n'existe *aucune* image principale résultant d'une apparence fonctionnelle. *Toutes* les images que vous souhaitez mettre en forme dans votre emballage doivent être empruntées. Et où les empruntez-vous ? À l'arrière-plan de votre produit. Ou de ses composants. Ou des valeurs de la société dans son ensemble.

Par exemple, l'arrière-plan du produit. L'un des concepts d'emballage les plus brillants au cours de ces années était le *Micrin* de Johnson & Johnson. Il s'agit d'un bain de bouche – un liquide – vendu dans les pharmacies et les supermarchés – dont l'efficacité dépasse de loin tout produit similaire jamais vendu auparavant. Comment devaient-ils transmettre cette efficacité au consommateur en un coup d'œil ?

2ÈME PARTIE : LES 7 TECHNIQUES DE BASE POUR PERCER DANS LA PUBLICITÉ

Ils ont simplement pris la forme physique de récipients en verre que l'on ne trouve que dans les cabinets de médecins et les salles d'opération, et ont transcrit cette forme exacte sur un produit en vente libre. Utilisez cette forme pour contenir un liquide bleu glacé, ce qui en soi suggère la propreté médicale, et vous obtiendrez un produit qui dit instantanément : « Ceci est le liquide du médecin. Ceci est un médicament. Ceci fonctionne. »

Ici, l'arrière-plan du produit est symbolisé dans le récipient du produit. Tellement efficacement que le récipient lui-même devient la meilleure illustration d'image que l'agence puisse utiliser pour créer sa publicité. *Lorsque l'arrière-plan de votre produit contient des éléments qui inspirent de l'enthousiasme, du drame, de la qualité ou de la crédibilité à votre prospect, alors ces éléments doivent être exprimés soit dans le produit lui-même, soit dans son emballage, soit dans sa publicité.*

La même hypothèse est vraie pour les éléments qui composent votre produit. Si votre produit comporte des composants électroniques, par exemple, il doit exhaler une émanation électronique de par son apparence et sa publicité. *Montrez* les installations de radar, les missiles guidés, les avions à réaction qui utilisent les mêmes pièces. La vie de l'homme moyen est morne, totalement dépourvue d'aventure. Proposez-lui de *participer* aux explorations frontalières de notre monde, et vous souderez un avantage extrêmement puissant sur votre produit.

9 – LA TROISIÈME TECHNIQUE DE BREAKTHROUGH ADVERTISING : LA GRADUALISATION

Comment Faire En Sorte Que Votre Prospect Croit Vos Promesses Avant De Les Énoncer

2ÈME PARTIE : LES 7 TECHNIQUES DE BASE POUR PERCER DANS LA PUBLICITÉ

Comme nous l'avons appris auparavant, dans un but de persuasion, l'esprit humain peut être divisé en 3 dimensions : 3 grands fleuves de force émotionnelle qui déterminent la réaction à votre publicité, et par conséquent, son succès ou son échec.

1. La première de ces dimensions est le *Désir* – demande, aspiration, motivation – avec des objectifs spécifiques et / ou des remèdes en tête – avec le prospect suppliant pour savoir comment les obtenir. Il incombe au copywriter de veiller à ce que le produit aboutisse à la réalisation de ces objectifs – et pour que le prospect puisse visualiser chaque goutte de satisfaction que leur réalisation lui donnera.

2. La deuxième dimension est l'*Identification* – le besoin d'expression et de reconnaissance – non formulée, non exprimée, au moins partiellement inconsciente – à la recherche de symboles, de définitions et de modes de réalisation. Il incombe au copywriter de cristalliser ces autodéfinitions et de les incorporer dans son produit – afin que le produit puisse être utilisé non seulement comme source de satisfaction physique, mais également comme une extension symbolique de la personnalité du prospect à qui il est destiné.

Jusqu'à présent, ce livre s'est intéressé à ces 2 premières dimensions. Elles ont déterminé le choix de notre titre et de notre illustration, et la majorité du contenu de notre publicité.

Mais, aussi importants soient-ils, le désir et l'identification ne suffisent jamais *à eux seuls*. Par eux-mêmes, ils ne peuvent jamais produire *la réaction complète* que le copywriter doit obtenir s'il veut atteindre le maximum de succès avec son produit. Peu importe l'intensité du désir, quelles que soient les exigences en matière d'identification, ces 2 réactions doivent être fusionnées

2ÈME PARTIE : LES 7 TECHNIQUES DE BASE POUR PERCER DANS LA PUBLICITÉ

avec une troisième grande force émotionnelle – la Croyance – avant de pouvoir produire le déterminant ultime de l'action – la Conviction Absolue.

C'est cette fusion du désir et de la croyance – cette conviction – cette certitude – ce sentiment pour le prospect d'avoir fait le bon choix – d'être assuré d'obtenir ce qui lui a été promis – que le copywriter cherche comme but ultime.

Et c'est vers cette troisième dimension de l'esprit humain – la croyance qui produit cette certitude – que nous nous tournons maintenant.

Qu'Est-Ce Que La Croyance Exactement ?

C'est peut-être la fusion la plus complexe de pensée et d'émotion de l'esprit humain. Il s'agit tout d'abord de la vision mentale du monde dans lequel vit votre prospect – des faits qui le composent, de son fonctionnement, de la direction où se trouvent ses vérités et ses valeurs.

Mais ces faits, vérités, valeurs et opinions acceptés ne sont que la matière première de la croyance. *Plus important encore est la grande sécurité émotionnelle qu'il tire de ces croyances.* C'est le merveilleux sentiment de confort et de réconfort que procure la vie dans un monde qui a du sens, qui apporte des réponses, et où, en quelque sorte, les faits correspondent. Un monde qu'il peut comprendre et sur lequel il peut compter, qu'il peut prédire, qui restera en harmonie et qui ne va pas exploser le lendemain matin ou le surlendemain.

Ne soyez pas induit en erreur, même un instant. Le besoin de croire – et le besoin de croyances sûres – est une force émotionnelle aussi puissante que le plus grand désir de satisfaction physique ou la recherche la plus primordiale

2ÈME PARTIE : LES 7 TECHNIQUES DE BASE POUR PERCER DANS LA PUBLICITÉ

d'expression.

La plupart des adultes ont acquis une connaissance de base de ces croyances lorsqu'ils étaient enfants. À ce moment-là, et à ce stade dépendant de leur vie, ils ont établi les principaux canaux de croyance que leur esprit suivrait pendant le restant de leurs jours. Ils ont été obligés de le faire, afin de comprendre le monde, d'obtenir son approbation, de lui faire confiance, de le maîtriser et d'évoluer pour devenir des adultes autonomes.

Leur demander de briser une de ces croyances déjà établies – de replonger dans l'incertitude – d'être obligé de ré-assembler leurs croyances de manière nouvelle et non éprouvée – c'est leur demander de redevenir des enfants. Et – à moins qu'ils ne soient « effrayés à l'excès », à moins que tout leur monde conceptuel ne se soit effondré autour d'eux – ils ne le feront tout simplement pas.

La règle de base de la croyance peut donc simplement être énoncée comme suit :

Si vous ne respectez pas les croyances établies de votre prospect, que ce soit dans le contenu ou dans l'orientation, rien de ce que vous lui promettez, aussi attirant soit-il, ne peut sauver votre publicité.

Mais, d'autre part, et plus important encore :

Si vous parvenez à canaliser l'énorme force de sa croyance – dans le contenu ou dans l'orientation – derrière une seule promesse, aussi minime soit-elle, cette promesse pleinement crédible vendra plus de biens que toutes les promesses partiellement crédibles que vos concurrents peuvent écrire, pour le restant de leurs jours. Cette canalisation de la croyance est si puissante que, si elle est correctement dirigée, elle soutiendra même des promesses totalement absurdes.

Il s'agit simplement d'une question de savoir si vous allez

2ÈME PARTIE : LES 7 TECHNIQUES DE BASE POUR PERCER DANS LA PUBLICITÉ

pagayer en amont ou en aval. Que vous travailliez à contre-courant de la croyance établie ou avec celle-ci.

En ce qui concerne la publicité, la croyance est donc immuable. Elle ne peut pas être changée. Elle doit être respectée à chaque étape. Chacune des promesses que vous faites dans votre publicité doit correspondre à la version des « faits » de votre prospect à ce moment précis. Votre publicité n'a pas pour fonction de modifier ces faits.

Sa fonction – et l'une de ses grandes sources de force – est de les développer. *Pour établir un pont entre les faits tels qu'ils existent dans l'esprit de votre prospect aujourd'hui et les faits ultimes que votre prospect doit croire s'il accepte vos promesses.*

Ce processus consistant, à partir des faits que votre prospect est déjà disposé à accepter, à le guider logiquement et confortablement dans une succession graduelle de faits de plus en plus reculés – qu'il a été préparé à accepter à son tour – est appelé Gradualisation. C'est le troisième Processus de Persuasion.

Rappelez-vous, ce processus de Gradualisation n'a rien à voir avec l'offre de preuves, ni d'explications de raison, de témoignages ou de documents. Chacun de ces mécanismes de croyance ajoute au pouvoir de votre publicité et nous allons explorer chacun d'eux tour à tour dans les chapitres qui suivent.

- Au chapitre 11, nous discuterons de la démonstration verbale stipulant que votre produit fait ce que vous prétendez : la mécanisation.

- Au chapitre 12, nous discuterons de la destruction d'autres moyens de satisfaire ce même désir : la concentration.

- Au chapitre 14, nous discuterons de l'offre d'autorités et de preuves, l'assurance que votre prospect a fait un choix judicieux : la vérification.

2ÈME PARTIE : LES 7 TECHNIQUES DE BASE POUR PERCER DANS LA PUBLICITÉ

Tous ces dispositifs renforcent la conviction. Mais de loin le plus fondamental de tous – bien que le plus discret – est la Gradualisation. *Car la Gradualisation ne détermine pas le contenu de votre publicité, mais sa structure, son architecture, la façon dont vous la construisez.*

Nous avons déjà vu que c'est le désir dominant de votre prospect qui détermine le contenu de votre publicité. Ce sont ses aspirations à l'identification et à l'auto-expression qui, dans la plupart des cas, déterminent vos illustrations.

Mais ce sont les faits en lesquels il croit et qu'il accepte, et la manière dont il transmet cette acceptation d'un fait à un autre, qui déterminent le développement de cette publicité – la disposition de vos promesses, de vos images et de vos preuves, de sorte qu'elles renforcent pas à pas – non seulement le désir de votre prospect – mais aussi sa conviction que la satisfaction de ce désir se réalisera grâce à votre produit.

L'architecture De La Croyance

À l'origine, la théorie de la Gradualisation est basée sur ce fait :

Chaque promesse, chaque image, chaque preuve de votre publicité a *2 sources de force distinctes :*

1. Le *contenu* de cette promesse elle-même ; et
2. La *préparation* que vous avez effectuée pour cette promesse – soit en reconnaissant cette préparation comme existant déjà dans l'esprit de votre prospect, soit en posant délibérément les bases de cette promesse dans la partie précédente de la publicité elle-même.

Et, de ce fait, nous pouvons renforcer le pouvoir de chacune de ces promesses de 2 manières distinctes :

2ÈME PARTIE : LES 7 TECHNIQUES DE BASE POUR PERCER DANS LA PUBLICITÉ

1. En augmentant l'intensité de son contenu – en faisant de plus grandes promesses, en décrivant des images plus dramatiques, en offrant des preuves plus convaincantes ; et / ou

2. En modifiant le lieu, la position ou la séquence dans lesquels cette promesse apparaît dans la publicité – en renforçant le fondement de la croyance en cette promesse par le matériau qui la précède – et en augmentant donc l'intensité de la conviction qui lui est donnée – l'acceptation immédiate de son contenu, sans poser de question, lorsque le prospect la rencontre dans votre publicité.

Ne vous y trompez pas, c'est cette *acceptation* que nous recherchons. Une publicité efficace, comme une littérature efficace, est constituée – non pas de mots – mais de réactions. Nous avons mis sur papier une architecture de mots. Si ces mots sont efficaces, ils évoquent à leur tour une architecture de réactions dans l'esprit de notre prospect. Nous créons *un flux d'acceptations*, avec une séquence, un contenu et une direction définis, et, si nous réussissons, avec un objectif défini – la conviction absolue, dans l'esprit de votre prospect, qu'il doit acheter votre produit.

C'est l'essence même de la création de votre publicité. Nous passons maintenant aux techniques de sa réalisation.

Une Nouvelle Définition De La Sensibilisation

Nous savons maintenant que la Gradualisation est l'art de commencer votre publicité par une promesse qui sera immédiatement et entièrement acceptée, puis de constituer une chaîne d'acceptations ultérieures à partir de cette première promesse. Le but de cette chaîne d'acceptations est d'amener

2ÈME PARTIE : LES 7 TECHNIQUES DE BASE POUR PERCER DANS LA PUBLICITÉ

votre lecteur à une conclusion finale, qu'il acceptera ensuite, *mais qu'il n'aurait pas acceptée aussi facilement et aussi complètement sans les promesses préliminaires.*

Cette quête d'acceptation commence, bien sûr, par votre titre. Cette première promesse très importante que vous faites – ce lieu de rencontre entre votre histoire et votre prospect – doit non seulement être capable de susciter l'intérêt et le désir, mais également d'être acceptée au premier abord comme étant *la vérité*.

Intérêt et crédibilité : ce sont les 2 exigences qui déterminent votre titre. Nous avons déjà discuté de ces exigences au chapitre 2, sur l'état de conscience de notre marché.

Nous pouvons maintenant redéfinir cet état de conscience comme étant *la disposition à accepter.* Et nous pouvons maintenant dire, en particulier au cinquième stade de la conscience – que *l'efficacité de votre titre dépend autant de la volonté de votre auditoire de croire ce qu'il dit, que des promesses qu'il fait.*

C'est la raison pour laquelle vous ne pouvez pas toujours utiliser la promesse la plus puissante dans votre titre. Ou même le problème que votre produit résout. Parce que, sans preuves à l'appui déjà présentes dans l'esprit de votre prospect pour le préparer à cette promesse, il n'y croira tout simplement pas. Soit il va croire que c'est faux ou exagéré, soit il ne va tout simplement pas croire que cela s'applique à lui. Dans les 2 cas, un trop grand nombre de vos prospects se détourneront de votre publicité sans même l'avoir lue, et votre publicité échouera.

Le fait – que votre promesse la plus puissante ne produit pas votre titre le plus puissant – est un paradoxe que de nombreux copywriters ne peuvent toujours pas accepter. Les publicitaires de vente par correspondance ont toutefois un moyen simple de le

2ÈME PARTIE : LES 7 TECHNIQUES DE BASE POUR PERCER DANS LA PUBLICITÉ

prouver. Lorsqu'un titre constitué de promesses puissantes ne fonctionne pas – pour des raisons de conscience ou de sophistication – il est immédiatement catégorisé comme étant un deuxième titre, comportant beaucoup moins de promesses, mais qui est beaucoup plus crédible. Ensuite, ils construisent un pont de croyance à partir de ce deuxième titre, vers les mêmes promesses qu'ils avaient mentionnées dans le premier titre, mais qui sont maintenant anticipées avec une préparation minutieuse à chaque étape du processus.

Un Exemple Détaillé

Prenons une telle publicité – que nous avons déjà examinée au chapitre 2 – et décomposons sa structure étape par étape. Ce que nous recherchons ici n'est ni le contenu, ni les promesses, ni les déclarations; *mais la façon dont ces promesses et ces déclarations sont organisées dans la publicité, pour aider chacune d'elles à être pleinement acceptées lorsqu'elle est rencontrée à son tour par le prospect.*

Cette publicité a été écrite en 1951. Elle avait pour but de vendre un manuel de réparation de télévision. Théoriquement, chaque propriétaire de télévision qui avait des problèmes avec son téléviseur (et presque tous en avaient à cette époque) était un prospect. Mais, avant que le prospect puisse être transformé en client, il devait croire 2 choses :

1. Qu'il pourrait économiser de l'argent en réparant lui-même son téléviseur ; et

2. Qu'il était capable de le réparer lui-même.

Ces deux déclarations étaient des faits. Le propriétaire de télévision moyen pourrait certainement économiser de l'argent s'il effectuait ses réparations lui-même; et environ 80 % de ces

2ÈME PARTIE : LES 7 TECHNIQUES DE BASE POUR PERCER DANS LA PUBLICITÉ

réparations étaient assez simples pour qu'il puisse le faire lui-même.

Mais l'écrasante majorité des prospects ne réalisait tout simplement pas ces faits. La plupart d'entre eux se considéraient comme des non-bricoleurs, même lorsqu'il s'agissait d'appareils beaucoup plus simples qu'un téléviseur. Et, en 1951, le téléviseur était considéré comme un monstre mécanique compliqué, bien au-delà de leurs faibles pouvoirs de compréhension et de réparation.

Ces 2 facteurs ont bloqué l'utilisation du titre renfermant la puissante promesse évidente pour ce produit. Un tel titre a été écrit et testé – « Économisez Jusqu'à 100 Dollars Par An Sur Les Réparations De Votre Téléviseur ! » – mais cela n'a pas permis de réaliser un profit. L'évidence était infructueuse. Le pouvoir seul ne pouvait pas déplacer le produit.

Le copywriter a dû avoir recours à 2 actions pour réviser cette publicité.

1. Premièrement, il devait atteindre *tous* ses prospects sur ce marché, et pas seulement ceux qui se considéraient comme des bricoleurs.

2. Et deuxièmement, il devait convaincre tous les prospects non-bricoleurs que leurs téléviseurs n'étaient pas vraiment des monstres aussi fragiles et compliqués, et qu'ils pourraient facilement eux-mêmes corriger la plupart des problèmes survenus.

Une fois que ces 2 déclarations ont été crues par le prospect et seulement à ce moment-là, la promesse précédente intitulée « Économisez Jusqu'à 100 Dollars Par An Sur Les Réparations De Votre Téléviseur » pouvait être portée à sa pleine puissance. Voyons, acceptation par acceptation, comment cette nouvelle publicité s'est construite sur ce point...

2ÈME PARTIE : LES 7 TECHNIQUES DE BASE POUR PERCER DANS LA PUBLICITÉ

Le titre, tout d'abord, devrait être une promesse générale, cristallisant et exploitant le ressentiment universel à l'égard des factures de réparation élevées de télévision, des contrats de services de télévision existants à 60 dollars par an, et du vol pur et simple qui a eu lieu sur une seule petite fraction des ateliers de réparation de téléviseurs, mais qui a stigmatisé l'ensemble du secteur. De là – de ce ressentiment universellement accepté – la publicité pourrait alors s'aligner sur les 2 conclusions susmentionnées. Voyons comment cela a été fait, déclaration par déclaration.

Voici le nouveau titre :

« *POURQUOI LES PROPRIÉTAIRES DE TÉLÉVISION N'ONT-ILS PAS ÉTÉ INFORMÉS DE CES FAITS ?* »

Aucune réclamation. Aucune promesse – sauf celle de la révélation. Mais il s'agit là d'une implication criminelle, qui fait écho à la suspicion existante chez le propriétaire de téléviseur. Voici une cristallisation et une expression pure et simple que le propriétaire moyen ressentait pour acquis. Les faits ont été retenus. C'est une chose avec laquelle il peut être d'accord !

Ainsi, après avoir atteint sa première acceptation grâce à son titre suspicieux, la publicité renforce cet effet par une question-inclusion. Il pose une question qui, dans la forme, semble limiter le marché ; mais qui, dans son contenu, assure effectivement la bonne réponse de la grande majorité :

« *Votre téléviseur a-t-il été acheté après le printemps 1947 ?* »

95 % des propriétaires de téléviseur répondraient Oui. Ainsi, la publicité a construit 2 acceptations dans ses 2 premières

2ÈME PARTIE : LES 7 TECHNIQUES DE BASE POUR PERCER DANS LA PUBLICITÉ

phrases. Elle a fait naître une habitude d'approbation chez son lecteur. Elle exploite maintenant cette approbation en faisant sa première promesse définitive dans la troisième phrase :

> « *Alors, voici comment vous pouvez éviter ces factures de réparation de 15 à 20 dollars – éviter les frais de service de 30 à 60 dollars par an – et toujours obtenir les images nettes et parfaites dont vous avez toujours rêvé !* »

Comment La Coryance A Été Construite Dans L'Introduction

Ceci est la première promesse de la publicité. Son contenu seul est extrêmement puissant. Mais ce contenu puissant – qui risquerait d'être qualifié par les lecteurs comme étant trop fantaisiste pour être crédible – a fait l'objet d'une conviction supplémentaire – il a été *prêté*, pour ainsi dire, à une conviction supplémentaire – non seulement par les 2 premières phrases qui l'ont précédée – mais aussi par ces constructions délibérées dans la déclaration elle-même :

1. Par la construction grammaticale, « *Votre ... a-t-il été* » dans la deuxième phrase, et « *Alors...* » dans la troisième qui, par sa *forme* même, génère la croyance. Elle le fait en impliquant l'exclusion. Elle dit que la promesse ne se réalisera que dans certains cas; qu'elle ne fonctionnera que pour les téléviseurs achetés après 1947; que la publicité ne peut pas réaliser cette promesse pour des téléviseurs achetés plus tôt. Ainsi, elle ajoute de la crédibilité à toute déclaration qui suit. Vous pouvez percevoir vous-même cette crédibilité supplémentaire en retirant le mot principal « Alors » de la phrase et en la relisant. Immédiatement, elle perd la moitié de sa puissance – puissance ajoutée au contenu de la déclaration du pont grammatical le liant aux

2ÈME PARTIE : LES 7 TECHNIQUES DE BASE POUR PERCER DANS LA PUBLICITÉ

2 premières acceptations.

2. La deuxième tentative pour ajouter de la crédibilité est par la nature descriptive de la promesse. Ce n'est pas seulement une promesse de récompense (l'argent économisé), mais un catalogue de symptômes presque universels (factures de réparation et frais de service). Étant donné que la très grande majorité des propriétaires de téléviseurs souffrent de ces problèmes, leurs descriptions évoquent 2 autres réactions du lecteur, telles que « oui, j'en souffre », et elles reportent ces réactions sur les demandes d'économie d'argent qui suivent immédiatement. Si ces descriptions étaient supprimées, les promesses d'économie d'argent seraient beaucoup plus faibles : *« Alors, voici l'histoire complète et non censurée de la façon dont vous pouvez éviter ces factures de réparation de 15 à 20 dollars – économiser 30 à 60 dollars – économiser entre 90 et 100 dollars sur votre téléviseur – et toujours obtenir les images nettes et parfaites dont vous avez toujours rêvé ! »*

3. Et enfin, même si les *causes* des problèmes du propriétaire du téléviseur sont spécifiquement décrites, les *remèdes* correspondants sont délibérément laissés ambigus. Le fait qu'ils économiseront de l'argent, autrement gaspillé, qu'ils bénéficieront d'une meilleure réception, est inclus – comment ils obtiendront ces promesses ne le sera pas. Le mécanisme par lequel ces objectifs seront atteints est laissé de côté. Il est laissé de côté car le lecteur n'a pas encore été préparé. S'il devait apprendre, à ce moment de la publicité, qu'il devait *réparer* son téléviseur pour économiser cet argent, le lecteur moyen tournerait la page. On lui donne donc des symptômes spécifiques, qu'il acceptera qu'il possède, et qu'il fera des économies spécifiques en les éliminant, qu'il est tout à fait logique de

2ÈME PARTIE : LES 7 TECHNIQUES DE BASE POUR PERCER DANS LA PUBLICITÉ

s'y attendre. Il peut accepter ou ne pas accepter complètement ces 3 affirmations de la phrase; mais la puissance de leur promesse, les 2, 3 ou 4 acceptations qu'il a déjà données et les révélations implicites demeurant dans le corps de la publicité devraient suffire à l'emmener plus loin, jusqu'au paragraphe suivant :

> « *Combien de fois cette semaine avez-vous dû vous lever pour fixer une image télévisée instable ? ... Combien de fois avez-vous eu à supporter des spectres ? ... Combien de fois ...* »

Ici encore, se trouve le renforcement de la croyance – la description des symptômes universels – la tentative de conclure un flot d'approbations. « Oui ... Oui ... Oui », il doit répondre s'il a rencontré des problèmes avec son téléviseur. Une habitude d'acceptation se construit en lui. La confiance est en train de se former, couche par couche – chaque question posant un test et chaque réponse affirmative prouvant au lecteur que la publicité parle de lui.

Déjà, la publicité commence à tisser son modèle de promesse et de croyance, puis, encore une fois, de promesse. Maintenant, avec pas moins de 7 ou 8 approbations obtenues pour établir un fondement solide de croyance, la publicité passe à sa prochaine grande promesse :

> « *90% de ces pannes sont inutiles !* »

> « *Toutes ces pannes vous ont peut-être semblé tragiques au moment où elles se sont produites, mais voici la véritable tragédie ! Savez-vous que le même poste que vous possédez maintenant dans votre salon. . . marche dans les salles de test des fabricants depuis des mois – et à la perfection !* »

2ÈME PARTIE : LES 7 TECHNIQUES DE BASE POUR PERCER DANS LA PUBLICITÉ

Conclusions Sur Les Objectifs

La publicité établit maintenant les bases de la *première* de ses 2 conclusions – objectifs – à savoir que les téléviseurs ne sont pas fragiles – qu'ils ont une endurance incroyable s'ils sont correctement entretenus. La publicité ne parvient à sa *deuxième* conclusion que si le lecteur accepte ce fait : le propriétaire lui-même est en mesure de gérer facilement toute panne mineure.

Mais la publicité est encore à 5 paragraphes de toute mention du propriétaire manipulant son téléviseur. Il faut d'abord établir la fiabilité du téléviseur; et elle le fait avec 2 méthodes. Au début, dans les 2 paragraphes suivants, elle donne une description graphique des propres tests du fabricant utilisés pour établir cette fiabilité :

> *« Ces téléviseurs ont été soumis à des « tests de panne » qui sembleraient inconcevables au propriétaire moyen. Ils ont été laissés en marche 24 heures sur 24, 7 jours sur 7, 4 semaines sur 4. Certains de ces téléviseurs ont été laissé allumés sans aucune interruption, jusqu'à 17 mois. »*

> *« Ces téléviseurs ont été testés contre presque tous les types d'inconvénients imaginables ... installés jusqu'à 200 km de la station ... contre les interférences de tout un entrepôt d'appareils électriques ... dans des bâtiments spéciaux à structures en acier, qui, d'ordinaire produirait plusieurs spectres distincts. »*

> *« Et dans presque tous les cas, ces téléviseurs ont produit des images nettes et, sans pannes majeures, pendant une année entière ! En voici quelques-unes des raisons : »*

Ensuite, lorsque le lecteur a pleinement visualisé l'impact des rapports de ces tests, la publicité s'adresse maintenant à une

2ÈME PARTIE : LES 7 TECHNIQUES DE BASE POUR PERCER DANS LA PUBLICITÉ

autorité experte et utilise une *construction logique* pour renforcer cette croyance. Notez dans les prochains paragraphes comment la publicité reprend la condition déjà acceptée. « *Si votre téléviseur a été correctement entretenu, comme ces télévisieurs l'étaient ...* », et utilise cette condition désormais établie pour prouver la série de déclarations qui suivent :

> « Ce que les experts de la télévision ont appris sur votre téléviseur ! »

> « Si votre téléviseur a été correctement entretenu, comme ces téléviseurs l'étaient. . . il ne tombera en panne qu'une fois par an ! En d'autres termes, vous ne devrez faire appel à un réparateur qu'une seule fois par an. Épargnez-vous les frais de service de 30 à 60 dollars que vous payez maintenant – et économisez la plupart des factures de réparation de 15 à 20 dollars. »

> « Si votre téléviseur a été correctement entretenu, il pourrait réellement vous offrir une réception nette et parfaite les 364 jours restants par an. Il peut vous donner cette réception parfaite sans équipement électronique spécial, sans l'aide d'un réparateur, jusqu'à 160 kilomètres de votre station. »

Notez que, dans ces 2 paragraphes, la publicité renvoie aux affirmations de la troisième phrase – les répète presque mot pour mot – et offre ensuite une preuve logique, sous forme logique, pour chacune d'elles. Comme nous l'avons déjà souligné, ces promesses – « *vous pouvez éviter les factures de réparation de 15 à 20 dollars – éviter les frais de service de 30 à 60 dollars par an – et toujours obtenir l'image nette et parfaite dont vous avez rêvé !* » – étaient dans la troisième phrase sans preuve à l'appui à ce moment-là; mais avec une forte implication – « *Voici l'histoire complète, non censurée...* » – qu'une telle preuve suivrait.

Cette preuve est maintenant soumise à une structure

2ÈME PARTIE : LES 7 TECHNIQUES DE BASE POUR PERCER DANS LA PUBLICITÉ

extrêmement formelle et logique. Ainsi, la publicité tisse à nouveau la preuve en une promesse – en répétant les promesses précédentes dans un nouveau contexte de documentation complète, où elle ne pouvait que suggérer qu'elles seraient prouvées auparavant.

Notez également que cette preuve logique : « *Si votre téléviseur était entretenu ... il ne doit tomber en panne qu'une fois par an ... vous ne devrez appeler un réparateur qu'une fois par an ... vous économiserez les frais de service et la plupart des factures de réparation.* » – est en soi solidement ancré dans le test de preuve présenté dans les paragraphes qui la précèdent – « *soumis à des tests de panne ... contre presque tous les types d'inconvénients nuisant le visionnage ... et produit des images parfaites, sans panne, pendant une année entière* ». Ainsi se construit une chaîne de preuves sur preuves, chaque nouvelle déclaration reprenant le cœur de la preuve dont elle disposait.

Ainsi, la publicité a maintenant prouvé, en utilisant le Mécanisme d'Intensification, en répétant le même contenu thématique 7 fois de 7 façons différentes, que votre téléviseur est fiable.

Le But Ultime

C'était la première conclusion – l'objectif. À ce stade, le lecteur est convaincu que c'est vrai. La publicité est maintenant prête à prouver la deuxième conclusion – l'objectif : le propriétaire peut corriger lui-même les pannes mineures.

Elle commence avec cette preuve dans le paragraphe suivant de la manière suivante :

> « *Et, le plus important, ces experts ont découvert qu'il n'était pas nécessaire de faire appel à un bricoleur ou à un mécanicien pour réaliser accomplir cette*

2ÈME PARTIE : LES 7 TECHNIQUES DE BASE POUR PERCER DANS LA PUBLICITÉ

performance sur votre téléviseur ! Voici pourquoi »

Notez que c'est dans ce paragraphe que la toute nouvelle (pour le lecteur) hypothèse – que vous pouvez réparer vos propres pannes mineures – est introduite pour la première fois. Pourtant, sa nouveauté est délibérément dissimulée, elle est présentée comme s'il s'agissait simplement d'une autre reformulation de la conclusion sur la fiabilité déjà acceptée. Il n'y a donc pas de rupture dans le flux logique de la preuve. L'acceptation est intégrée à cette déclaration entièrement nouvelle de 4 manières différentes :

1. Par parallélisme de paragraphe. En définissant l'énoncé comme le dernier d'une série de paragraphes similaires – tous les autres ayant déjà été acceptés – au lieu de le présenter comme un nouveau point doté de son propre sous-titre et d'une construction différente, comme le lecteur s'y attendrait en temps normal.

2. Par le mot-clé « Et », un mot de liaison indiquant que la phrase qui l'accompagne est la même que celle qui l'a précédée.

3. En accompagnant immédiatement « Et » par une deuxième phrase, « le plus important », ce qui implique à nouveau que le reste de la déclaration fait partie de la série précédente.

4. Enfin, en répétant la phrase « ces experts ont découvert » qui fait écho au sous-titre identifiant le début de la série et poursuit le mouvement d'acceptation de la série dans son ensemble.

Toutes ces constructions délibérées se combinent pour donner à ce court, mais vital, paragraphe transitoire, l'acceptation, et donc la crédibilité, de toute la planification minutieuse qui l'a précédé. Elles permettent au lecteur de le faire, ce qui pourrait

2ÈME PARTIE : LES 7 TECHNIQUES DE BASE POUR PERCER DANS LA PUBLICITÉ

autrement être une transition discordante d'une preuve déjà établie à une promesse entièrement nouvelle avec un minimum d'effort.

À présent, la dernière étape de la construction de la publicité consiste à montrer que les seules réparations que le propriétaire moyen devra effectuer sont en réalité des ajustements externes mineurs sur son téléviseur. Remarquez comment elle intègre cette nouvelle extension de sa pensée précédente dans ce qui a été formulé antérieurement, en commençant par la phrase suivante : « Ces experts ont découvert... »

Voici les 3 paragraphes suivants :

> *« 5 Minutes Par Semaine Pour Une Réception Parfaite. »*
>
> *« Ces experts de la télévision ont découvert que votre téléviseur ressemblait beaucoup à votre corps à cet égard : il émettait des signaux d'avertissement avant qu'il ne tombe en panne. Par exemple, après l'installation de votre téléviseur, il a probablement parfaitement marché durant la première semaine, puis il a commencé à souffrir de vibrations, de discordances et d'interférences provenant d'autres appareils électriques de votre maison. L'image a pu soudainement se gâter ou vaciller – des lignes ont pu apparaître sur votre écran. »*
>
> *« Maintenant – et ceci est important – si vous aviez les connaissances nécessaires pour effectuer rapidement quelques ajustements mineurs, sur les contrôles extérieurs de votre téléviseur, alors vous pourriez corriger ses symptômes, et vous pourriez bénéficier d'une réception parfaite et vous éviterez des pannes majeures, exactement de la même manière qu'elles l'ont été durant les tests effectués par les fabricants. »*
>
> *« Si vous n'avez pas cette connaissance ... Si vous ne*

2ÈME PARTIE : LES 7 TECHNIQUES DE BASE POUR PERCER DANS LA PUBLICITÉ

> *faites pas ces ajustements, la réception de l'image s'effritera, vous obtiendrez toujours une image mauvaise et vous devrez faire appel à un réparateur. »*

La deuxième conclusion – l'objectif de la publicité est maintenant atteint. À ce stade du texte de vente, le lecteur sait maintenant :

1. Que son téléviseur est suffisamment fiable pour éviter des pannes majeures la plupart du temps, qu'il fonctionnera correctement; et

2. S'il obtient les connaissances appropriées, il peut corriger lui-même les pannes mineures et contribuer à éviter la formation progressive de pannes majeures en effectuant quelques simples ajustements avec les contrôles extérieurs de son téléviseur.

Par conséquent, le cadre est maintenant prêt pour la conclusion finale – la conclusion qui rapporte – une conclusion avec toute la force logique inévitable d'un syllogisme – que :

3. Le propriétaire devrait acquérir ces connaissances – faire ces ajustements mineurs lui-même – et économiser ainsi l'argent qu'il débourse aujourd'hui pour les contrats de maintenance, et économiser la plus grande partie de l'argent qu'il paye pour les factures de réparation.

Voici comment cette conclusion finale est formulée dans le texte de vente :

> *« C'est aussi simple que cela. Vous payez un réparateur – pas pour son travail – mais pour ses connaissances. Si vous aviez cette connaissance vous-même – vous n'auriez pas à le payer du tout. »*

Une Reformulation De Notre Théorie De Base

2ÈME PARTIE : LES 7 TECHNIQUES DE BASE POUR PERCER DANS LA PUBLICITÉ

Nous avons pris beaucoup de temps pour analyser, en détail, une publicité et la structure de crédibilité qui sous-tend l'efficacité de ses promesses.

Nous l'avons fait pour 2 raisons :

1. Montrer comment la conclusion – l'objectif – l'introduction de la promesse du produit elle-même – peut être rendue beaucoup plus efficace *si elle est retardée jusqu'à ce que le prospect soit disposé à l'accepter. Et*

2. Montrer comment cette acceptation totale – cette volonté de croire sans poser de questions – peut être progressivement construite, couche par couche, approbation par approbation, en utilisant la structure appropriée.

Énonçons maintenant formellement certaines des règles que nous avons découvertes dans cette analyse, ainsi que certains des dispositifs que vous pouvez utiliser chaque fois, pour créer la *crédibilité structurelle* maximale, pour chacune de vos publicités.

Voici les principes de base :

- La *Gradualisation* est l'art de formuler une promesse de manière à ce qu'elle reçoive la plus grande acceptation et / ou crédibilité possible de la part du prospect.

- La croyance dépend finalement de la structure. Tout comme le désir dépend de la promesse, la croyance en cette promesse dépend du *degré de préparation* qui a été donné avant que votre lecteur soit invité à l'accepter.

- Une promesse pleinement crédible a *10* fois plus de force de vente que des promesses partiellement crédibles. La plupart des copywriters tentent de renforcer les publicités en empilant promesse sur promesse. Ce qu'ils obtiennent généralement pour leurs problèmes est une plus grande

2ÈME PARTIE : LES 7 TECHNIQUES DE BASE POUR PERCER DANS LA PUBLICITÉ

résistance aux ventes chez leurs prospects et des problèmes de la part de la DGCCRF (Direction Générale de la Concurrence, de la Consommation et de la Répression des fraudes). Ils pourraient investir beaucoup mieux le même temps en *renforçant la structure de crédibilité* de la promesse originelle et justifiable.

Maintenant, *comment* renforcez-vous cette structure de crédibilité ? Quels sont les dispositifs que vous pouvez choisir pour ajouter de la crédibilité à une promesse, dans une publicité ?

En voici au moins quelques-uns. Une fois que vous serez habitué à utiliser ces dispositifs, vous développerez probablement votre propre arsenal.

La Question De L'Inclusion

Ce dispositif est conçu pour permettre une identification immédiate avec votre histoire. Pour montrer que vous parlez de *lui*, et non de quelqu'un d'autre qui répondrait Non à la question. Par conséquent, une fois qu'il s'est identifié aux questions – une fois qu'il vous a donné ses premières approbations et qu'il s'est placé dans le groupe de réponses Oui – vos recommandations auront alors une signification particulière pour lui.

C'est peut-être l'accord de construction le plus direct au début de la publicité. Il est utilisé tous les jours. Par exemple, dans cette publicité très réussie pour un livre intitulé *The Art of Selfishness* (l'art de l'égoïsme) :

POSEZ-VOUS CES 9 QUESTIONS

1. Trouvez-vous de plus en plus difficile de faire face au monde qui vous entoure . . .

2. Votre entreprise ou votre carrière est-elle une source d'irritation et de frustration . . .

2ÈME PARTIE : LES 7 TECHNIQUES DE BASE POUR PERCER DANS LA PUBLICITÉ

3. Êtes-vous tourmenté par l'insuffisance, la peur et l'embarras de votre vie sexuelle . . .

Et ainsi de suite...

L'Identification Détaillée

Il s'agit d'un autre dispositif utilisé au début de la publicité pour établir un accord immédiat et profond entre le lecteur et le texte de vente. Ici, au lieu de poser des questions pour configurer votre suite de réponses Oui, vous décrivez en détail les symptômes ou les problèmes qui sont la raison pour laquelle votre prospect désire votre produit. Ainsi, encore une fois, votre lecteur saura que vous parlez de *lui* – que vous « vous y êtes rendu vous-même » – et que vos recommandations aideront donc à résoudre ces problèmes, *ses* problèmes, que vous avez si bien repertoriés.

Par exemple, dans cette publicité pour un cours visant à améliorer les notes de l'enfant du prospect à l'école :

> Laissez-moi expliquer. Peu m'importe que votre enfant ait 6 ans ou 20 ans, qu'il soit un garçon ou une fille, à l'école primaire ou lycée. Le fait que cet enfant s'en sort mal à l'école aujourd'hui ne fait aucune différence – à quel point il est difficile pour lui de se concentrer. . . comme sa mémoire peut être mauvaise. . . combien il est prisonnier d'habitudes mentales handicapantes. . . combien il peut être terrifié par les mathématiques, la grammaire, les études économiques ou même les cours de sciences les plus difficiles.

Bien entendu, ici, comme dans la question-inclusion, votre texte de vente doit être exact. Vous devez en savoir assez sur les problèmes du lecteur pour que chaque mot que vous écrivez sonne juste. Si vous ne le faites pas, vous allez briser votre

2ÈME PARTIE : LES 7 TECHNIQUES DE BASE POUR PERCER DANS LA PUBLICITÉ

crédibilité et il va tout simplement « tourner la page ».

Alors, avant d'écrire, faites des recherches. Apprenez à connaître votre client. C'est toujours la première étape essentielle, quel que soit le type de texte de vente.

La Contradiction Des (Fausses) Croyances Actuelles

Encore une fois, ce dispositif est utilisé au début de la publicité. Et encore une fois, il est utilisé pour préparer une base pour des déclarations de promesses puissantes que le lecteur pourrait ne jamais accepter du premier coup. Ici, vous arrivez sans ménagements et vous affirmez : « Je sais que vous pensez que c'est vrai; mais je vais VOUS montrer que c'est faux. » Il faut mieux l'utilisé, bien sûr, en conjonction avec une autorité puissante – assez puissante pour contredire les croyances actuelles (désagréables) et s'en tirer à bon compte.

Par exemple, dans une publicité pour les cosmétiques inventée par un célèbre chirurgien esthétique :

> À partir de ce moment, oubliez tout ce que vous avez entendu ou lu sur l'âge que vous devez « faire » selon votre apparence. Oubliez tout ce que vous avez pu croire sur à quel point vous semblez « vieux » à 30 . . . 40. . . 50 . . . ou même 60 ans …

Ici, vous ne recherchez pas une approbation ni un affaiblissement des croyances antérieures. Vous affirmez que les anciennes limites sont en train de disparaître, et votre prochain paragraphe devrait être votre première introduction de vos promesses positives, de la même manière que cette publicité se poursuit :

> Parce que – à partir de ce moment – vous êtes sur le point d'entrer dans un nouveau monde de beauté ! Un

2ÈME PARTIE : LES 7 TECHNIQUES DE BASE POUR PERCER DANS LA PUBLICITÉ

monde où les fruits ordinaires sont transformés en produits cosmétiques antirides. Où un ...

Et ainsi de suite.

Le Langage De La Logique

Jusqu'à présent, les dispositifs dont nous avons parlé ont été utilisés pour construire la confiance au début de votre publicité, afin de vous aider à faire la transition cruciale entre votre titre et le flot de promesses intensifiées que vous allez utiliser pour conclure la vente.

Nous avons discuté du processus d'intensification du désir au chapitre 7. Nous passons maintenant à la tâche simultanée et tout aussi importante de maintenir la confiance dans chaque nouvelle déclaration que vous présentez.

Là encore, votre objectif est de construire la croyance au même moment précis où vous créez le désir. Pour ce faire, *vous entrelacez chaque nouvelle promesse avec des signaux de langage qui montrent qu'elle découle logiquement de tout ce qui a déjà été prouvé. Et qu'on peut donc la croire sans hésitation.*

Quels sont ces signaux de langage ? Ils appartiennent, bien sûr, au vocabulaire de la logique. Ce sont les mots que nous utilisons lorsque nous raisonnons; lorsque nous nous disputons; lorsque nous prouvons nos propos dans toute discussion et que nous obligeons les autres à convenir avec nous que nous avons raison.

Ils font partie des mots les plus puissants de la langue française – pour la simple raison qu'ils donnent l'ambiance de conviction aux promesses dans lesquelles nous les mettons.

Ces mots ont été utilisés pendant des siècles devant les tribunaux, en politique, en science – même sous cette forme très

2ÈME PARTIE : LES 7 TECHNIQUES DE BASE POUR PERCER DANS LA PUBLICITÉ

appréciée de fiction américaine, de romans policiers – pour montrer aux autres que cette preuve a été apportée, cette raison a été utilisée, qu'une déclaration découle logiquement et inévitablement d'une autre.

Par conséquent, après des siècles de conditionnement, les mots eux-mêmes – quel que soit le contenu des déclarations auxquelles ils sont attachés – sont désormais convaincants. Par conséquent, ils doivent être ajoutés tout au long de votre publicité, quelle que soit leur application logique.

Par exemple, examinons certaines lignes, dans un certain nombre de publicités différentes. Voyons comment chacun de ces mots (que je vais mettre en italique) donne un ton de raison et de logique aux phrases dans lesquelles ils sont ajoutés.

Par exemple, dans la célèbre publicité Sherwin Cody :

> Pourquoi tant de gens se sentent-ils à court de mots pour exprimer leur sentiment correctement ? *La raison* de cette carence est claire ... La plupart des personnes n'écrivent pas et ne parlent pas bien français *simplement parce qu*'elles n'ont jamais pris l'habitude de le faire ...

Ou, dans cette publicité pour un livre sur la gestion des personnes difficiles :

> Prenons, *à titre d'exemple*, l'homme qui, habituellement, refuse de suivre vos instructions. Il y a *une raison fondamentale sous-jacente* à cela. M. Given vous montre comment *trouver cette raison* et *explique* ensuite le moyen de la corriger. L'ensemble de *la solution* peut être étonnamment facile *une fois que vous avez détecté les causes sous-jacentes* ...

Ou, pour un livre sur comment apprendre :

> ... mais *simplement* en mettant vos POUVOIRS

2ÈME PARTIE : LES 7 TECHNIQUES DE BASE POUR PERCER DANS LA PUBLICITÉ

D'APPRENTISSAGE BLOQUÉS en action – aujourd'hui – *aussi facilement et logiquement que cela ...*

Et ainsi de suite. Il existe des douzaines d'expressions comme telles à utiliser. Parmi elles :

- « *Cela a été prouvé un millier de fois ...* »
- « *Cela semble impossible ?* Pas du tout. C'est en fait *aussi simple que ...* »
- « *Voici pourquoi ...* »
- « Et, le plus important de tous *est le fait* que ... »
- « *Par conséquent ...* »
- « Ce fut, *sans l'ombre d'un doute*, la plus minutieuse ... »
- « Ils ont découvert – *au cas par cas* – que ... »

Il s'agit encore du langage de la logique. C'est une langue aussi chargée d'émotion que le langage du désir. Intégré dans vos promesses, si subtilement que le lecteur ne s'en aperçoit même pas, il donne à vos promesses un air de conviction inestimable.

La Pensée Syllogistique

Nous passons maintenant du langage de la logique aux mécanismes de la logique. C'est le rôle que la raison joue dans votre publicité. C'est le moment où vous prouvez que votre produit fonctionne, grâce au mécanisme du raisonnement logique.

Par exemple, dans l'une des publicités d'accessoires automobiles les plus réussies de tous les temps, le rédacteur publicitaire voulait prouver que sa bougie d'allumage était supérieure à la bougie ordinaire, même si elle coûtait 2 fois plus

2ÈME PARTIE : LES 7 TECHNIQUES DE BASE POUR PERCER DANS LA PUBLICITÉ

cher. Puisque la différence était simplement que sa bougie produisait une étincelle plus grande, le rédacteur publicitaire a construit son texte de la manière suivante :

> Votre voiture fonctionne parce que l'essence arrive dans les cylindres et qu'une étincelle l'enflamme. Cette action provoque l'explosion de l'essence. . . cette explosion abaisse le piston. Maintenant, voici la chose importante pour vous. *Plus l'étincelle est grande, plus l'explosion est puissante.* Plus l'explosion est puissante, plus vous tirez de puissance de l'essence.
>
> Une mauvaise explosion est synonyme de gaspillage d'essence – de perte de puissance, de faible accélération, de mauvais démarrage, de voiture lente. Une bonne explosion signifie plus de kilomètres par litre d'essence – plus de puissance en chevaux; une voiture plus excitante à conduire !

Notez le pouvoir de ces 3 simples paragraphes. Ce pouvoir provient autant de leur structure formelle sous-jacente que de leurs promesses. Une déclaration mène inévitablement à une autre. Même le mot est logique. Il y a un processus constant d'équation : de l'étincelle à la puissance, de la puissance à la performance. Taille équivaut à puissance – et sa bougie fournit la plus grande taille.

Une telle structure – et le texte basé sur une telle structure – développe le sentiment d'inévitabilité. Le lecteur estime que le produit *doit* fonctionner. On ne lui a pas seulement *dit* que cela fonctionne; on lui a montré la *preuve* que cela fonctionne.

Une telle structure – bien que cachée derrière les mots qu'elle

2ÈME PARTIE : LES 7 TECHNIQUES DE BASE POUR PERCER DANS LA PUBLICITÉ

habille – est en fait une entité physique. Vous pouvez la trouver dans des centaines de publicités, si vous regardez sous les mots eux-mêmes. Vous pouvez la tracer, la codifier, puis la répéter. Une fois apprise, elle devient un outil puissant pour vendre des centaines de produits.

Nous explorerons ces structures plus en profondeur dans les 2 prochains chapitres – la Redéfinition et la Mécanisation.

Les Autres Formes de Croyances

Une fois que vous avez compris l'idée fondamentale que la forme – la structure – détermine la crédibilité, toutes sortes d'opportunités s'ouvrent à vous. Vous vous rendez compte que, simplement, par *l'arrangement de vos promesses*, vous pouvez augmenter leur crédibilité.

Par exemple :

- *Structures de contingence* – telles que « Si … » Ou « Est-ce que votre… alors… »

- *Répétition de la preuve* : faire écho – tel que « Ces experts ont découvert... Ces experts ont découvert … Ces experts ont découvert … »

- *Promesse — Croyance — Variation de promesse*. Où chaque phrase de promesse est suivie (idéalement) par une autre de preuve, de vérification ou de documentation. Pour que le lecteur n'ait jamais le temps de s'interroger.

- *Parallélisme de paragraphes*. Où la même structure de mot utilisée dans une déclaration acceptée est alors reprise exactement de la même manière et utilisée pour emprunter l'acceptation d'une nouvelle promesse.

Il en existe beaucoup plus, bien sûr. Certaines sont des mots, certaines sont des chaînes de raisonnement, d'autres simplement la disposition physique du texte de vente sur la page.

Toutes ont le même objectif. Gagner l'acceptation continue. Pour éviter le rejet. Pour construire la conviction. *L'objectif, c'est la croyance.*

Examinons maintenant d'autres méthodes pour la renforcer.

10 – LA QUATRIÈME TECHNIQUE DE BREAKTHROUGH ADVERTISING : LA REDÉFINITION

Comment Supprimer Les Objections Sur Votre Produit

Maintes et maintes fois, vous allez devoir vendre un produit qui comporte des handicaps. Il – avec ses promesses et ses fontionnalités – présente également certains aspects qui repoussent le prospect.

Bien entendu, aucun produit n'est parfait. Ne serait-ce que parce qu'il doit payer de l'argent pour ce que vous avez à vendre, votre prospect commence avec un minimum de résistance de base contre l'achat de votre produit.

Mais cette résistance est aggravée par certains inconvénients de certains produits, souvent au point où, à moins que votre publicité ne prenne des mesures concrètes pour les *redéfinir*, ces inconvénients vont en réalité tuer votre vente.

Examinons maintenant les 3 catégories générales d'inconvénients, puis les 3 types de redéfinition qui les éliminent.

1. Premièrement, bien sûr, il y a le produit qui est (ou qui

2ÈME PARTIE : LES 7 TECHNIQUES DE BASE POUR PERCER DANS LA PUBLICITÉ

semble) trop compliqué – trop difficile à utiliser.

2. Deuxièmement, il y a le produit qui n'est pas assez important – son avantage fondamental n'a pas de marché suffisamment large sur le plan statistique.

3. Et troisièmement, il y a le produit qui coûte trop cher. Son prix est tellement supérieur au prix des autres produits de sa catégorie que les gens se détournent à sa seule mention.

C'est incroyable de voir combien de produits entrent dans une ou toutes ces catégories. Heureusement, le même mécanisme – la redéfinition – vous aide à gérer les trois.

La *Redéfinition* consiste à donner une nouvelle définition à votre produit. Elle dit que le produit est *ceci* plutôt que *cela*. Son objectif est de supprimer un obstacle à votre vente, si possible, avant même que le prospect ne sache qu'il existe.

Le cas classique de la redéfinition est peut-être celui du savon Lifebuoy dans les années 30. Lifebuoy était un bon savon qui nettoie bien. Mais il présentait un inconvénient majeur : une horrible odeur de médicament.

Étant donné que l'odeur ne pouvait être éliminée sans supprimer le pouvoir de nettoyage, le problème est devenu un problème de redéfinition. En termes simples : comment transformer cette odeur d'un désavantage en un avantage ?

La réponse, bien sûr, était la célèbre campagne B.O. L'attention du prospect était concentrée sur l'odeur de son propre corps – une odeur dont on lui a dit qu'elle repousserait les gens (et c'est effectivement le cas).

On lui a alors dit que cette odeur devait être éliminée – non pas avec un savon ordinaire, qui n'était pas assez puissant pour faire le travail, mais avec un savon doté d'un pouvoir qui élimine les odeurs, favorisant ainsi l'intégration en société. Lifebuoy était

2ÈME PARTIE : LES 7 TECHNIQUES DE BASE POUR PERCER DANS LA PUBLICITÉ

ce savon super puissant. Et la preuve irréfutable – que vous pouvez sentir dès que vous ouvrez l'emballage – *était la forte odeur médicinale intégrée à chaque savon.*

C'est le type de redéfinition la plus simple et souvent la plus efficace. Un simple concept de judo. Un vrai retournement de situation. Transformer un handicap en atout, avec une seule idée.

Partout où vous pouvez utiliser cette méthode de revirement, faites-le. Mais la plupart des problèmes de redéfinition sont plus compliqués et exigent des moyens plus compliqués pour les résoudre – en utilisant un grand nombre des dispositifs que nous venons d'examiner dans le processus de Gradualisation.

Passons maintenant à ces dispositifs et voyons comment ils peuvent présenter au prospect une image du produit totalement différente de celle que vous auriez imaginée, si vous ne l'aviez pas préparé au préalable.

1. La Simplification

Notre première catégorie est le produit trop compliqué – le produit qui semble trop difficile. Pour voir comment remplacer cette image par une image plus favorable, examinons à nouveau l'annonce du Manuel de réparation de téléviseur dont nous avons parlé au chapitre précédent.

Comme vous vous en souvenez, la publicité originale de ce produit a échoué car elle promettait de « réparer soi-même son téléviseur » dans son titre. Cela a été jugé trop difficile par le propriétaire moyen (même si la publicité *disait* « C'est facile, c'est simple, c'est rapide » dans le paragraphe suivant). Par conséquent – puisque la publicité a confronté le prospect au fait qu'il devrait effectuer des réparations *avant* de les rendre faciles, simples et rapides – il a tout simplement tourné la page et ignoré la publicité.

2ÈME PARTIE : LES 7 TECHNIQUES DE BASE POUR PERCER DANS LA PUBLICITÉ

La deuxième publicité *ne* parlait *pas* de réparations. Elle parlait des pannes et des dépenses. Et, comme nous l'avons vu, ses premiers paragraphes ont servis à montrer que ces pannes et ces dépenses auraient pu être évitées, si les téléviseurs étaient correctement entretenus.

Jusqu'à présent, la publicité parlait du monde du prospect – et la comparait à un monde beaucoup plus prometteur où les entretiens d'experts offrent un visionnage sans problème. *Maintenant, les 2 mondes doivent être reliés par le produit.*

Cette jonction est appelée par le pitchman, « le tournant ». C'est une transition qui demande une grande délicatesse. Elle doit être accompli sans tourner autour du pot. Dans cette publicité, elle commence avec ce paragraphe :

> Et le plus important, ces experts ont découvert que vous n'avez pas à être bricoleur ou mécanicien pour réaliser cette performance sur votre téléviseur ! Voici pourquoi …

Nous avons déjà vu comment la répétition (.... Ces experts ont découvert...) et le parallélisme des paragraphes relient cette affirmation au flux de croyance qui a été construit auparavant. Maintenant, cependant, nous allons examiner ce même paragraphe sous un autre angle – pour voir comment il constitue la première étape pour éliminer toute crainte d'effectuer soi-même les réparations.

Notez, bien sûr, que la peur même du propriétaire moyen, qu'il n'est *pas* un réparateur, est ici révélée – spécifiquement indiquée – *mais maintenant présenté comme une promesse.*

Notez également qu'il n'y a aucune mention du mot «

2ÈME PARTIE : LES 7 TECHNIQUES DE BASE POUR PERCER DANS LA PUBLICITÉ

réparation » à ce stade. Il est encore trop tôt pour le moment. Bien que le propriétaire moyen soit disposé à accepter l'idée qu'il pourrait « réaliser » une meilleure performance sur son téléviseur, ce serait toujours trop de lui demander de croire qu'il *pourrait réparer* son téléviseur à ce stade.

Cela mène à la dernière étape. *La publicité doit maintenant redéfinir ce à quoi le lecteur pense lorsqu'il entend le mot « réparation ».* Elle doit maintenant poser une nouvelle fondation – montrant que presque toutes les réparations que le propriétaire devra effectuer ne sont en réalité que des ajustements externes mineurs.

Nous allons maintenant procéder de la sorte, dans les 3 paragraphes suivants que nous avons déjà étudiés dans le précédent chapitre et que nous examinerons à nouveau pour voir le deuxième processus de persuasion-redéfinition – qui s'y déroule également.

Voici à nouveau ces paragraphes :

5 Minutes Par Semaine Pour Une Réception Parfaite.

Ces experts de la télévision ont découvert que votre téléviseur ressemblait beaucoup à votre corps à cet égard – qu'il vous donnait des signaux d'avertissement avant qu'il ne tombe en panne. Par exemple, après l'installation de votre téléviseur, il a probablement parfaitement fonctionné la première semaine. Mais ensuite, il a commencé à souffrir de vibrations, de discordances, d'interférences avec d'autres appareils électriques dans votre maison. L'image a pu

2ÈME PARTIE : LES 7 TECHNIQUES DE BASE POUR PERCER DANS LA PUBLICITÉ

soudainement se gâter ou vaciller- des lignes ont pu apparaître sur votre écran.

À présent – et ceci est important – si vous aviez les connaissances nécessaires pour effectuer rapidement quelques ajustements mineurs, sur les contrôles extérieurs de votre téléviseur, alors vous pourriez corriger ces symptômes, vous pourriez bénéficier d'une diffusion parfaite, et vous éviteriez des pannes majeures exactement de la même manière qu'elles l'ont été durant les tests effectués par les fabricants.

Si vous n'avez pas cette connaissance. . . si vous ne faites pas ces ajustements, votre réception s'effritera, vous obtiendrez toujours une image mauvaise et vous devrez faire appel à un réparateur.

Maintenant, ce qui se passe dans ces 4 paragraphes est en réalité une redéfinition du terme « réparation » dans l'esprit du lecteur. Cela se fait en 3 étapes distinctes, mais intégrées :

1. En comparant immédiatement le téléviseur au corps humain et, par conséquent, les dérèglements mineurs du téléviseur aux signaux d'avertissement émis par le corps avant qu'il ne tombe gravement malade.

En « faisant cette comparaison, le texte de vente associe le travail technique complexe d'un téléviseur à quelque chose d'aussi banal et familier que le nez qui coule qui vous prévient d'un rhume qui approche. Cette comparaison explique en partie les arcanes du téléviseur ». Le propriétaire acquiert un nouveau sentiment de confiance en interprétant le texte comme il le comprend.

Et, en même temps, cette comparaison fait la distinction entre

2ÈME PARTIE : LES 7 TECHNIQUES DE BASE POUR PERCER DANS LA PUBLICITÉ

les pannes majeures relativement rares et les dérèglements mineurs, beaucoup plus fréquents, qu'il peut maintenant réparer aussi facilement qu'il peut avaler un comprimé pour arrêter l'écoulement de son nez.

2. En décrivant continuellement ces dérèglements mineurs comme des « signaux d'alerte » et des « symptômes » plutôt que des « pannes » ou des « réparations ». *Cela les rend faciles à corriger* – avant que de réels problèmes, qui pourraient nécessiter des compétences techniques et des outils compliqués, puissent se développer.

3. Et enfin, en déclarant clairement que ces dérèglements mineurs peuvent être corrigés en « effectuant quelques ajustements mineurs, sur les contrôles extérieurs de votre téléviseur. ».

Par conséquent, les « réparations » sont redéfinies comme étant des « ajustements ». Les problèmes sur l'écran du téléviseur sont redéfinis en « signaux d'avertissement » ou « symptômes ». Les « recours au réparateur » ou les « pannes » sont soigneusement isolés parmi les 5 % des cas les moins susceptibles de se produire.

Par conséquent, avec cette redéfinition – avec cette réorganisation des faits accomplie par le texte de vente – *il n'existe plus aucune raison pour que le propriétaire de téléviseur moyen n'effectue pas lui-même ces ajustements mineurs*, plutôt que de payer un réparateur pour les effectuer à sa place.

L'objectif a été atteint. La publicité peut maintenant indiquer précisément combien d'argent le propriétaire économisera en faisant ces ajustements – et où il pourra acheter le livre qui lui explique comment procéder.

De la même manière, chaque fois qu'un processus est difficile. . . Lorsqu'il existe un produit difficile à utiliser ou compliqué à

2ÈME PARTIE : LES 7 TECHNIQUES DE BASE POUR PERCER DANS LA PUBLICITÉ

appliquer, la première tâche du copywriter est de simplifier cette application dans l'esprit de son prospect.

C'est particulièrement vrai pour les nouvelles inventions qui simplifient en réalité des processus qui étaient auparavant trop difficiles pour un prospect moyen. Une nouvelle percée n'est pas simplement acceptée car son fabricant sait bien l'exprimer. Ses promesses de facilité et de simplicité doivent être *prouvées*, dans la publicité, sinon le lecteur se contentera de hausser les épaules et de dire « c'est juste un autre copywriter devenu fou. »

Une telle situation est l'une des expériences les plus frustrantes que vous puissiez vivre. Voici un produit dont vous *savez* qu'il est beaucoup plus facile à utiliser que tout autre produit jamais introduit auparavant dans ce domaine – *car vous l'avez déjà utilisé !* Mais peu importe la force avec laquelle vous criez que C'EST FACILE dans vos publicités, les gens semblent vous ignorer.

Que faire ? La réponse revêt une double facette :

1. Redéfinissez (comme le montre ce chapitre).
2. Mécanisez la nouvelle simplicité (comme vous le verrez dans le prochain chapitre).

Rappelez-vous, l'innovation sans acceptation est sans valeur. Plus les gens savent que quelque chose est difficile et plus votre produit est révolutionnaire (et donc différent) – plus vous rencontrerez de résistance de leur part pour leur faire accepter ce fait.

Vous devez donc établir les bases de l'acceptation *en redéfinissant tout le domaine à leur égard*, avant de leur présenter votre produit.

Examinons un autre exemple de publicité de cette envergure et voyons les solutions proposées par le texte de vente pour faire de

2ÈME PARTIE : LES 7 TECHNIQUES DE BASE POUR PERCER DANS LA PUBLICITÉ

ce produit un succès.

L'une des meilleures publicités de tous les temps est bien sûr celle de Sherwin Cody. Bien que la plupart des publicitaires connaissent la publicité, ils ne se rendent pas compte que le cours en lui-même était une formidable révolution pour l'époque – beaucoup plus facile et simple que tout ce qui fonctionnait – auparavant.

Mais les prospects pour un tel cours étaient absolument convaincus qu'il était trop difficile pour eux d'obtenir un anglais correct. Ils avaient essayé de l'apprendre auparavant et avaient échoué. Par conséquent, tout nouveau cours qui pourrait leur être vendu avec succès devrait redéfinir l'anglais pour eux. . . redéfinir les erreurs en anglais pour eux. . . et certainement redéfinir le processus du tournant; mauvais anglais devient bon anglais pour eux.

La publicité de Cody est un chef-d'œuvre de la Gradualisation. Elle devrait être mémorisé – pas simplement étudiée – par chaque copywriter. Cependant, elle contient, en 4 paragraphes, un autre chef-d'œuvre de redéfinition révolutionnaire – de difficile à facile avec quelques idées simples – qui se présentent comme suit :

> Seulement 15 Minutes Par Jour.
>
> Il n'y a pas non plus grand-chose à apprendre. Durant ses années d'expérimentation, M. Cody a dévoilé des faits extrêmement étonnants concernant l'anglais.
>
> Par exemple, les statistiques montrent qu'une liste de 69 mots (avec leurs répétitions) *constituent plus de la moitié de tous nos discours et de nos écrits.* Évidemment, si nous pouvions apprendre à épeler, à

2ÈME PARTIE : LES 7 TECHNIQUES DE BASE POUR PERCER DANS LA PUBLICITÉ

utiliser et à prononcer ces mots correctement, nous irions loin dans l'élimination des fautes d'orthographe et de prononciation

De même, M. Cody a prouvé qu'il n'y avait pas plus d'une douzaine de principes fondamentaux pour la ponctuation. Si nous maîtrisions ces principes, les problèmes de ponctuation qui nous gênaient dans notre écriture n'existeraient plus.

Enfin, il a découvert que 25 erreurs de grammaire typiques constituent les neuf dixièmes de nos erreurs de tous les jours. Quand on a appris à éviter ces 25 pièges, on peut facilement obtenir l'aisance de parole d'une personne éduquée et très instruite !

Lorsque l'étude de l'anglais est devenue si simple, il devient évident que des progrès peuvent être réalisés en très peu de temps. Cela ne prend pas plus de 15 minutes par jour.

Ainsi, le compliqué devient simple, le difficile devient facile. C'est la première utilisation de la redéfinition. Regardons maintenant le second :

2. L'Intensification

Il s'agit d'un produit qui fonctionne et qui est reconnu comme étant assez facile à utiliser, mais qui n'a tout simplement pas un avantage suffisamment large pour conquérir un marché de masse.

Votre travail ici consiste à intensifier votre produit. Pour lui donner *plus d'importance* aux yeux de votre prospect.

Vous faites cela à nouveau par la Redéfinition. Vous

2ÈME PARTIE : LES 7 TECHNIQUES DE BASE POUR PERCER DANS LA PUBLICITÉ

élargissez l'horizon des avantages du produit. Vous redéfinissez le rôle rempli par le produit dans la vie du prospect. Vous élargissez le champ des avantages que votre produit offre à votre prospect, en lui montrant qu'il entre dans des dizaines de situations vitales chaque jour et en le préparant là où il pourrait s'y attendre le moins.

Par exemple, examinons une autre publicité pour un autre cours d'anglais, 40 ans plus tard. À présent, les gens ne sont pas aussi sensibles à la ponctuation ou à la grammaire. Maintenant, l'aspect négatif a perdu son attrait; les gens veulent un bon anglais comme outil de persuasion pour dominer les autres.

Donc, un bon anglais doit cesser d'être une fin en soi. Il doit être redéfini pour devenir au contraire un moyen d'atteindre un objectif plus important – celui souhaité par un nombre plus important de personnes. Et, puisque l'aspect positif doit maintenant être dominant, la partie du bon anglais qui constitue la plus grande vertu pour persuader les gens – le vocabulaire – doit maintenant être mise en avant.

Voici la publicité :

> Le nouveau système révolutionnaire Word Power Machine fait de vous un maître de l'anglais du jour au lendemain.
>
> Il vous donne automatiquement un vocabulaire puissant – pour faire vibrer vos idées. . . tenir les autres en haleine avec la puissance de vos discours et de vos écrits.
>
> Il repère automatiquement les erreurs embarrassantes de grammaire, d'orthographe et de prononciation dont vous n'aviez même pas conscience. Il les supprime dans le

2ÈME PARTIE : LES 7 TECHNIQUES DE BASE POUR PERCER DANS LA PUBLICITÉ

> même temps. Il libère votre esprit de l'inquiétude. . . il vous permet de vous sentir à l'aise en n'importe quelle compagnie. . . il vous donne la nouvelle confiance en vous dont vous avez besoin pour convaincre qui que ce soit – de faire adhérer les gens de façon irrésistible à votre point de vue …

Cette approche redéfinit les *avantages* du produit, les faisant passer d'un domaine moins souhaitable à un domaine qui générera plus d'attirance pour la vente.

Mais cette utilisation de l'intensification – pour augmenter l'attrait des bénéfices – n'est qu'un des moyens possibles qui pourraient vous servir. Une autre solution consiste à accroître *l'importance* du produit – en montrant que le potentiel recherché dépend en grande partie de la performance de votre produit.

Par exemple, dans une publicité pour des bougies d'allumage, ce fait a été signalé au lecteur :

> Oui. Vous dépensez 2 000 dollars. . . 3 000 dollars. . . 4 000 dollars pour votre voiture. *Et un seul élément qui coûte 99 centimes vous prive* de la puissance et du plaisir réels que cette voiture devrait vous procurer.

Ou ici, dans une publicité pour un cours de calcul rapide :

> Si vous voulez avancer rapidement … si vous visez un poste avec de grandes responsabilités – *alors la connaissance de ce genre de calcul ultra-rapide et extrêmement précis est une NÉCESSITÉ ABSOLUE pour votre avenir !*

2ÈME PARTIE : LES 7 TECHNIQUES DE BASE POUR PERCER DANS LA PUBLICITÉ

Vous pouvez également utiliser l'intensification pour montrer au prospect que votre produit n'est pas quelque chose qu'il n'utilisera qu'une ou deux fois par semaine, mais qu'il aura recours à celui-ci presque à chaque minute. Voici comment cela a été fait, à travers un seul sous-titre, dans une publicité pour un cours sur le management des personnes :

> Vous Passerez Votre Vie À Faire En Sorte Que Les Autres Fassent Ce Que Vous Voulez – Sans Objections.

Vous devez accepter cette affirmation. Et par conséquent, vous devez redéfinir l'importance pour vous d'une technique qui vous permettra d'accomplir la tâche plus facilement, plus efficacement et plus rapidement.

C'est la deuxième utilisation de la Redéfinition — l'intensification. Regardons maintenant la troisième.

3. La Réduction de Prix

Ici, vous avez le produit qui, tout simplement, coûte trop cher. Votre travail consiste à faire paraître ce prix moins cher. Vous le faites avec un simple acte de redéfinition, comme ceci :

Pourquoi le produit coûte-t-il trop cher ? *Parce qu'il est comparé à d'autres produits dans le même domaine.* Et comment vous débarrassez-vous psychologiquement de ce prix ? *En changeant la comparaison et en la reliant à une autre norme plus onéreuse.*

Par exemple, voici une publicité de vente par correspondance très réussie pour les bougies d'allumage, vendue à 1,49 dollars

2ÈME PARTIE : LES 7 TECHNIQUES DE BASE POUR PERCER DANS LA PUBLICITÉ

pièce, soit une fois et demie le standard dans le domaine et 2 fois plus cher que le prix réduit. Le rédacteur a donc déclaré : « Elles peuvent coûter un peu plus cher, mais elles en valent chaque centime ». Bien sûr que non. *Il les a rendus moins chers*, et il l'a fait à travers ces 2 paragraphes de redéfinition psychologique :

> Jusqu'à présent, ces extraordinaires INJECTEURS DE FEU SA étaient pratiquement fabriqués à la main et devaient se vendre à un prix qui s'élève jusqu'à 5 dollars pièce. Mais nous savions que 30 ou 40 dollars était beaucoup plus que le conducteur moyen ne pouvait se permettre – nous avons donc décidé de baisser le prix à un tel point que ces injecteurs lui ferait gagner 12 fois plus d'argent sur l'essence en une année de conduite. Voici donc ma proposition étonnante. Si vous vérifiez les performances de votre voiture avant et après l'installation de votre système d'injecteurs de feu SA, puis vous en informez vos amis et voisins, voici ce que je suis prêt à faire pour vous.
>
> *Vous pouvez recevoir un ensemble d'INJECTEURS DE FEU SA conformes à l'année et au modèle de votre voiture pour seulement une fraction de leur valeur. Si vous agissez maintenant, ils ne sont qu'à 1,49 dollars pièce ...*

Voyez-vous comment il procède ? Voyez-vous *combien de fois* il le fait dans ces 2 courts paragraphes ? Faisons une dernière revue de la redéfinition, car ses techniques sont si importantes pour vous – énumérons simplement les expressions individuelles qui construisent, encore et encore, le sentiment de valeur et d'opportunité à saisir.

2ÈME PARTIE : LES 7 TECHNIQUES DE BASE POUR PERCER DANS LA PUBLICITÉ

Les voici. Les avez-vous toutes appréhendées ?

- *« pratiquement fabriqués à la main ... »*
- *« devaient se vendre jusqu'à 5 dollars pièce ... »*
- *« 30 ou 40 dollars... »* (Remarquez qu'il répète 2 fois le prix fabriqué à la main. Il vous le donne d'abord par bougie; et ensuite pour l'ensemble tout entier. Ainsi, le nouveau prix comparatif est renforcé; vous tremblez pratiquement d'excitation au chiffre de 40 dollars puisque vous désirez les bougies à cet instant. Et vous vous sentez soulagé lorsqu'il affichera un prix désormais plus bas dans le paragraphe paragraphe suivant).
- *« de baisser le prix à un tel point ... »* (Voici le mot magique, « baisser »; maintenant justifié à vos yeux par la description stipulant que l'ensemble a été fabriqué à la main dans les phrases précédentes.)
- *« que ces injecteurs lui ferait gagner 12 fois plus d'argent sur l'essence en une année de conduite... »* (Non seulement la valeur, mais la récompense. Pas seulement un prix bas, mais aussi une économie d'essence. Et encore, la comparaison mentionnant un chiffre plus élevé – cette fois, l'argent que vous rapporterait l'économie d'essence.)
- *« proposition étonnante... »* (Maintenant, le prix devient si bas que même sa simple mention risque de vous surprendre. Cela peut sembler un peu ringard au fur et à mesure que nous le décortiquons ici, mais c'est incroyablement efficace dans le contexte de la publicité. Et la plupart du temps, peut-être même tout le temps – le prospect n'en a pas conscience. Il se rend simplement compte qu'il sent qu'on lui propose une bonne affaire.)
- *« Si vous vérifiez les performances de votre voiture ... et*

2ÈME PARTIE : LES 7 TECHNIQUES DE BASE POUR PERCER DANS LA PUBLICITÉ

en parlez à vos amis et voisins ... » (L'introduction d'une condition – une action que vous devez effectuer – afin d'obtenir le prix désormais bas. C'est utilisé dans le précédent chapitre dans un contexte différent : nous voyons ici comment le même dispositif fonctionne à nouveau pour justifier la puissance, le sentiment de valeur.)

- « *prêt à faire.* » (Encore une fois la connotation de faveur, de réduction, de rabais.)
- « *Vous pouvez recevoir . . .* » (Non pas « Vous pouvez acheter ». Il vous permet d'obtenir les bougies au plus bas prix. Encore une fois, il vous fait une faveur. Vous faites une bonne affaire.)
- « *qu'à 1,49 dollars pièce...* » (Le modificateur classique. La dixième phrase de négociation dans ces 2 paragraphes.)

Notez à quel point la Gradualisation et la Redéfinition sont similaires. Remarquez comment chacune agit sous la surface de la conscience. La Gradualisation de par sa structure – par son agencement de faits et de phrases. La Redéfinition par son réarrangement de points de vue.

Chacune est une façon extrêmement subtile et puissante de construire la croyance. Chacune mérite beaucoup plus d'études que nous ne pouvons en donner dans ce livre.

Parlons maintenant de mécanismes tout aussi puissants, mais plus apparents, qui renforcent également la conviction.

11 – LA CINQUIÈME TECHNIQUE DE BREAKTHROUGH ADVERTISING : LA MÉCANISATION

2ÈME PARTIE : LES 7 TECHNIQUES DE BASE POUR PERCER DANS LA PUBLICITÉ

Comment Prouver Verbalement Que Votre Produit Tient Ses Promesses

Comme nous l'avons observé à plusieurs reprises, un bon texte de vente existe simultanément à 2 endroits différents. Une partie de ce texte est constituée de mots sur une page. Ou des sons diffusés par les ondes radio. Ou des images et des sons qui apparaissent sur l'écran d'un téléviseur.

Mais l'autre partie de ce texte, la partie cruciale, se situe dans le cerveau de votre prospect. C'est la série de réactions – réactions planifiées et réactions anticipées – que votre texte provoque dans son esprit et dans ses émotions.

En fait, lorsque votre prospect lit votre texte, il engage un dialogue silencieux avec vous. Vous lui fournissez des idées, des images et des émotions selon un modèle planifié; et il vous renvoie des *réactions* à ces idées, images et émotions.

Vous espérez, vous prévoyez, que ces réactions soient favorables. Qu'elles soient des réactions *contrôlées*. Qu'il verra les images que vous projetez. Qu'il comprendra et acceptera les idées que vous préconisez. Qu'il partagera les émotions que vous suggérez et même les embellira et les intensifiera.

Mais aussi, au même moment, vous devez être conscient du fait que – parmi ces réactions – se trouvent également un certain nombre d'anticipations, de demandes ou de questions inévitables. Et vous devez répondre à ces questions ou votre texte de vente échouera.

Quelles sont ces demandes qu'il va exiger de votre texte de vente ? Fondamentalement, elles se répartissent en 3 classes :

1. Des demandes de davantage d'informations, d'images, de

2ÈME PARTIE : LES 7 TECHNIQUES DE BASE POUR PERCER DANS LA PUBLICITÉ

désir. Vous avez aiguisé son appétit; maintenant vous devez le satisfaire. Il vous dit : « Dites-m'en davantage »

2. Des demandes de preuves. Il sait qu'il veut votre produit. Maintenant, il veut vérifier que ce que vous dites vrai. Il vous dit : « Ah oui ? Qui le dit ? »

3. Des demandes de mécanisme. Il sait qu'il veut le résultat final. Maintenant, il veut savoir comment vous allez le lui donner. Il dit : « Comment ça marche ? »

Pour écrire un bon texte de vente, vous devez remplir un double rôle. Dans un même temps, vous devez être rédacteur *et* prospect. Vous devez développer une sensibilité presque infaillible à ces réactions inévitables. Vous devez connaître le point exact où elles vont apparaître. Vous devez les anticiper. Vous devez changer le sens du texte de vente, le remplir du contenu souhaité, au moment précis où votre prospect perd de l'intérêt pour votre produit et en convoite un autre.

C'est l'une des parties les plus difficiles de la rédaction d'un texte de vente et le lieu exact où de nombreuses bonnes publicités échouent et perdent leur prospect. Et, puisque de tels *points d'anticipation* surviennent plusieurs fois dans une même publicité, vous vous acharnerez sur le même paragraphe des heures et des heures. Car vous savez qu'à ce stade précis, quelque chose s'est mal passé : votre prospect est mécontent.

Nous allons discuter de ces problèmes *de direction de texte de vente . . . de points d'anticipation . . .* etc. au chapitre 14, sur l'entrelacement. À ce stade, cependant, examinons de plus près la troisième demande : la demande de mécanisme.

La Preuve Verbale

Voici la question essentielle : *« Comment ça marche ? »*.

2ÈME PARTIE : LES 7 TECHNIQUES DE BASE POUR PERCER DANS LA PUBLICITÉ

Votre prospect vous demande de lui donner un mécanisme. Il aime ce que vous promettez – il veut ce que vous promettez – mais il doit être convaincu que votre produit peut le lui donner.

Vous devez démontrer votre produit, en mots, logiquement, afin qu'il puisse comprendre exactement COMMENT le produit lui donne le résultat final que vous promettez.

Dès le début de la publicité, bien sûr, le texte de vente qui fournit cette information – qui fournit ce mécanisme – a été appelée « Le texte de vente de la Raison pour laquelle ». Claude Hopkins était un maître en la matière. Mais peu de grandes publicités de vente de tous les temps n'ont pas eu à recourir à cette technique pour convaincre leur prospect que leur produit fonctionne réellement.

En fait, la question de base que vous devez vous poser, à propos de ce dispositif, lorsque vous vous asseyez pour écrire un texte, n'est pas « Devrais-je l'utiliser ? » Ou « Devrais-je construire un mécanisme dans ce texte ? » Mais simplement : « *Combien ?* »

De combien de mécanisme ce texte a-t-il besoin ? Cela dépend, bien entendu, comme beaucoup d'autres choses dans votre texte, de l'état de conscience de votre prospect. Est-il familier avec le mécanisme via lequel ce produit fonctionne ? Est-ce qu'il l'accepte ? Si tel est le cas, cette partie de votre travail est terminée pour vous. D'autres publicitaires ont déjà dépensé leur argent pour familiariser votre prospect à ce mécanisme.

Première Étape : Nommez le Mécanisme

Vous pouvez maintenant tirer parti de leur investissement en *nommant* simplement le mécanisme et les battre avec votre prix ou d'autres caractéristiques.

2ÈME PARTIE : LES 7 TECHNIQUES DE BASE POUR PERCER DANS LA PUBLICITÉ

Par exemple, dans la publicité pour une caméra conventionnelle, pour appuyer la promesse formulée dans le titre, vous n'avez qu'à nommer vos mécanismes, de la façon suivante :

PRENEZ DES PHOTOS TOUJOURS RÉUSSIES
AVEC LE XENOPHON 1750

Avec réglage de lumière électronique. . . Lentille Zomar sur commande . . . Chargeur offert. . . À seulement 135 dollars.

Ici, les trois3 mécanismes qui assurent les images parfaites sont simplement nommés, et ne font l'objet d'aucune description. Le prospect est déjà familier avec leur fonctionnement grâce aux autres publicités qu'il a déjà vues à ce sujet, et toute autre description détaillée de ses composants l'ennuierait tout simplement. Par conséquent, nommez-les simplement en caractères gras et rivalisez avec vos concurrents par votre prix.

La plupart des textes publicitaires de catalogue et des textes publicitaires de vente au détail doivent prendre uniquement cette forme abrégée. Il s'agit de produits déjà connus et dont les mécanismes sont déjà compris et acceptés. Par conséquent, tout libellé supplémentaire sur ces points ne serait que superflu.

Mais nous arrivons maintenant à cette vaste gamme de produits dont le mécanisme ne peut pas juste être nommé. Pourquoi ? Pour 2 raisons fondamentales...

Deuxième Étape : Décrire le Mécanisme

1. Parce que le prospect ne comprend pas leur mécanisme; Et
2. Parce que tout le monde dispose du même mécanisme, de la même promesse et du même prix. Et le marché commence à s'en lasser et vous avez besoin d'une nouvelle approche pour les concurrencer.

2ÈME PARTIE : LES 7 TECHNIQUES DE BASE POUR PERCER DANS LA PUBLICITÉ

Regardons le cas le plus simple – le cas n°1 – en premier lieu :

Ici, votre mécanisme n'est pas si bien connu, ou pas du tout connu, et vous ne pouvez pas simplement le nommer. Vous devez fournir plus de détails; vous devez le décrire.

Vous avez donc la situation classique de Promesse — la Raison pour laquelle. Vous bâtissez une promesse puissante et rapide, puis vous exposez la raison pour laquelle vous pouvez tenir cette promesse.

Cette arme à double tranchant : promesse et raison pour laquelle, est aussi vieille que la publicité elle-même. Voici, par exemple, comment Rinso l'a utilisée en 1926. Ils ont tout d'abord formulé la *promesse*, comme ceci :

> Qui d'autre veut un lavage plus blanc – sans travail acharné ?
>
> Dans quel état voudriez-vous découvrir votre linge à la sortie d'un simple trempage – Plus blanc qu'il ne pourrait l'être après des heures de brossage !
>
> Des millions de femmes le font chaque semaine. Elles ont abandonné les planches à laver pour de bon. Elles se sont libérées *à jamais* du dur labeur et des mains rougies durant les jours de lessive.
>
> Maintenant, elles n'ont plus qu'à tremper – rincer – et étendre pour sécher ! Dans la moitié des cas, sans frottage exténuant, le lavage est une réussite – *plus blanc que jamais !*

Remarquez comment la promesse originale dans le titre a été prise et *intensifiée* dans ces trois premiers paragraphes de texte. La promesse est répétée, dans des termes et des perspectives différentes, dans les 3 premiers paragraphes.

Mais remarquez aussi que, comment le texte de vente

2ÈME PARTIE : LES 7 TECHNIQUES DE BASE POUR PERCER DANS LA PUBLICITÉ

construit le désir, il suscite également une réaction croissante de la part de la femme qui le lit. Cette réaction peut être exprimée en un mot : « *Comment ?* » Cette promesse résonne de mieux en mieux. . . cela commence à sembler trop beau pour être vrai. . . maintenant, elle a besoin d'être rassurée rapidement.

Alors, les promesses de blancheur cessent. Le texte change de direction et commence maintenant à *vendre le mécanisme*, comme ceci :

> La saleté s'envole – les taches aussi
>
> Le secret est tout simplement Rinso – un doux savon en poudre qui produit une mousse abondante et durable, même dans les eaux les plus rudes.
>
> Trempez simplement les vêtements dans la solution de rinçage Rinso – et la saleté et les tâches s'envoleront. Rincez et le lavage sera impeccable.
>
> Même les parties les plus encrassées ne requièrent qu'un doux frottement entre les doigts pour les rendre blanc comme neige. Ainsi, les vêtements durent plus longtemps, car ils sont épargnés des durs frottements contre une planche.

Notez tout d'abord que ce mécanisme – la mousse qui élimine la saleté – *se vend aussi difficilement* que l'histoire de blancheur qu'il est censé prouver. La première règle du texte de vente de mécanisme est qu'il ne doit *pas* s'agir d'un discours scientifique. Vous ne devez jamais permettre que cela devienne ennuyeux ou simplement basé sur les faits. Vous devez le remplir de promesse, le remplir d'émotion. Chaque mot dans un bon texte de vente, y compris le texte de vente du mécanisme, vend. Seulement dans ces paragraphes, le texte de vente vend une promesse secondaire (la saleté qui disparaît) qui prouve la promesse principale (un lavage plus blanc). Mais toujours, elle vend.

2ÈME PARTIE : LES 7 TECHNIQUES DE BASE POUR PERCER DANS LA PUBLICITÉ

Deuxièmement, bien sûr, vous remarquerez immédiatement à quel point le mécanisme est simple dans ce texte de vente de 1926, par rapport au même domaine aujourd'hui. À cette époque, il suffisait de mentionner le fait que la mousse éliminait la saleté; le lecteur a admis cela comme une vérité évidente le fait qu'elle le ferait.

Aujourd'hui, bien sûr, ce ne serait plus le cas au niveau de notre marché beaucoup plus sophistiqué et saturé. Aujourd'hui, il vous faudrait davantage de mécanisme. Il faudrait en expliquer davantage, promettre plus en profondeur, voire même inventer un ingrédient miracle pour faire le travail à votre place.

Troisième Étape : Les Fonctionnalités du Mécanisme

Ce qui nous amène au cas n°2 et à la problématique difficile de savoir quoi faire lorsque votre marché *est* très sophistiqué. . . quand les promesses se ressemblent toutes. . . quand la concurrence de prix devient suicidaire ?

Cela nous ramène au chapitre 3, où nous avons discuté de la sophistication du marché sous un autre angle. Nous avons découvert ici que ce mécanisme – mécanisme puissant – mécanisme vendable – n'est pas seulement un moyen de renforcer la confiance, mais peut même devenir si important pour le succès de votre produit que vous devez l'insérer dans le titre.

Ces titres sont tous des titres de mécanisme :

« EXPULSEZ LA VILAINE GRAISSE HORS DE VOTRE CORPS. »

« LE PREMIER MÉDICAMENT MIRACLE POUR UN RÉGIME »

« CONDUISEZ VOTRE VOITURE SANS BOUGIES D'ALLUMAGE. »

2ÈME PARTIE : LES 7 TECHNIQUES DE BASE POUR PERCER DANS LA PUBLICITÉ

« RÉDUIT LES HÉMORROÏDES SANS CHIRURGIE. »
« TAPE LA BALLE AVEC TON COUP DROIT, DIT TOMMY ARMOUR ! »

Et des centaines d'autres. Même l'un d'entre eux vous offre un nouveau moyen d'obtenir ce que vous désiriez. UNE NOUVELLE VOIE : un nouveau mécanisme; une nouvelle chance de satisfaire votre désir – même si tout ce que vous avez essayé auparavant a échoué.

Le mécanisme peut donc être inséré dans votre publicité, pour prouver votre promesse principale, ou tout en haut de la publicité, élevé de par l'état de votre marché à devenir la promesse principale.

Si les gens supposent qu'ils savent comment fonctionne votre produit, ou si votre promesse est tellement nouvelle qu'elle ne les intéresse pas, alors tout le mécanisme dont vous avez besoin peut être résumé en un mot ou une phrase.

Si les gens ne savent pas trop comment cela fonctionne, décrivez le mécanisme – *en vendant du langage* – jusqu'à ce qu'ils aient suffisamment de raisons pour y croire.

Cependant, si vous avez un mécanisme exceptionnellement puissant ou dramatique, ou si vous voulez établir une supériorité certaine par rapport aux autres produits concurrents, alors vendez l'enfer à l'aide de ce mécanisme.

Nous verrons quelques exemples d'experts sur la façon de procéder dans notre prochain chapitre, sur la *Concentration*. Nous verrons ensuite comment comparer votre produit aux autres produits évoluant dans votre domaine.

L'Importance Du Mécanisme Quand Vous Voulez Convaincre Votre Lecteur Que C'Est Une Bonne Affaire

2ÈME PARTIE : LES 7 TECHNIQUES DE BASE POUR PERCER DANS LA PUBLICITÉ

Une des tristes vérités de notre époque – et de notre profession – est que nos lecteurs ne croient pas toujours en la vérité que nous leur promettons. Chaque rédacteur a eu, à un moment ou à un autre, un produit tout à fait merveilleux qui ne pouvait tout simplement pas être vendu – parce que les gens ne croyaient pas qu'il pouvait faire ce qu'il savait pouvoir faire.

De la même manière, de nombreux fabricants et leurs agences sont surpris lorsqu'ils baissent un prix – annoncent la réduction – et ne voient aucune augmentation de leurs ventes.

Qu'est-il arrivé ? Personne ne les croyait. Une réduction de prix – comme un avantage de produit – n'est valable que si vos mots et votre stratégie le prônent.

Les baisses de prix doivent être justifiées. Il doit y avoir une raison pour ces réductions. Un mécanisme derrière elles. Sans un tel mécanisme – sans une telle raison – pourquoi vous devriez offrir cette bonne affaire – vous n'obtiendrez qu'une fraction de son pouvoir de vente réel.

Robert Collier était le grand maître de la mécanisation à prix réduit. Son livre – **The Robert Collier Letter Book (Les Lettres de Vente de Robert Collier)** (https://www.ouicashcopy.com/robert-collier) – fait partie des grands classiques du savoir-faire en matière de copywriting. Voici un exemple de la façon dont Collier a réduit ses prix, de manière non seulement crédible, mais dramatique :

Avant L'augmentation Du Prix !

Cher Monsieur :

Il y a peu de temps, une des vieilles usines rustiques, qui confectionnent des Madras tissées pour les chemises avec la qualité la plus fine, a commencé à envoyer des appels au secours.

2ÈME PARTIE : LES 7 TECHNIQUES DE BASE POUR PERCER DANS LA PUBLICITÉ

Ils avaient fait tourner leur usine à plein régime pendant des mois, en pensant que la demande habituelle pourrait facilement prendre en charge leur production excédentaire.

Mais, avec les conditions météorologiques hors saisons en général, la demande habituelle ne s'est pas concrétisée. Et l'usine se trouvait alors en surproduction – et ils avaient besoin d'argent.

Si nous prenions *tout* leur stock excédentaire de leur Madras tissé avec la qualité la plus fine, représentant un *quart de million de mètres*, ils nous les vendraient à un prix largement inférieur au prix que nous aurions payé pour des chemises au cours de toutes nos années d'exercice ... *bien* moins cher qu'ils ne pourraient fabriquer les matériaux et les vendre aujourd'hui.

Nous les avons prises – un quart de million entier de mètres – et nous avons économisé énormément d'argent ...

Une Bonne Affaire Que Pourrait Ne Plus Jamais Se Présenter À Vous ...

Permettez-moi de souligner la différence entre cette introduction logique et soigneusement préparée pour la réduction de prix, et une simple publicité annonçant cette réduction de prix. Ici, le rédacteur met en évidence non seulement *la bonne affaire*, encore et encore, mais également la *qualité* comme contre-désir à maintes reprises. Il utilise donc un mécanisme *à l'intérieur* d'un mécanisme :

1. les conditions météorologiques hors saison entraînant
2. un sureffectif de l'usine, entraînant la première réduction de prix – pour construire croyance sur croyance.

2ÈME PARTIE : LES 7 TECHNIQUES DE BASE POUR PERCER DANS LA PUBLICITÉ

Ici, le texte *commence* par le mécanisme, et n'arrive à la promesse d'une bonne affaire que 6 paragraphes plus tard. Encore une fois, il a relevé le défi créatif; dans ce cas, il pouvait retenir l'intérêt du lecteur durant ces 6 paragraphes. Et grâce à ce défi, il récolte 10 fois plus de crédibilité que s'il avait employé des mots vantant la valeur marchande de son offre à partir de ce moment-là.

12 – LA SIXIÈME TECHNIQUE DE BREAKTHROUGH ADVERTISING : LA CONCENTRATION

Comment Détruire Les Solutions Alternatives Proposées À Votre Prospect Pour Satisfaire Son Désir

Comme vous le savez, en dernière analyse, aucun texte de vente réussi ne vend jamais un produit. Il vend un moyen de satisfaire un désir particulier. Et son pouvoir de vente vient finalement de l'intensité de ce désir.

Si le désir est commercial, c'est-à-dire s'il est partagé par une masse de gens et si chacun de ces gens veut assez cette satisfaction pour payer le prix requis pour un mécanisme permettant de le satisfaire, il est fort probable que beaucoup d'entreprises essaieront de leur fournir ce mécanisme, ou ce produit.

La condition presque universelle de la vie commerciale est la concurrence. Bien entendu, toute personne qui vend des produits ne peut l'éviter. Au moment où vous écrivez, un œil est fixé sur votre marché et l'autre sur vos concurrents.

2ÈME PARTIE : LES 7 TECHNIQUES DE BASE POUR PERCER DANS LA PUBLICITÉ

Nous avons décrit dans ce livre différentes manières de vaincre la concurrence. Arrêtons-nous un instant et passons-les en revue...

Tout d'abord, bien sûr, la supériorité du produit. C'est l'arme ultime dans la guerre pour les dollars des consommateurs. Si vous créez le meilleur produit, votre publicité a 100 fois plus de chances de réussir que si vous ne produisez qu'un produit équivalent. La plupart des grandes annonces ont été associées à d'excellents produits. La plupart des grandes demandes de texte de vente proviennent de la chaîne de montage. Si le vôtre ne l'est pas, si votre texte de vente est meilleur que votre produit, envoyez-le à votre client plutôt qu'à votre prospect, et dites-lui de le transformer en réalité.

Mais même le meilleur produit nécessite un texte tout aussi efficace pour inciter les gens à l'essayer. Sinon, le coût excessif du premier achat peut faire disparaître le produit du marché, avant que les ventes répétées ne soient suffisamment importantes pour être rentabilisées.

Nous arrivons donc à notre deuxième arme pour battre la concurrence : la supériorité de la promesse. Une promesse plus forte, qui évoque plus de désir. Une promesse plus large, qui amène plus de gens à acheter. Une promesse plus crédible, qui ramène les sceptiques et les susceptibles. Ce livre entier est un projet pour développer de telles promesses.

Troisièmement, nous avons l'arme avec le rôle produit. Le rôle que le produit permet à son consommateur de jouer. La personnalité, l'identification, le prestige, le statut, l'excitation que vous pouvez faire ressortir de votre produit, ou l'y associer.

Quatrièmement, nous avons la réponse et la réaction nécessaires en tant que force concurrentielle – la capacité de *surpasser* la concurrence : escalader les promesses lorsque cela

2ÈME PARTIE : LES 7 TECHNIQUES DE BASE POUR PERCER DANS LA PUBLICITÉ

est nécessaire; changer de mécanisme; envahir de nouveaux marchés.

Et cinquièmement, la technique dont nous allons parler dans ce chapitre est l'attaque directe.

L'attaque directe – le mécanisme de la *Concentration* – diffère complètement des 4 autres méthodes que nous avons développées ci-dessus. Toutes ces techniques ont en commun d'ignorer la concurrence. Elles se concentrent sur *votre* histoire, *vos* promesses, *vos* avantages, *votre* produit. Elles agissent comme s'il n'y avait aucune autre victoire possible d'obtenir la satisfaction que votre prospect désire.

Par conséquent, elles sont plus efficaces lorsque vous dominez un domaine, lorsque votre principal problème est de protéger la loyauté de vos clients contre les promesses de votre concurrent, ou lorsque votre histoire est si puissante, si différente, ou si nouvelle que la concurrence ne peut rivaliser avec cela. Dans ces cas, il vaut mieux ne pas lui donner le prestige de l'attaque, pour ne pas mentionner ses prétentions ou son produit, même de manière ironique, dans l'espace qui vous coûte tant de dollars.

Mais dans de nombreux autres cas, en particulier lorsque votre budget publicitaire est bien inférieur au sien, en particulier lorsque la plupart de vos prospects sont déjà ses clients, votre premier problème peut être de casser son image, de briser leur loyauté, avant de pouvoir rediriger leur désir autour de vous.

Qu'est-ce Que La Concentration

Mais ce processus de *Concentration* – ce processus minutieux, logique et documenté pour prouver l'inefficacité des autres moyens de satisfaire le désir de votre prospect – *est beaucoup plus qu'une simple attaque. Si vous ne pouvez attaquer qu'un*

2ÈME PARTIE : LES 7 TECHNIQUES DE BASE POUR PERCER DANS LA PUBLICITÉ

autre produit – sans montrer en même temps, par comparaison, en quoi votre produit fournit ce qu'il manque à l'autre – ne dites rien du tout ! Ne jamais attaquer une faiblesse à moins que vous puissiez fournir la solution à cette faiblesse en même temps !

La raison en est simple. Votre prospect sait que votre attaque est biaisée. Si, par conséquent, vous vous attaquez à un autre produit uniquement pour votre propre bien, autrement dit pour remporter la vente en dénigrant votre concurrent, vous évoquerez probablement le scepticisme et l'aversion, et très peu d'autres choses.

Mais — et c'est le point critique de ce processus — si vous pouvez montrer à votre client que cette attaque est pour son bien, être de son côté, car votre produit éliminera cette faiblesse, alors vous aurez une histoire de vente qu'il acceptera. Ensuite, vous lui ferez remettre en question sa loyauté, même la plus enracinée.

La *Concentration* consiste donc à signaler les faiblesses de la concurrence. . . à souligner leur mauvais service rendu à votre prospect . . . et à lui prouver ensuite que votre produit lui donne ce qu'il veut sans elles.

Notez que toutes les techniques que nous avons développées dans les précédents chapitres sont utilisées ici. L'*Intensification* pour montrer les inconvénients de continuer avec l'ancien produit. La *Gradualisation* pour montrer la cause logique de ces faiblesses et comment elles peuvent maintenant être guéries. La *Mécanisation* pour prouver que votre produit supprime la faiblesse. Et ainsi de suite.

La *Concentration* est donc un processus compliqué, qui prend beaucoup de place pour bien faire son travail et combine presque toutes les astuces que vous avez apprises dans ce livre. Pour voir à quel point elle peut être incroyablement efficace, examinons 2 exemples remarquables.

2ÈME PARTIE : LES 7 TECHNIQUES DE BASE POUR PERCER DANS LA PUBLICITÉ

Le premier est à nouveau notre publicité sur la bougie. Comme vous vous en souvenez, dans le textes, le rédacteur a dit à son prospect qu'il pourrait conduire sa voiture sans bougies d'allumage, qu'il pourrait gagner plus en termes de consommation d'essence et de puissance s'il mettait des « injecteurs » dans sa voiture à la place des bougies démodées.

Maintenant il passe à :

1. Fournir les mécanismes qui prouvent sa propre promesse; et
2. Détruire à jamais la confiance du prospect dans les bougies, avec ce brillant exemple de texte de vente entrelacé :

MÉCANICIENS ET INGÉNIEURS
LISEZ CECI ATTENTIVEMENT

Et pour vous, mécaniciens et ingénieurs, laissez-moi vous expliquer pourquoi l'injection de feu doit vous donner ces résultats.

Une bougie d'allumage provoque une étincelle d'électricité à travers un espace d'air. C'est le moyen le plus coûteux et le plus énergivore d'acheminer l'électricité d'un endroit à un autre et il limite la taille de l'étincelle.

L'injecteur Afire fait feu à la surface d'un conducteur électrique. C'est le moyen le plus efficace de créer une grande étincelle puissante dans votre cylindre.

Sur les bougies d'allumage ordinaires, l'espace d'air entre l'électrode et le foyer s'allonge de plus en plus car l'électrode brûle en permanence. Cela signifie que vous avez des ratés à l'allumage, ce qui signifie une perte de puissance, un gaspillage d'essence et de l'essence brut

2ÈME PARTIE : LES 7 TECHNIQUES DE BASE POUR PERCER DANS LA PUBLICITÉ

qui endommage les cylindres et les segments des pistons. *Sur les injecteurs de feu, il n'y a pas d'espace d'air et pas d'électrode à brûler.* Cela signifie une explosion maximale de l'essence, donc, une pleine puissance, une économie totale et pas d'essence brut pour éliminer la protection d'huile sur les parois des cylindres et des pistons.

Une bougie d'allumage accumule la saleté et le carbone en raison d'un allumage inefficace. Cela signifie que vous avez besoin d'effectuer un nettoyage régulier, des réglages et un remplacement coûteux !

Un injecteur de feu n'a jamais besoin d'être nettoyer ou de réglage. En fait, il « s'introduit » et devient plus efficace avec l'utilisation. En réalité, il durera plus longtemps que votre voiture, offrant une efficacité maximale sans entretien ni remplacement.

Une bougie d'allumage produit une fine étincelle qui jaillit sous une pression inférieure à 54 kilos.

Un injecteur de feu vous donne une flamme puissante qui ne s'éteindra pas à des pressions beaucoup plus élevées que celles créées même par le moteur à compression le plus puissant …

Avec des bougies d'allumage ordinaires, vous utilisez ou devez utiliser de l'essence supérieure qui coûte de 4 à 8 centimes de plus que l'essence ordinaire, et malgré cela, vous obtenez une consommation d'essence inefficace et inutile.

Avec les injecteurs de feu, le carburant ordinaire vous donnera jusqu'à 13 km de plus par litre d'essence, jusqu'à 31 chevaux de plus, et un démarrage plus facile par tous les temps. Additionnez ces économies et voyez

2ÈME PARTIE : LES 7 TECHNIQUES DE BASE POUR PERCER DANS LA PUBLICITÉ

par vous-même pourquoi je dis que les injecteurs de feu seront rentabilisés chaque fois que vous conduirez votre voiture.

Les bougies d'allumage ordinaires doivent être remplacées régulièrement. Avec certaines des nouvelles voitures à forte compression, un ensemble de bougies va s'user en quelques mois.

L'installation des injecteurs Afire est garantie pendant toute la vie de votre voiture sans nettoyage, entretien ou remplacement.

Ce sont quelques-unes des raisons pour lesquelles *l'Armée de l'Air Américaine paie des prix plus élevés pour les injecteurs de ses avions* et pourquoi vous trouverez finalement des injecteurs dans toutes les automobiles …

Voyons Comment Il A Fait Cela

J'espère que vous avez maintenant découvert de nombreuses techniques qu'il utilise pour obtenir ses effets. . . pour construire la puissance globale de cette séquence. Vérifions simplement quelques-unes d'entre elles maintenant :

Tout d'abord, bien sûr, le contraste qui s'entrelace. Une faiblesse dans le fonctionnement de la bougie est signalée, puis immédiatement compensée par les avantages procurés par l'injecteur. Mauvais – bon; mauvais – bon; mauvais – bon; c'est la structure sous-jacente de cette séquence.

Mais ce n'est qu'un des usages qu'il fait du parallélisme. Il répète des mots pour mettre en contraste la faiblesse intrinsèque de la bougie et la force intrinsèque de l'injecteur. *« Une bougie d'allumage fait sauter une étincelle »*

2ÈME PARTIE : LES 7 TECHNIQUES DE BASE POUR PERCER DANS LA PUBLICITÉ

« *Un injecteur Afire fait feu sur ...* » « *étincelle* » est un mot faible. Le feu est beaucoup plus fort visuellement. Et plus tard, il intensifie ce contraste en disant : « Une bougie vous donne une petite étincelle » Contre « Un injecteur de feu vous donne *une lourde et puissante flamme* ». Vous pouvez imaginer la différence.

La définition et la redéfinition ont lieu tout au long du texte de vente. Le tir aux étincelles est le « moyen le plus économique et le plus énergivore » par opposition au « moyen le plus efficace d'obtenir une grande étincelle puissante ». Un raté d'allumage signifie « perte de puissance plus... », alors qu'une explosion maximale d'essence signifie pleine puissance, une économie totale ... » (Notez la structure de phrase parallèle accentuant le contraste.)

Et, dans une belle image, l'injecteur de feu « s'introduit » – un chef-d'œuvre de redéfinition par analogie.

Bien entendu, presque chaque avantage est documenté avec son mécanisme. L'espace d'air dans les bougies ordinaires devient plus grand « parce que l'électrode est en train de brûler. » La bougie devient sale « à cause d'un allumage inefficace ». Et ainsi de suite.

Permettez-moi de rappeler la structure générale de cette séquence. C'est :

- Mal.
- Bien.
- Mal.
- Bien.
- Mal.
- Bien.

2ÈME PARTIE : LES 7 TECHNIQUES DE BASE POUR PERCER DANS LA PUBLICITÉ

Et ainsi de suite. Il offre ainsi un contraste répété, direct et un par un. Il explore un certain nombre de facteurs de performance d'intérêt vital pour le prospect, montrant le mauvais côté puis le bon côté pour chacun d'eux.

Une Deuxième Stratégie

C'est une façon d'accomplir votre Concentration. Mais, bien sûr, ce n'est pas toujours faisable, car les points que vous souhaitez contraster peuvent ne pas être décomposés aussi facilement et clairement, un par un. Vous avez peut-être plutôt affaire à une séquence temporelle – une expérience récurrente et déplaisante avec laquelle le prospect est familier et que vous souhaitez affûter avant de lui fournir l'antidote.

Dans ce cas, votre texte de vente de Concentration adopterait une structure différente. Quelque chose qui ressemble plus à ceci :

- Qu'est-ce qui vous arrive maintenant, avec le ou les produits que vous utilisez actuellement.
- Que se passera-t-il lorsque vous l'échangerez contre un nouveau produit ?

Voici une telle structure, pour une publicité vendant une pilule pour maigrir.

Regardons d'abord le texte de vente négatif :

> Depuis des années, les médecins savent que les programmes de régime ordinaires (que vous payez à 5, 10 et même 15 dollars dans les magasins) *sont totalement passifs !* Qu'ils dépendent strictement de votre volonté – de votre capacité à affamer cette graisse de votre corps. Tout ce que ces programmes de régime ordinaires peuvent vous donner. . . pour vos 5 ou 10 ou 15 dollars – sont des PRODUITS

2ÈME PARTIE : LES 7 TECHNIQUES DE BASE POUR PERCER DANS LA PUBLICITÉ

HYPOALLERGÉNIQUES – des pilules, des poudres et des liquides qui ne font que gonfler votre estomac – qui ne font que « calmer » un peu votre faim.

Mais aucun de ces produits n'a pu RÉELLEMENT vous aider à perdre du poids. Pour soulager ce régime affamant. Pour vous aider réellement à brûler cette vilaine graisse . . . BRÛLEZ cette graisse. . . FAITES-LÀ FONDRE POUR TOUJOURS !

Alors, qu'est-ce-qui s'est passé ? Si vous étiez en surpoids, vous avez du mal à suivre le programme de régime par vous-même ! Vous avez pris vos pilules apaisant la faim religieusement. Vous avez repoussé les aliments que vous aimez. Vous avez passé semaine après semaine sous la torture. Et enfin, si vous avez eu de la chance, vous avez dépensé 5, 10 ou même 12 précieux dollars.

Et puis le pouvoir de votre volonté s'est cassé net ! Vous avez brisé votre terrible régime. Vous avez découvert que vos petites pilules étaient moins efficaces pour vous protéger des aliments que vous aimiez. *Et la graisse refluait – plus lourde, plus laide et plus morte que jamais !*

Encore une fois, regardons les moyens utilisés par le copywriter pour obtenir son effet total.

Dans le premier et deuxième paragraphes – Définition et Redéfinition. Les programmes de régime ordinaires sont *passifs*. Ils dépendent de votre propre volonté. Ils ne peuvent rien faire pour *brûler activement la graisse.*

Et dans le troisième paragraphe, assimiler des pilules de régime ordinaires consiste à « faire son régime soi-même ».

2ÈME PARTIE : LES 7 TECHNIQUES DE BASE POUR PERCER DANS LA PUBLICITÉ

Ensuite, la logique – de cause à effet. Compte tenu de l'acceptation de ces définitions par le lecteur, le troisième et quatrième paragraphes deviennent une nécessité logique. Ce ton de cause à effet est exprimé dans la phrase : « Alors, que s'est-il passé ? »

Maintenant, bien sûr, le troisième et quatrième paragraphes condensent une expérience qui est trop commune à toutes les femmes qui ont déjà essayé un régime. Elle a vécu cela elle-même, maintes fois. Elle reconnaît chacun des symptômes. Et elle se retrouve alors à hocher la tête, en accord avec, tour à son tour, en construisant un flux d'acceptations de plus en plus convaincantes au fur et à mesure que ses expériences sont décrites de plus en plus minutieusement.

Et puis, à l'apogée de la dernière ligne du quatrième paragraphe, la distinction entre les anciennes méthodes de régime est complète. Remarquez l'utilisation du mot « *Et* » pour lier structurellement cet acte d'accusation final au flux d'expériences sensorielles qui l'ont précédé. Il ne fait aucun doute que la graisse est revenue dans la vie de cette femme – sinon, elle n'aurait pas lu autant de cette publicité. *Mais ici, l'implication inévitable dans une phrase avec laquelle aucune femme ne pouvait être en désaccord, c'est que c'est l'échec de la pilule qui a entraîné l'échec du régime.*

Ainsi, la scène est prête pour laisser émerger le produit-héros. Il a déjà été annoncé dans le deuxième paragraphe – dans les accusations négatives selon lesquelles ces méthodes ordinaires ne peuvent rien faire « activement » pour « brûler » les graisses.

Maintenant, le texte continue, d'échec en promesse, comme ceci :

> Et vous avez donc essayé un autre programme passif. Et un autre. Et un autre. Et puis, si vous étiez comme les

2ÈME PARTIE : LES 7 TECHNIQUES DE BASE POUR PERCER DANS LA PUBLICITÉ

hommes et les femmes dont les revues médicales majeures ont relaté de fantastiques études de cas, vous êtes peut-être allé voir votre médecin et vous lui avez demandé *une solution de facilité – sans torture – et sans échec !*

Ces médecins avaient la réponse dans une minuscule pilule grise – et un programme sensé.

Dans leurs mains – si minuscules qu'ils pouvaient l'équilibrer sur le bout de leur petit doigt – était peut-être la plus grande arme jamais découverte contre un excès de graisse mortel. C'était un composé miraculeux appelé LECITHIN – tout nouveau – dont les propriétés de dissolution des graisses ont été découvertes par un lauréat du prix Nobel – le co-découvreur de l'insuline ...

Parce que ce produit est parfaitement sûr – et aussi facile à prendre qu'une aspirine – le fabricant l'a utilisé lui-même pour perdre du poids ...

On ne leur donnait pas de régime affamant . . . ils n'ont jamais connu un seul moment de faim. . . ils ont signalé, au cas par cas, qu'ils sentaient plus de peps, plus d'énergie, plus de jeunesse et de vitalité que ce qu'ils avaient connu depuis des années !

Et puis, jour après jour, plus rapide, plus simple et plus sûr que jamais auparavant, l'excès de vilaine graisse autour de leur corps a fondu ! Alors qu'ils mangeaient 3 délicieux repas par jour, ils perdaient jusqu'à 3 kilos par semaine. Pendant qu'ils savouraient des steaks, mettant l'eau à la bouche.

Et ainsi de suite. De retour dans le texte de vente d'Intensification, avec sa forte vente en images.

2ÈME PARTIE : LES 7 TECHNIQUES DE BASE POUR PERCER DANS LA PUBLICITÉ

Voici votre contraste – votre mécanisation – votre documentation – votre référence à l'autorité – et ensuite votre retour à la promesse, sous la forme d'une histoire étude de cas, qui a maintenant plusieurs fois son pouvoir original, basé à la fois sur l'élimination des canaux alternatifs de réalisation, et le mécanisme de soutien fort qui documente ses promesses.

Un Dernier Mot Sur La Concentration

J'ai volontairement choisi des exemples extrêmes pour illustrer chaque mécanisme. Ces blocs de texte sont plus longs que ce dont la Concentration a besoin logiquement. Le même effet peut se résumer en 2 ou 3 phrases, voire en une seule phrase, comme dans ce titre classique :

« RÉDUIT LES HÉMORROÏDES SANS CHIRURGIE. »

Voici le contraste – la faiblesse implicite d'autres produits – une promesse compensatoire avec vos propres moyens.

Encore une fois, ce n'est pas le contenu, ni la longueur du texte utilisé dans un mécanisme qui le rend efficace. C'est simplement et uniquement le problème qu'il résout pour vous dans l'élaboration de votre texte de vente – par la réaction émotionnelle qu'il produit sur votre lecteur lorsqu'il le rencontre.

Si, dans ce cas, vous l'avez amené à remettre en question une habitude. . . à déplacer sa loyauté. . . Tentez votre chance avec votre produit – vous avez fait votre travail, peu importe le nombre de mots que vous avez utilisés pour le faire.

13 – LA SEPTÈME TECHNIQUE DE BREAKTHROUGH ADVERTISING : LE CAMOUFLAGE

Comment Emprunter De La Conviction Pour Votre Texte

Nous avons discuté des 5 manières différentes de *construire* de la crédibilité dans un texte de vente. Je ne pense pas que nous devrions abandonner ce sujet sans au moins mentionner une autre approche, totalement différente, qui consiste *à emprunter* de la crédibilité à tous les endroits de notre société où celle-ci se trouve.

Le processus par lequel vous faites cela est assez simple. Comme vous le savez, les gens n'achètent pas un journal, un magazine ou tout autre moyen de communication pour les publicités qu'il contient. Ils achètent cette revue – ou allument leur poste de radio ou leur télévision – *pour rester en contact avec le monde qui les entoure*; pour s'informer de ce qui se passe et pourquoi ceci ou cela se produit. Pour être diverti, averti ou simplement informé des nouvelles.

Maintenant, quand une personne choisit l'une des revues (et pendant un moment, nous ne tiendrons pas compte de la radio et de la télévision), elle le fera parce qu'elle croit que cette revue lui dit la vérité. Elle a *foi* en cette revue. Elle y *croit*.

Et, tant qu'elle a confiance en cette revue (tout acheteur de l'espace peut vous l'affirmer), celle-ci reste un excellent moyen de publicité, *car une partie de sa confiance est empruntée des pages éditoriales au profit des pages publicitaires.* Cette personne suppose simplement que sa revue n'exposera pas la publicité si celle-ci n'était pas vraie.

Et, d'autre part, quand cette personne perd confiance en cette

2ÈME PARTIE : LES 7 TECHNIQUES DE BASE POUR PERCER DANS LA PUBLICITÉ

revue, l'efficacité de sa publicité est anéantie. Si elle n'a plus confiance en la revue, elle n'aura pas confiance dans la publicité qu'elle fait paraître. Ce facteur – la crédibilité du support lui-même – est, à mon avis, un élément à prendre encore plus en considération, en termes d'achat d'espace, que la simple quantité en circulation.

Tout cela revêt un intérêt vital pour l'acheteur d'espace, bien sûr, mais nous devons aller plus loin. Voyez-vous, non seulement ce lecteur en vient à croire en la revue qu'il achète à plusieurs reprises, mais au bout d'un moment, il s'habitue à être confronté à un texte revêtant le même style, le même format et la même phraséologie que ceux de cette revue.

En d'autres termes, un réflexe conditionné s'est formé ici. L'homme a confiance en la revue. Elle exprime son matériel d'une certaine manière. Après un certain temps, *cette phraséologie commence à véhiculer une aura de vérité, quelle que soit la matière qu'elle embrasse.*

Ainsi, vous attendez avec votre publicité – si elle est adaptée correctement – une crédibilité emmagasinée. Un réflexe de crédibilité, que vous pouvez exploiter en adoptant la phraséologie de cette revue particulière lorsque vous vous adressez à son public.

Examinons Quelques Exemples

Je vais essayer de vous montrer les 3 différentes manières dont vous pouvez emprunter cette crédibilité :

La première, bien sûr, et la plus évidente, est le format. Chaque revue possède son propre look. Vous avez votre texte de vente. Votre travail consiste à fusionner les deux en une combinaison qui :

2ÈME PARTIE : LES 7 TECHNIQUES DE BASE POUR PERCER DANS LA PUBLICITÉ

1. Permettra au lecteur d'entrer dans votre publicité avec le moins de changement mental possible en passant d'« éditorial » à « publicitaire ».
2. Apportera le plus de crédibilité possible à travers chaque phrase de la publicité.

Je n'ai pas abordé la disposition dans ce livre, car je ne pense pas que la disposition soit aussi efficace que le texte de vente pour déterminer l'issue de votre publicité. Ici, cependant, la mise en page est importante. Un seul changement de format peut augmenter de 50% votre lectorat et vos résultats.

Votre travail ici, encore une fois, consiste à se rapprocher le plus fidèlement possible du format du support sur lequel vous faites de la publicité. Cela signifie, idéalement, de les laisser agencer votre publicité . . . en utilisant leur type titre, de corps de texte, de transition . . . en ayant recours à leurs illustrations, leurs sous-titres, leur espacement.

Dans les pages suivantes, vous trouverez 2 publicités pour le même livre sur la façon de gérer les gens.

- La première est une publicité polyvalente de magazine d'une maison d'édition qui a été ciblée par plus de 12 ou 15 médias. Elle était moyennement réussie.
- La seconde est la même publicité, adaptée parution par parution pour *le Wall Street Journal*. Elle a eu énormément de succès – à tel point qu'elle a été republiée, au moment d'écrire ces lignes – 19 fois, une fois par mois, sans relâche.

Observons les changements qui offrent à ce format adapté une crédibilité continue :

1. Le titre, agencé par le *Journal* suivant un format de titre de *journal*. Il n'y a aucune différence entre ce titre démodé,

2ÈME PARTIE : LES 7 TECHNIQUES DE BASE POUR PERCER DANS LA PUBLICITÉ

majuscules et minuscules, et tout autre titre du contenu éditorial de ce numéro. Par conséquent, il ne signale pas immédiatement au lecteur : « Ceci est une publicité : méfiez-vous ! ». Le rendre plus audacieux, plus moderne ou le mettre en majuscule en diminuerait simplement l'efficacité.

2. Les sous-titres – deux d'entre eux, l'un directement après l'autre. Très XIXe siècle, vraiment. Abandonné il y a des années par 99% des journaux américains. Mais le *Journal* l'utilise, et donc la publicité a été agencée de la même manière. Et le fait même qu'elle soit si inhabituelle et si démodée rend son adaptation encore plus crédible dans ce contexte.

3. Les deux barres situées directement au-dessus et au-dessous du premier sous-titre. Une de ces petites touches qui définissent l'individualité. La publicité perdrait une partie de l'atmosphère qu'elle véhicule sans elles. Et cette atmosphère (crédibilité, confiance) est ce que vous recherchez avec ces adaptations.

4. L'emplacement des sous-titres à l'extrême gauche de la colonne. Un autre détail de dernière minute. Mauvaise mise en page selon le directeur artistique. Mais encore une fois, en parfaite harmonie avec le format du contenu éditorial.

5. Le dessin au trait de l'auteur. Un rendu moche. Beaucoup moins attrayant que la photo du même homme dans la publicité du magazine. Et pourtant, le *Journal* n'utilise pas de photographies des hommes qu'ils représentent dans ses chroniques éditoriales. Et donc, cette publicité doit procéder de la même manière, même au prix des cris de douleur déchirants de ses auteurs (jusqu'à ce qu'ils voient leurs chèques de redevances arriver).

2ÈME PARTIE : LES 7 TECHNIQUES DE BASE POUR PERCER DANS LA PUBLICITÉ

Illustration 2: Annonce 1 non adaptée et publiée dans de nombreux journaux et magazines (vous retrouverez la version traduite en français à la fin de cet ouvrage)

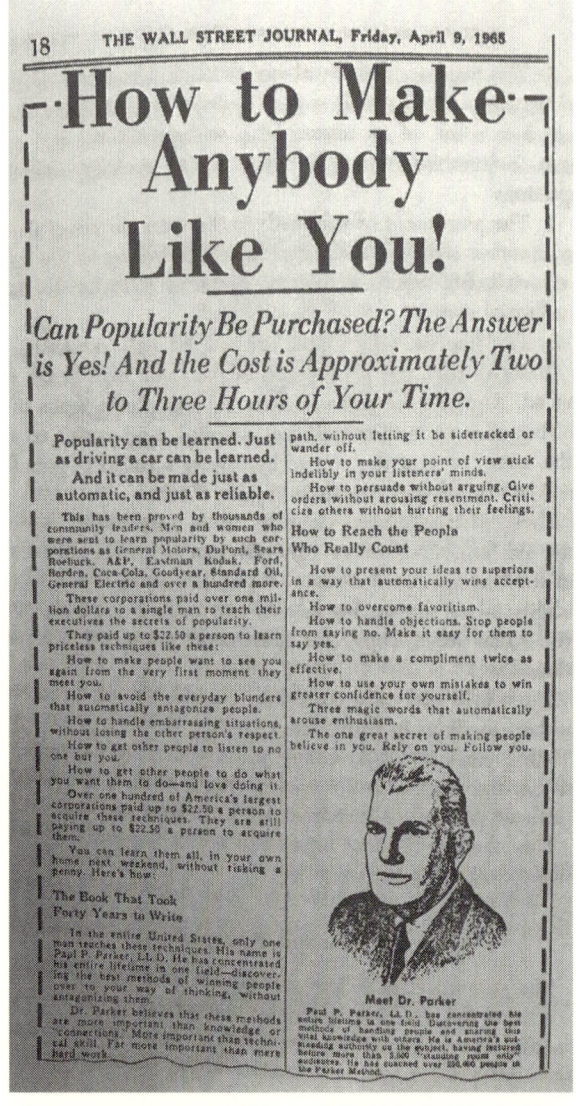

2ÈME PARTIE : LES 7 TECHNIQUES DE BASE POUR PERCER DANS LA PUBLICITÉ

Illustration 3: Annonce 2 adaptée et publiée avec succès dans le Wall Street Journal (vous retrouverez la version traduite en français à la fin de cet ouvrage)

2ÈME PARTIE : LES 7 TECHNIQUES DE BASE POUR PERCER DANS LA PUBLICITÉ

Ainsi, grâce à ces adaptations, une publicité désagréable, démodée et plutôt laide a été développée pour ce support spécifique, qui contient environ 2 fois plus de crédibilité, 2 fois plus de pouvoir d'attraction et 2 fois plus de pouvoir d'attirance avec le même texte et la même illustration présentés à un marché de masse.

Cela vaut-il le coût supplémentaire ? Oui. Devrait-on procéder de la même manière pour chaque média important ? Oui.

Pourquoi ? En le faisant, vous exploitez la confiance invétérée que le lecteur manifeste pour chaque média et vous en empruntez au moins une partie, inconsciemment, au profit de votre produit.

C'est donc la première méthode d'emprunt de cette crédibilité intrinsèque : l'adoption du *format*.

La Deuxième Façon D'emprunter De La Crédibilité

La seconde, légèrement moins spécifique, consiste à adopter *la phraséologie*.

Cette méthode découle du fait que certains médias, ou catégories de médias, utilisent certaines phrases stéréotypées encore et encore, qui après un certain temps acquièrent une crédibilité qui leur est propre.

Dans les journaux, pour prendre l'exemple le plus évident, on observe généralement une date d'émission, une ville d'origine et peut-être une ligne de titre. Chacun de ces indicateurs peut être repris par le rédacteur pour ajouter de la crédibilité à son introduction du texte, comme dans cet exemple extrêmement réussi :

UN SPÉCIALISTE DE LA PEAU DÉMONTRE

COMMENT EFFACER VOS POINTS NOIRS

2ÈME PARTIE : LES 7 TECHNIQUES DE BASE POUR PERCER DANS LA PUBLICITÉ

Par Claire Hoffman

New York, N.Y. — Un médecin réputé a montré aujourd'hui à un public d'hommes, de femmes et d'adolescents souffrant de problèmes de peau, comment nettoyer une peau grasse et rétrécir les pores dilatés avec un traitement médical fait maison qu'il a préparé en 10 minutes ... »

Et ainsi de suite. Le ton des nouvelles a façonné les phrases d'introduction. Le reste du texte de vente a revêtu l'atmosphère d'un *rapport* plutôt que d'un récit de vente avec ces premières phrases.

Le même principe peut être utilisé pour chacun des autres types de supports que vous utilisez. Dans le publipostage, recherchez le courrier clé que votre prospect reçoit et qui est ouvert immédiatement sans exception, tels que les chèques de remboursement, les couriers du gouvernement, les avis de dividende, les rapports confidentiels, les bulletins d'information de luxe, etc.

À la radio et à la télévision, adoptez le format des nouvelles et la phraséologie des nouvelles. Même, si possible, adopter le « son » de la nouvelle – la phrase coupée du présentateur d'informations, le ton d'initié de l'analyste, la sensation documentaire des infos, l'appareil photo tenu à la main.

Étudiez les canaux de communication avec lesquels les gens ont confiance. Adoptez leur ton, leur sensation, leur style, leur sincérité. Assurez-vous que vos annonces *se fondent* dans le paysage, de telle sorte qu'il n'y ait aucune transition brutale. *Camouflez*-les.

Stratégie d'Emprunt de Crédibilité N°3

2ÈME PARTIE : LES 7 TECHNIQUES DE BASE POUR PERCER DANS LA PUBLICITÉ

Dans un prochain chapitre, nous traiterons directement de *l'humeur*. Cependant, en tant que dernière méthode d'emprunt de crédibilité, je voudrais mentionner 2 adaptations de l'humeur qui relèvent à juste titre de cette discussion.

Nous avons vu que vous empruntiez le format, la phraséologie ou le style de vos revues. Ces 2 méthodes pour augmenter la crédibilité de votre texte de vente dépendent directement du support que vous utilisez à un moment donné.

Vous adoptez l'apparence et le vocabulaire de cette revue, parce que les gens ont fini par opposer cette manière de présentation éditoriale au « langage publicitaire » et parce qu'ils accordent automatiquement leur confiance à la première, et manifestent automatiquement un scepticisme invétéré pour la seconde.

En d'autres termes, le langage publicitaire, qui est un langage souvent naturel et un langage rempli d'émotions, a tendance à produire une réaction contraire vis-à-vis de ses prospects de par son apparence même.

Pour surmonter ce scepticisme instantané et automatique – en plus d'emprunter le vocabulaire de nos revues hôtes – nous disposons également de 2 autres types de langages permettant d'échapper au stéréotype de la vente difficile.

Le premier est *l'euphémisme* ou *le sous-entendu*. La simplicité. Une pénurie de mots expressifs. Moins d'adjectifs car le lecteur s'attend à des superlatifs. Des phrases courtes, qui tombent plutôt que de hausser le ton à la fin.

Par exemple, prenons n'importe quelle publicité de Volkswagen. Comptez le nombre de noms par phrase et comparez-le au nombre d'adjectifs. Voyez comment la publicité évolue elle-même – elle ne se prend jamais trop au sérieux. Remarquez comment elle fait le point silencieusement, puis

2ÈME PARTIE : LES 7 TECHNIQUES DE BASE POUR PERCER DANS LA PUBLICITÉ

s'arrête. Remarquez en quoi la structure extrêmement courte et extrêmement simple des phrases ajoute à la sincérité.

Voici une publicité intégrale de Volkswagen qui met en exergue la supériorité de la voiture sur les modèles concurrentiels. Auriez-*vous* pu aussi bien raconter l'histoire, même en utilisant 10 fois plus de mots ?

Vous ne manquerez jamais d'air.

Vous n'*aurez* pas non plus à vous soucier de la vidange ou du nettoyage du radiateur au printemps. Il n'y a pas de radiateur.

Ou des tuyaux.

Ou de la pompe à eau.

Ou de la rouille.

Vous n'aurez donc aucun souci à vous faire au sujet de l'antigel à l'automne ou des blocs fissurés en hiver.

Si vous sentez que vous devez à votre moteur Volkswagen un petit quelque chose de spécial, chaque printemps et chaque automne, vous pouvez le faire.

Il suffit de conduire la voiture une seule fois autour du pâté de maisons et de la laisser prendre l'air toute seule.

C'est un excellent texte en raison de sa simplicité, de son image et de sa vente, qui interagissent pour donner un argument très puissant à ceux qui recherchent une nouvelle voiture.

En outre, je vous suggérerais d'étudier l'une des anciennes publicités de Claude Hopkins, ou de John E. Kennedy (du temps de Lord & Thomas) pour obtenir le même pouvoir de sincérité sans la fantaisie qui le limite. Ou les grands pitches de radio et de télévision des années 50.

2ÈME PARTIE : LES 7 TECHNIQUES DE BASE POUR PERCER DANS LA PUBLICITÉ

Peu de publicités sont écrites de cette manière, et leur rareté les rend encore plus efficaces. Cela ne résoudra pas tous les problèmes de vente, mais lorsque cette stratégie sera efficace, en particulier dans les campagnes continues, elle sera, en effet, très efficace.

La deuxième humeur que vous pouvez utiliser pour rompre avec le stéréotype de la « publicité » est ce que j'appelle *Deadly Sincerity (la sincérité totale)*. C'est la technique qui consiste à se pencher en arrière pour indiquer les défauts dans une offre, de sorte que les bénéfices, lorsque vous les présenterez, soient davantage crédibles.

Dans la mesure où cela ne se fait *pas* dans la publicité ordinaire – puisque le texte de vente ordinaire ne critique pas son produit aussi bien qu'il en vante les mérites – cela a un impact émotionnel considérable, en particulier dans des secteurs très concurrentiels.

Voici un exemple de livre sur la gestion de carrière au travail, qui devait paraître après la parution d'une centaine de livres traitant du même sujet dans la même revue :

À L'HOMME QUI NE SE CONTENTERA DE RIEN DE MOINS
QUE DE LA PRÉSIDENCE DE SON ENTREPRISE

Et qui est prêt à faire les incroyables sacrifices nécessaires pour y parvenir le plus rapidement possible.

Voici l'un des manuels les plus réalistes jamais écrits pour vous – et pour vous seul !

Ceci est une annonce privée.

Elle ne concerne pas 99 hommes sur 100. Ces hommes n'ont pas la motivation – l'ambition impossible – la volonté absolue de réussir que cette publicité exige...

2ÈME PARTIE : LES 7 TECHNIQUES DE BASE POUR PERCER DANS LA PUBLICITÉ

Et ainsi de suite. Vous pouvez voir immédiatement, dans les premiers paragraphes de cette publicité, comment le ton de la franchise absolue est défini. L'utilisation d'une « *phraséologie non publicitaire* » comme « *un sacrifice incroyable* » ... « *l'ambition impossible* » . . . « *la volonté absolue* » . . . « *cette publicité exige* » démarque la publicité des autres autour d'elle – et lui donne un air d'imprévisibilité qui incite le lecteur à continuer.

Dans notre prochain chapitre, lorsque nous discuterons de *Renforcement*, nous verrons comment ce ton d'équité totale, voire même de critique, peut avoir un impact émotionnel immense sur une promesse relativement mineure. Mais pour l'instant, il suffit de souligner qu'il s'agit d'un moyen supplémentaire de sortir du stéréotype de la vente difficile et d'obtenir à peu près le même type de crédibilité qu'un rapport factuel.

14 – LES DERNIÈRES RETOUCHES

Revoyons maintenant ce que nous avons fait jusqu'à présent, et les derniers problèmes à prendre en compte.

Nous avons commencé ce livre avec l'idée qu'il existait une technique bien définie qui pourrait produire de *meilleurs titres* que ceux que vous utilisiez hier. Et parce que le titre revêt une importance capitale pour déterminer le succès ou l'échec de vos publicités, nous avons consacré la première partie de notre livre à cette recherche créative.

Ensuite, dans la deuxième partie, nous nous sommes penchés sur le problème tout aussi important de l'*exploitation* de ce titre. Comment faire passer le prospect de l'intérêt et la curiosité suscités par votre titre à une conviction de plus en plus forte que

2ÈME PARTIE : LES 7 TECHNIQUES DE BASE POUR PERCER DANS LA PUBLICITÉ

ce produit possède ce qu'il veut et qu'il est absolument capable de le lui donner.

Vous utilisez un texte de vente pour atteindre ce deuxième objectif – peut-être beaucoup, peut-être très peu. Dans les deux cas, nous avons examiné les 3 voies imbriquées par lesquelles cette demande effective est créée :

1. premièrement, l'intensification du *désir*;
2. puis la création d'une personnalité de produit acceptable – ou d'un rôle auquel le prospect voudra *s'identifier*;
3. et ensuite la structure plutôt abstraite sous-tend à votre arrangement de texte et qui produit la *crédibilité* de votre histoire.

Nous avons également vu comment atteindre l'esprit de votre prospect sur les 3 niveaux émotionnels :

1. Désir...
2. Identification...
3. et Crédibilité.

Maintenant, comme dernier problème, *nous devons rassembler tous ces éléments ensemble.* Nous devons prendre toutes ces promesses, ces images, ces dispositifs, ces structures et les lier ensemble pour former une unité cohérente, qui retient l'attention de votre prospect du début jusqu'à la fin.

En d'autres termes, après avoir décomposé la publicité en vue d'analyser les éléments qui font que celle-ci fonctionne, nous devons maintenant faire face au problème inverse : relier le tout de nouveau ensemble.

Nous avons plusieurs dispositifs supplémentaires qui nous aident à le faire. Nous en avons déjà parlé dans les chapitres précédents. Examinons-les maintenant de plus près pour voir ce

2ÈME PARTIE : LES 7 TECHNIQUES DE BASE POUR PERCER DANS LA PUBLICITÉ

qui les fait fonctionner. Formalisons-les en règles de travail. Comme ceci...

Vérification – Comment Offrir De L'autorité Et Des Preuves

Maintenant, bien sûr, vient le type le plus évident de texte de vente de crédibilité. Vos preuves : vos statistiques; vos tests; vos témoignages; votre autorité; vos tendances; votre documentation; vos sceaux d'approbation; vos trophées. Tout fait que vous pouvez utiliser, n'importe où dans le texte de vente, pour montrer que votre produit fait ce que vous avez dit qu'il fait.

Les mots clés ici se trouvent *n'importe où dans votre texte de vente*. Parce que, comme j'ai essayé de le montrer dans les 4 précédents chapitres, *l'emplacement de vos preuves est aussi important pour son effet global que le contenu lui-même*.

Je ne peux rien vous dire de plus sur la collecte de preuves que votre propre département de recherche ne sait 100 fois plus. Ou, si vous n'avez pas de département de recherche, de bonnes recherches ne vous donneront rien.

Il n'y a pas de règles spéciales pour formuler une preuve – sauf peut-être qu'il faut la garder aussi courte que possible, aussi dramatique que possible, aussi précise que possible.

Et par-dessus tout. Rappelez-vous que le texte de preuves, comme tous les autres mots de votre publicité, est un texte *de vente*. Il ne peut pas simplement se contenter d'offrir des preuves. Il doit offrir le genre de preuve qui donne envie au prospect de lire chaque mot. Et il doit lui faire davantage désirer le produit à la fin de chaque ligne.

Bien. Mais la prochaine question est la suivante : où placez-vous les preuves dans votre publicité ? À quels moments seront-elles les plus efficaces ?

2ÈME PARTIE : LES 7 TECHNIQUES DE BASE POUR PERCER DANS LA PUBLICITÉ

Et ensuite, combien de preuves, de tests ou de témoignages différents devez-vous inclure dans la publicité ? À quels moments devez-vous les introduire ? Et (si jamais, vous les omettez) à quels moments alourdissent-elles la publicité ? À quels moments la rendent-elle terne ? À quels moments en font-elles beaucoup trop pour être crédibles ?

Nous avons discuté de ces questions, mais pas dans ce contexte, au cours des 4 précédents chapitres. Au cours des 4 précédents chapitres, nous avons discuté de l'emplacement et de la structure des *promesses*. Nous avons constaté que plus vous préparez ces promesses, et plus vous incitez le lecteur à être plus disposé pour les accepter, plus elles deviennent puissantes.

Les mêmes règles s'appliquent à votre preuve. *La preuve – comme les promesses – est plus efficace quand le lecteur l'exige inconsciemment et lorsqu'il est disposé à accepter son contenu comme étant nécessaire et logique.*

C'est la règle. Aussi simple et concret que cela. Tout le reste n'est qu'application.

Nous avons soigneusement passé en revue les 4 processus qui déterminent la position de votre publicité. Les voici encore :

1. *La Gradualisation* – le développement d'un flux d'acceptations de la part de votre lecteur vis-à-vis de vos déclarations, conduisant finalement à une demande inévitable de la part de ce lecteur pour votre produit.

2. *La Redéfinition* – la suppression des objections préconçues de la part de votre prospect vis-à-vis de votre produit, en lui fournissant une nouvelle définition de ce produit.

3. *La Mécanisation* – la preuve verbale que votre produit fonctionne – qu'il fait ce que vous dites qu'il fait.

4. *La Concentration* – la preuve verbale que les autres

2ÈME PARTIE : LES 7 TECHNIQUES DE BASE POUR PERCER DANS LA PUBLICITÉ

produits ne remplissent pas cette fonction essentielle aussi bien que le vôtre.

Maintenant, chacun de ces processus est efficace, non seulement pour augmenter la crédibilité de vos *promesses*, mais également pour augmenter la crédibilité de vos *preuves*.

Et, exactement de la même manière, dans chacun de ces processus, il existe un endroit où votre preuve apparaîtra, où elle sera 2 fois plus bénéfique pour votre texte de vente que partout ailleurs.

Par exemple, revenez en arrière et examinez le texte de vente de *Concentration* de la publicité pour les bougies d'allumage que nous avons analysée au chapitre 12. Voici une comparaison point par point des faiblesses des bougies d'allumage par rapport aux forces similaires des injecteurs de feu.

À la fin de cette séquence, le rédacteur avait acquis une crédibilité incroyable. Il aurait pu faire beaucoup de choses avec cette crédibilité. Il aurait pu la transformer en une reformulation immédiate de ses promesses principales. Il aurait pu directement la canaliser en une demande pour une commande. Il aurait pu obtenir une garantie de remboursement, etc.

Au lieu de cela, il a choisi de rassembler des preuves de crédibilité de la manière suivante :

« Voici quelques-unes des raisons pour lesquelles *l'Armée de l'Air Américaine débourse des sommes élevées pour des injecteurs à appui de surface pour ses avions* ... »

Et, ce faisant, il renforce le pouvoir du texte de vente de crédibilité qui a précédé et de la référence d'autorité qui suit maintenant.

Ainsi, et nous en parlerons plus en détail dans la section *Renforcement* qui suit, *le texte de vente 1 + 1 peut souvent être*

2ÈME PARTIE : LES 7 TECHNIQUES DE BASE POUR PERCER DANS LA PUBLICITÉ

égal à 10. En additionnant un texte puissant – au moment opportun – à un autre, vous pouvez obtenir un effet global bien supérieur à ce que ces 2 textes produiraient s'ils étaient simplement répartis sur toute la page.

La position augmente la puissance. Nous continuons à trouver de nouveaux exemples à chaque fois que nous analysons un autre processus de texte de vente.

Et que dire des 3 autres processus ? Comment votre preuve interagit-elle avec eux ?

Eh bien, prenez la *Gradualisation*. Étudiez à nouveau la publicité du manuel de réparation de télévision. Notez *le moment exact* où les « salles de test des fabricants » sont introduites dans le texte de vente – *au moment même où le lecteur demande une solution aux problèmes que le texte a intensifiés encore et encore.*

Ici, à ce stade, le lecteur cherche une réponse. Ici, la même preuve, qui semblerait n'être que des statistiques ennuyeuses si elle était présentée plus tôt, devient tout à coup un drame affiné – *parce que le lecteur est maintenant pleinement conscient de son importance* et il est prêt à lire chaque mot.

Encore une fois, je dois répéter que le principal problème de la documentation est qu'elle est fondamentalement ennuyeuse. Votre travail consiste donc à y ajouter de l'excitation. Vous devez la mettre en scène. Dans l'esprit de vos lecteurs, vous devez développer un drame dans lequel votre documentation arrive en héros. En quoi des statistiques sont soudainement chargées d'émotions – *parce que vous en avez fait la solution à tout ce qui se trouve entre votre lecteur et les satisfactions qu'il recherche.*

Je pourrais continuer et donner des exemples de l'interaction de la preuve avec chacun des mécanismes restants, mais je pense que vous auriez beaucoup plus à gagner en le faisant vous-même. Au lieu de cela, laissez-moi résumer en disant ceci...

2ÈME PARTIE : LES 7 TECHNIQUES DE BASE POUR PERCER DANS LA PUBLICITÉ

La *Documentation* est une preuve quelconque – statistiques, faits, tests, etc. – du bon fonctionnement de votre produit.

La *Mécanisation*, par contre (en cas de confusion dans votre esprit) est la démonstration verbale et logique, et donc aussi la preuve, que votre produit fonctionne. La *Mécanisation* n'a pas nécessairement besoin d'incorporer une quelconque documentation extérieure pour prouver sa pertinence; elle ne le fait que par la force de sa logique et de sa structure.

La *Vérification* – qui est différente des deux (Documentation et Mécanisation) – est le processus consistant à arranger votre Documentation dans votre texte de vente de manière à ce que celle-ci soit immédiatement acceptée par votre lecteur et à ce qu'elle ait le plus grand effet émotionnel sur lui.

Par conséquent, je vous suggère de cesser de placer votre Documentation uniquement dans le titre de votre publicité, dans son sous-titre ou dans une zone distincte intitulée : « Voici la preuve. »

Je suggérerais plutôt que vous commenciez à considérer la Documentation comme un élément supplémentaire (avec des promesses, des mots de croyance, des générateurs de moment, des aiguiseurs d'image, des définisseurs d'émotion et tout le reste que nous explorerons avant de terminer), afin d'être entremêlés côte à côte – de sorte que, combinés, ils vous confèrent un pouvoir émotionnel et une crédibilité bien supérieurs à ceux que chacun d'entre eux pourrait offrir séparément.

Le Renforcement – Comment Faire Pour Que 2 Promesses Effectuent Le Travail De 4

La première règle de tout texte de vente, bien sûr, est de produire un impact émotionnel. Comme nous l'avons vu maintes

2ÈME PARTIE : LES 7 TECHNIQUES DE BASE POUR PERCER DANS LA PUBLICITÉ

et maintes fois, même dans un texte de vente de crédibilité, même dans une documentation, *chaque mot doit porter une image, une illustration, un sentiment.*

À présent, la chose merveilleuse concernant la rédaction émotionnelle, dont le texte de vente est une forme, est la suivante : si vous l'utilisez habilement, l'impact d'une émotion et l'impact d'une seconde émotion s'additionneront souvent – de façon non-mathématique – pour donner l'impact de QUATRE émotions.

En mathématiques, un plus un est toujours égal à deux – jamais plus. En rédaction émotionnelle, un plus un peut souvent être égal à 10. En d'autres termes, *2 images émotionnelles, assemblées correctement, peuvent souvent avoir 10 FOIS plus d'impact que l'une ou l'autre de ces images, prises séparément.*

Par exemple, dans la campagne classique Avis, le thème principal était « Nous travaillons plus dur ». C'est bon en soi; mais loin d'être aussi puissant que cette idée ne l'était une fois renforcée avec la raison pour laquelle Avis essayait davantage : « Nous ne sommes que deuxième ».

Ces deux idées distinctes : (1) *Nous sommes deuxième*; (2) P*ar conséquent, nous travaillons plus dur* – une fois combinées, ont un impact commun bien supérieur à ce que vous pourriez logiquement vous attendre si vous examiniez chacune d'elles individuellement.

En fait, nous pouvons même définir un type de créativité comme étant *le moyen idéal pour combiner des images séparées en un nouveau moyen qui est beaucoup plus puissant que la simple somme logique de celles-ci.*

C'est comme ça que les nouveaux mots apparaissent. Ainsi que de nouvelles phrases, slogans, concepts, idées. Et, bien sûr, des titres.

2ÈME PARTIE : LES 7 TECHNIQUES DE BASE POUR PERCER DANS LA PUBLICITÉ

Votre travail – et c'est un travail difficile, est de faire cela, image par image, tout au long de la campagne de votre publicité.

Par exemple, dans la publicité « à l'homme qui ne se contentera de rien de moins que de la présidence de son entreprise », que nous avons citée dans le précédent chapitre, cette séquence se déroule de la façon suivante :

> C'est le premier livre de John Horn. Ce n'est pas un écrivain accompli, et il a des défauts. Si vous le lisez juste pour le style ou pour la qualité littéraire, ce livre n'est pas vous.
>
> Mais il y a des paragraphes dans ce livre – des idées dans ce livre – des chapitres entiers de ce livre que nous n'avons jamais vu mis sur papier avant ! Et de nombreuses portes s'ouvrent à vous – dès demain – qui, autrement, prendraient toute une vie à attendre pour que vous les franchissiez !

Remarquez comment l'étonnante franchise du premier paragraphe, qui fait tout son possible pour attirer l'attention du lecteur sur les défauts de son produit, contraste de plus en plus avec les affirmations positives du deuxième paragraphe – les rendant beaucoup plus crédibles et donc beaucoup plus puissantes pour le lecteur qui est maintenant convaincu qu'il reçoit un rapport juste sur ce livre.

C'est la *juxtaposition* de ces 2 paragraphes, l'un après l'autre, qui rend leur combinaison si efficace.

Le copywriting, en plusieurs phases, est la recherche d'une telle juxtaposition. Les 5 chapitres précédents en ont été remplis d'exemples. Je vous suggère de relire ces exemples et de souligner les points de combinaison – et les jonctions – dans lesquels une promesse se confond avec une autre, et l'aiguise, ou la renforce, ou la rend plus crédible.

2ÈME PARTIE : LES 7 TECHNIQUES DE BASE POUR PERCER DANS LA PUBLICITÉ

Donc, une façon de lier votre publicité, est de constamment construire une promesse sur une autre, tout en cherchant à toujours rendre chaque promesse plus forte et plus crédible grâce à la combinaison de ces éléments.

Ce même principe s'applique de manière plus modeste dans notre prochain dispositif.

L'Alternance – Comment Mélanger Émotion, Image Et Logique Dans La Même Phrase

Permettez-moi de mentionner à ce stade, une réflexion, qui vous a probablement déjà préoccupé à plusieurs reprises au cours des précédents chapitres...

Le gros problème avec les analyses que nous avons effectuées dans la deuxième partie de ce livre est qu'après un moment, cela commence à résonner de manière assez mécanique. Vous avez probablement pensé que je suggérais que vous abandonniez toute forme de créativité, et de travailler comme une sorte de charpentier. Ici vous faites une promesse; là vous ajoutez une phrase de crédibilité; puis vous les couvrez toutes les 2 avec une identification solide et puissante.

Ça commence à ressembler à cela, car l'identification de chacun de ces dispositifs et la présentation de leur mécanisme de fonctionnement requièrent beaucoup de temps. En raison de ce besoin d'analyse – qui nécessite toujours de retrancher des éléments individuels du « flux de vie » d'une publicité en pleine croissance – il semble que vous devriez en fait être conscient de chaque dispositif *au moment où vous l'utilisez pour rédiger cette publicité* – même si vous allez jusqu'à nommer le dispositif au fur et à mesure que vous le tissez.

Je ne pense pas avoir à vous dire que cette approche

2ÈME PARTIE : LES 7 TECHNIQUES DE BASE POUR PERCER DANS LA PUBLICITÉ

mécanique n'est *pas* mon idée et qu'elle ne fonctionnera pas. Ce que j'essaie de faire, c'est d'adopter exactement la même procédure qu'un golfeur professionnel lorsqu'il veut améliorer votre jeu. Il ne vous laisse pas simplement sortir et jouer. Il vous arrête, vous fait observer vos mains, rationalise votre poigne, déplace vos doigts, vous incite à vous familiariser avec cette nouvelle sensation lorsque vous soulevez votre club de cette autre manière, puis il vous entraîne à effectuer quelques swings – et, en même temps, il vous explique *pourquoi* vous devez le faire de cette façon.

Lorsque vous swingez les premières fois en adoptant cette nouvelle manière, vous vous sentez mal à l'aise et vous sentez tous les muscles de vos bras. C'est pourquoi, il vous incite à *continuer de swinger* – avec 1 seau. . . 2 seaux. . . 10 seaux de balles.

Bientôt, cependant, vos muscles des bras vont se sentir à l'aise avec ce nouveau swing. Et vous n'allez plus vous en rendre compte. À ce stade, ce qui était auparavant mécanique devient désormais intuitif. *Mais il s'agit d'un nouveau type d'intuition, beaucoup plus souple et plus efficace qu'auparavant.*

C'est ce genre d'intuition que j'essaie de construire en vous. J'essaie de vous emmener de la créativité n°1 à la créativité n°2. Les 2 sont des états intuitifs, où vous écrivez avec toute la profondeur de vos émotions et de votre esprit, et que vous n'êtes plus conscient des mécanismes et des dispositifs que vous utilisez pour obtenir vos effets que vous ne l'êtes des mouvements de vos doigts parcourant les touches de la machine à écrire.

Mais pour vous faire passer de l'état n°1 à l'état n°2, je dois vous faire prendre conscience de tous ces détails – et vous rendre mal à l'aise d'une manière nouvelle et plus efficace que lorsque vous avez appris à rédiger un texte de vente – pour que vous puissiez vous approprier ces connaissances et ces techniques et

2ÈME PARTIE : LES 7 TECHNIQUES DE BASE POUR PERCER DANS LA PUBLICITÉ

les intégrer dans votre propre talent – afin que vous puissiez les utiliser de façon automatique, sans avoir à y penser. Lorsque vous souhaitez exprimer de la manière la plus puissante vos idées, vos émotions et votre philosophie de vente.

Tout ce processus de « Nouvelle Maladresse menant à de Nouvelles Compétences » est clairement visible dans la technique très simple d'entrelacement, que j'ai apprise d'un homme brillant du nom de Walter S. Campbell.

Tous les copywriters devraient lire le livre de Campbell, *Writing non-fiction (Écrire de la non-fiction)* (https://www.ouicashcopy.com/writing-non-fiction) (The Writer, Inc., 1961). Dans le chapitre suivant, je vais énumérer d'autres livres que vous devriez posséder et lire. Mais c'est certainement l'un des livres les plus importants que vous pourrez probablement maîtriser en un week-end.

Campbell parle de rapport et non de rédaction, mais les principes structurels demeurent les mêmes. Il dit que même dans les rapports les plus factuels, *aucune phrase ne peut être efficace si elle ne contient que les faits*. Elle doit également contenir des émotions, une évaluation, un impact – si l'on veut donner à ces faits une signification et une importance pour le lecteur.

C'est le cas pour chaque phrase que vous avez à rédiger dans votre texte de vente. Cette phrase devrait contenir non seulement une promesse. . . non seulement une image, non seulement une logique – mais, dans la mesure du possible, *les trois*.

Tissez ensemble votre promesse, votre logique, votre émotion, votre image. Remplissez vos phrases de chacun de ces composants. Mélangez-les, jusqu'à ce qu'il soit presque impossible d'extraire les fils individuels du riche modèle de conviction et de désir que vous êtes en train de tisser.

Par exemple, revenez à la publicité sur les injecteurs de feu au

2ÈME PARTIE : LES 7 TECHNIQUES DE BASE POUR PERCER DANS LA PUBLICITÉ

chapitre 12 et voyez comment la promesse est entrelacée au texte de vente de crédibilité, dans lequel les injecteurs sont mis en contraste avec les bougies obsolètes. Dans ces 2 phrases, par exemple :

« Avec des bougies d'allumage ordinaires, vous utilisez ou vous devriez utiliser de l'essence premium (désavantage) qui coûte de 4 à 8 centimes de plus que l'essence ordinaire (désavantage), et malgré cela (désavantage), votre consommation d'essence demeure toujours aussi inefficace (désavantage) et peu économique (désavantage).

Cette première phrase, qui fait partie d'une séquence logique présentée comme preuve de supériorité par la comparaison des caractéristiques de performance, le rédacteur publicitaire s'est arrangé pour insérer *six* images désavantages pour que le lecteur s'en souvienne la prochaine fois où il envisagerait d'acheter des bougies ordinaires.

Maintenant, le rédacteur publicitaire poursuit avec sa phrase de contraste sur les injecteurs :

« Avec des injecteurs de feu (promesse), *le carburant ordinaire vous rapportera jusqu'à 12 kilomètres d'essence supplémentaire par litre d'essence* (promesse), *jusqu'à 31 chevaux supplémentaires* (promesse), avec un démarrage plus facile (promesse) quel que soit les conditions météorologiques (promesse). »

5 promesses dans cette deuxième phrase. Ce paquet formé d'image sur image permet de créer un effet irrésistible.

Ou bien, comme exemple encore plus compliqué, impliquant l'entrelacement de presque tous les éléments du texte de vente dans le livre, regardons cette phrase :

« Et, plus important encore (un constructeur d'humeur,

2ÈME PARTIE : LES 7 TECHNIQUES DE BASE POUR PERCER DANS LA PUBLICITÉ

indiquant la valeur aux lecteurs des promesses qui vont suivre), *ces experts* (référence à l'autorité pour construire la crédibilité) *ont découvert* (plus de crédibilité grâce à l'utilisation d'un langage scientifique) *que vous n'avez pas besoin d'être un bricoleur* (la promesse principale) *ou mécanicien* (reformulation de la promesse principale) *pour réaliser* (promesse de facilité) *cette performance* (promesse, condensant toutes les promesses de réception parfaite qui ont déjà été détaillées dans le texte précédent) *sur votre téléviseur.* »

Maintenant, est-ce que c'est fait consciemment ? Pas du tout. Mais le rédacteur publicitaire connaissait le principe de l'entrelacement . . . il l'avais déjà expérimenté auparavant ... il l'a stocké dans son subconscient comme outil supplémentaire à utiliser – de manière intuitive – pour obtenir l'effet qu'il souhaitait, au moment opportun.

Essayez vous-même. Voyez combien d'émotions différentes vous pouvez intégrer dans une seule phrase. . . paragraphe. . . séquence. Voyez à quel point votre texte de vente devient plus riche et plus puissant. Combien d'autres choses vous pouvez exprimer dans le même espace. Comment vous pouvez construire un renforcement – un impact multiplié – dans votre texte de vente.

La Sensibilité – Comment Donner À Votre Lecteur Ce Qu'il Demande Étape Par Étape Tout Au Long Du Texte

À présent; si vous continuez d'empiler promesse sur promesse, identification sur identification, documentation sur documentation, élément sur élément, *quand devriez-vous vous arrêter ? À quel moment en feriez-vous trop ? Quand le lecteur serait-il satisfait ou à quel moment s'ennuierai-t-il et souhaiterai-t-il passer à une nouvelle image, à une nouvelle promesse ou*

2ÈME PARTIE : LES 7 TECHNIQUES DE BASE POUR PERCER DANS LA PUBLICITÉ

même à la conclusion ?

À quel moment commencez-vous à survendre ? Comment vous ressaisissez-vous et vous arrêtez-vous ?

Nous avons déjà abordé ce problème au chapitre 11. Je vous suggère de le relire maintenant, même si nous allons le développer à ce stade.

Ici, vous renouez avec votre propre pouvoir d'empathie. Vous devez être à la fois le rédacteur et le lecteur de votre publicité. Vous devez anticiper ce moment dans le flux du texte de vente – car il se transforme en une série d'impressions dans l'esprit de vos lecteurs lorsque celui-ci dira : « J'en ai suffisamment lu à ce sujet. Donnez-moi cela à la place. »

Ensuite, vous devez modifier l'orientation du texte de vente afin de respecter sa nouvelle direction d'intérêt.

En d'autres termes, nous parlons maintenant *de la structure générale de votre publicité.* Pas d'une phrase, ni d'un paragraphe, ni d'une séquence : mais de *l'architecture de la publicité dans son ensemble.*

Chaque publicité possède une architecture, comme VOUS devez sûrement le savoir. Il s'agit d'un modèle standard de publicité, incluant le moment, l'endroit et la manière de passer d'un texte à un autre. C'est la capacité de reconnaître ces points de changements et de les modifier, lorsque VOUS les rencontrez – disons – un texte de vente de promesse, en texte de vente de mécanisme, en texte de vente de documentation, en texte de vente de promesse à nouveau, qui fusionne ou ébranle votre publicité.

C'est une compétence presque impossible à communiquer, car elle repose beaucoup sur le ressenti de chaque situation. Cependant, je peux VOUS la montrer *après* que cela se soit produit, dans une série de 4 publicités sur le même type de

2ÈME PARTIE : LES 7 TECHNIQUES DE BASE POUR PERCER DANS LA PUBLICITÉ

produit – des livres – et en quoi chacune d'elles diffère des autres par la façon dont de grands blocs d'éléments de textes sont mélangés à l'intérieur et à l'extérieur de la vente globale.

Comme je l'ai déjà évoqué, je prends la vente par correspondance comme exemple car c'est la forme générale de texte de vente la plus longue, car elle se vend généralement le plus difficilement, et parce que les techniques que j'ai évoquées sont généralement décrites plus clairement dans ce type de texte.

Examinons nos 4 publicités et voyons comment chacune d'elles aborde la tâche fondamentale consistant à vendre un produit similaire d'une manière différente et avec un mélange d'éléments différent...

Exemple de Publicité n°1

C'est la publicité portant sur la manière de se faire des amis, que nous avons analysée dans le chapitre précédent. J'ai indiqué chaque bloc majeur de texte de vente, en séquence, avec une lettre de l'alphabet; et chacun des points de décalage avec un nombre.

J'utilise comme exemples tous les titres à promesse directe. La promesse dans ce titre est presque universelle (A) : que vous pouvez faire en sorte que tout le monde VOUS aime. (Voir les pages suivantes.)

Au lieu d'intensifier immédiatement la promesse, cependant, comme l'ont fait de nombreuses autres publicités de cette catégorie, ce texte commence par reformuler la promesse de titre originale (*faire en sorte que tout le monde vous aime nous* rend *populaire*) et en définissant le fait, jusque-là méconnu, que cette popularité peut être enseignée. (B)

Pourquoi fait-on cela ? Pour 2 raisons :

1. parce que cette redéfinition nouvelle et presque paradoxale

2ÈME PARTIE : LES 7 TECHNIQUES DE BASE POUR PERCER DANS LA PUBLICITÉ

(*peut-on acheter la popularité ?*) a immédiatement établi un point de différence entre ce livre et les dizaines de titres similaires qui l'ont précédé, c'est toujours un problème critique.

2. Et parce que le sujet de cette publicité était un enseignant et que toute la crédibilité de la publicité reposait sur le fait que beaucoup de grandes entreprises respectées avaient versé à cet homme énormément d'argent pour enseigner ces techniques à leurs employés.

Ceci est établi par le premier point de décalage des publicités et la première phrase de transition (1). *Cela a été prouvé par...* mène directement au premier bloc de documentation dans lequel les sociétés sont nommées.

Ainsi, le modèle de développement de la publicité se présente comme suit :

- Promesse
- Définition
- Documentation . . .

Jusqu'à la phrase de transition suivante (2), qui introduit le premier bloc de promesse détaillé (D) et qui fait de nouveau écho à la documentation (E) et à la comparaison de prix.

Maintenant, après une brève promesse de transition (F), la publicité définit à nouveau l'importance de la promesse globale (G), elle la justifie par une troisième reformulation de la documentation (H), puis indique directement la comparaison de prix et la garantie de remboursement (I).

Ensuite, avec une transition classique (3), le reste de la publicité est consacré à une énumération détaillé de la promesse (F). Une suite de promesses qui sont beaucoup plus puissantes désormais – en raison de la préparation de la définition et de la

2ÈME PARTIE : LES 7 TECHNIQUES DE BASE POUR PERCER DANS LA PUBLICITÉ

documentation qui ont été établies pour elles, qui n'auraient jamais eu cet effet si elles avaient été simplement placées au début de la publicité sans une telle préparation.

Incidemment, remarquez comment les promesses négatives (K) et la liste complète de documentation (L) ont été placées en dehors du flux principal de la publicité où elles peuvent être lues, ou non lues, par ceux qui sont intéressés par elles.

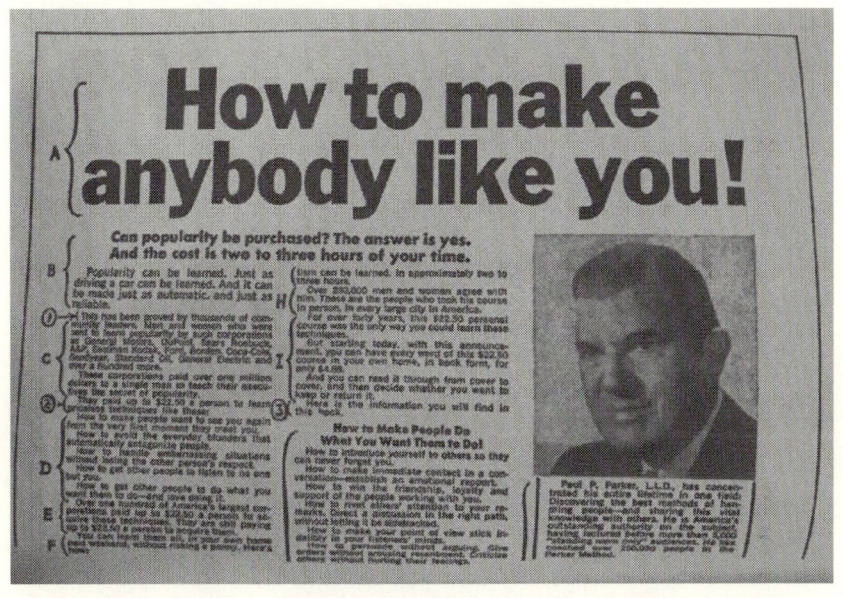

Illustration 4: Vous trouverez dans le chapitre suivant la traduction en français de cette annonce

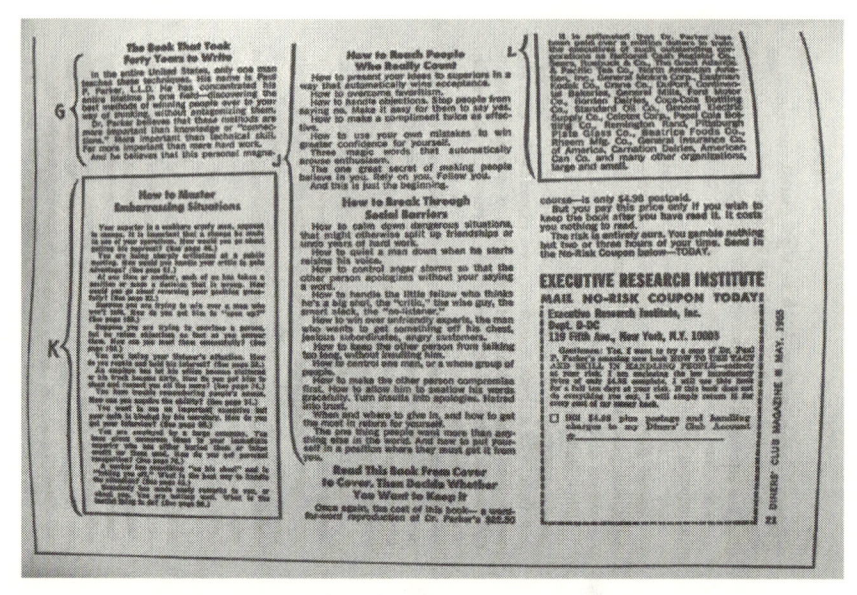

2ÈME PARTIE : LES 7 TECHNIQUES DE BASE POUR PERCER DANS LA PUBLICITÉ

Illustration 5: Vous trouverez dans le chapitre suivant la traduction en français de cette annonce

Exemple de Publicité n°2

Une publicité pour un livre sur l'amélioration du pouvoir de votre esprit. Là encore, la promesse-titre (A) est intensifiée – cette fois-ci – par une préparation de cette promesse (B). (Voir les pages suivantes.)

Maintenant, en utilisant sa première phrase de transition (1), la publicité se divise en 2 paragraphes de redéfinition négative (C) et de redéfinition positive (D). Et puis, avec un seul mot de transition (*Simplement* – 2), elle prépare de nouveau la promesse, la rendant de plus en plus puissante et de plus en plus détaillée, tout en lui donnant le ton crédible d'une définition.

Cette définition reste inchangée dans tout au long de la

2ÈME PARTIE : LES 7 TECHNIQUES DE BASE POUR PERCER DANS LA PUBLICITÉ

publicité (F), où la promesse est à nouveau entrelacée aux faits, menant immédiatement à une transition (3) dans laquelle le ton est celui de la preuve, mais le contenu est une promesse directe (G).

Ensuite, cette preuve est connectée (4) à l'ensemble de la liste des promesses (H) qui constitue le reste de la publicité.

Cette publicité – qui a connu un succès phénoménal – est l'un de nos meilleurs exemples *d'entrelacement*. Il y a ici un mélange si subtil de définition, de documentation et de promesse, que chaque mot du texte de vente revêt bientôt l'aura du fait pur.

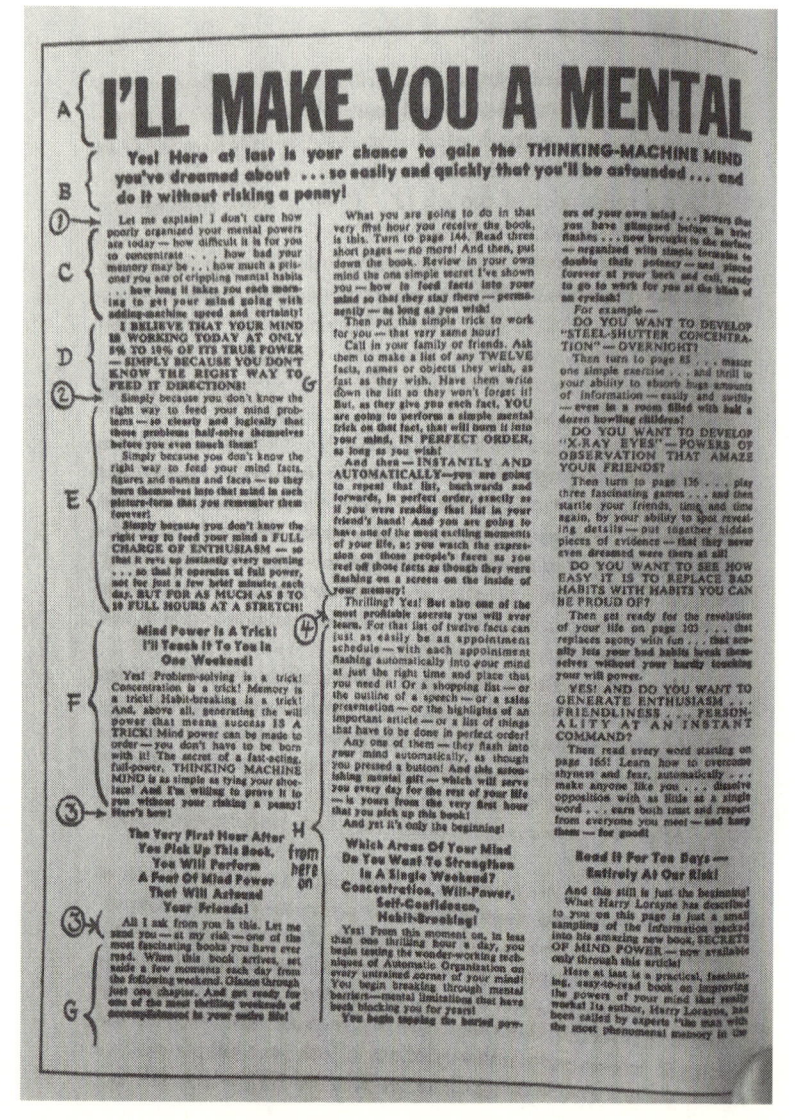

2ÈME PARTIE : LES 7 TECHNIQUES DE BASE POUR PERCER DANS LA PUBLICITÉ

Illustration 6: Vous trouverez dans le chapitre suivant la traduction en français de cette annonce

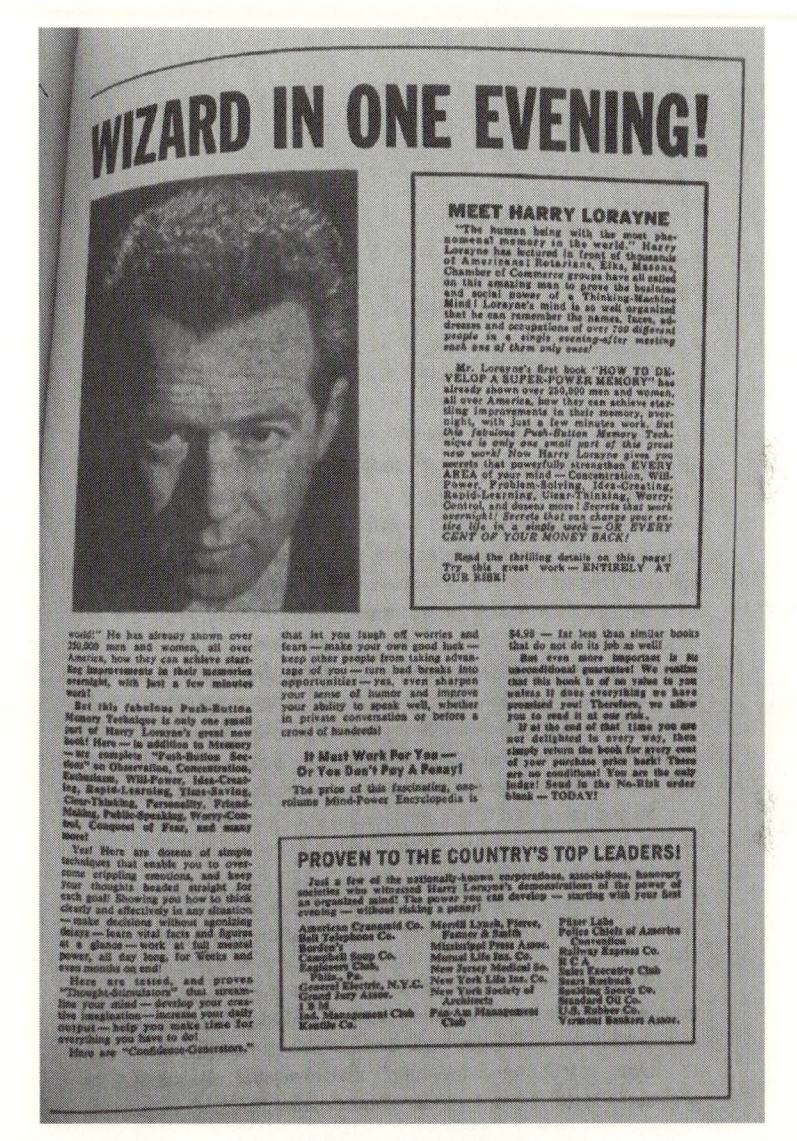

2ÈME PARTIE : LES 7 TECHNIQUES DE BASE POUR PERCER DANS LA PUBLICITÉ

Illustration 7: Vous trouverez dans le chapitre suivant la traduction en français de cette annonce

2ÈME PARTIE : LES 7 TECHNIQUES DE BASE POUR PERCER DANS LA PUBLICITÉ

Exemple de Publicité n°3

Nous passons maintenant à la publicité promesse. C'est le type de publicité qui secoue, qui gifle, dominée par une promesse et un mécanisme, qui tire son pouvoir de l'élan et de l'implacabilité de ses promesses. (Voir les pages suivantes.)

Cela commence encore par la promesse globale (A), suivi immédiatement d'une seconde promesse élaborée (B).

Ensuite, elle passe directement à sa définition fondamentale (C), qu'elle assimile à une seule phrase (*alors vous pourrez — Je*) avec une promesse très détaillée (D), puis elle se poursuit avec un paragraphe magnifiquement condensé qui consiste en une transition dans (2) avec une reformulation de sa redéfinition fondamentale (E) et qui ressort (3) de nouveau pour le reste de la publicité. (F), ce qui est une pure promesse et un mécanisme de promesse à partir de ce moment-là.

Ici, la documentation est totalement ignorée. Le poids total de la vente dépend de la puissance et du moment choisi pour l'enchaînement des promesses.

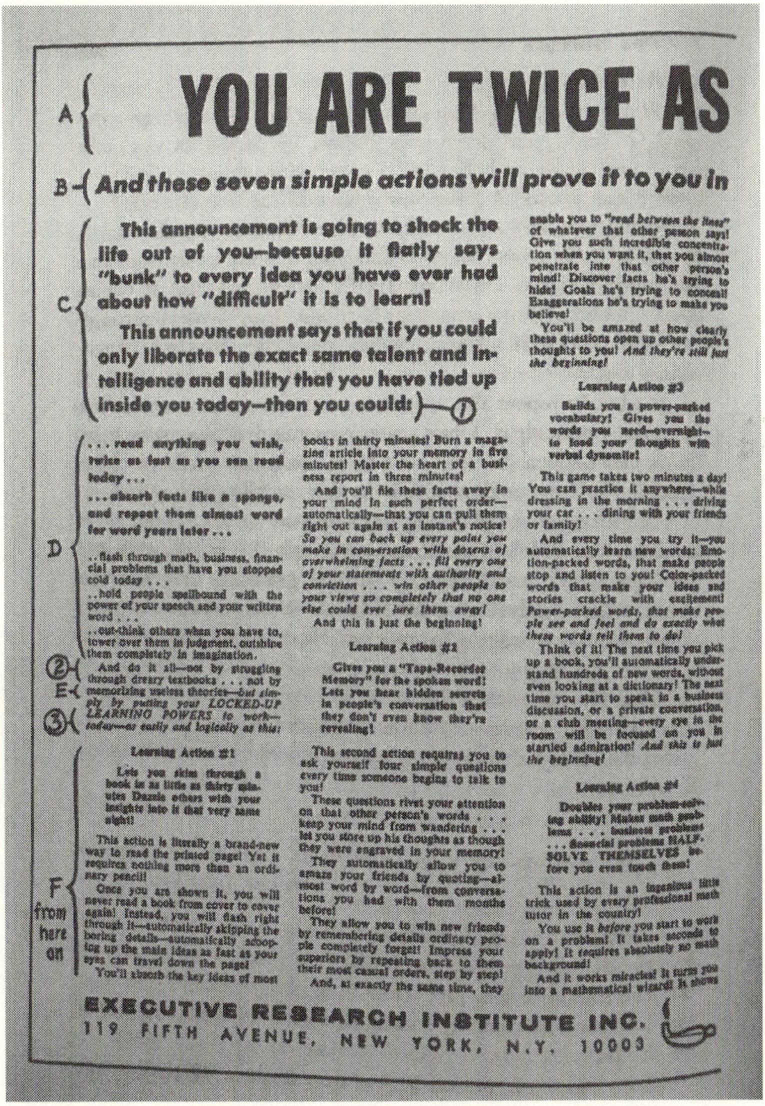

2ÈME PARTIE : LES 7 TECHNIQUES DE BASE POUR PERCER DANS LA PUBLICITÉ

Illustration 8: Vous trouverez dans le chapitre suivant la traduction en français de cette annonce

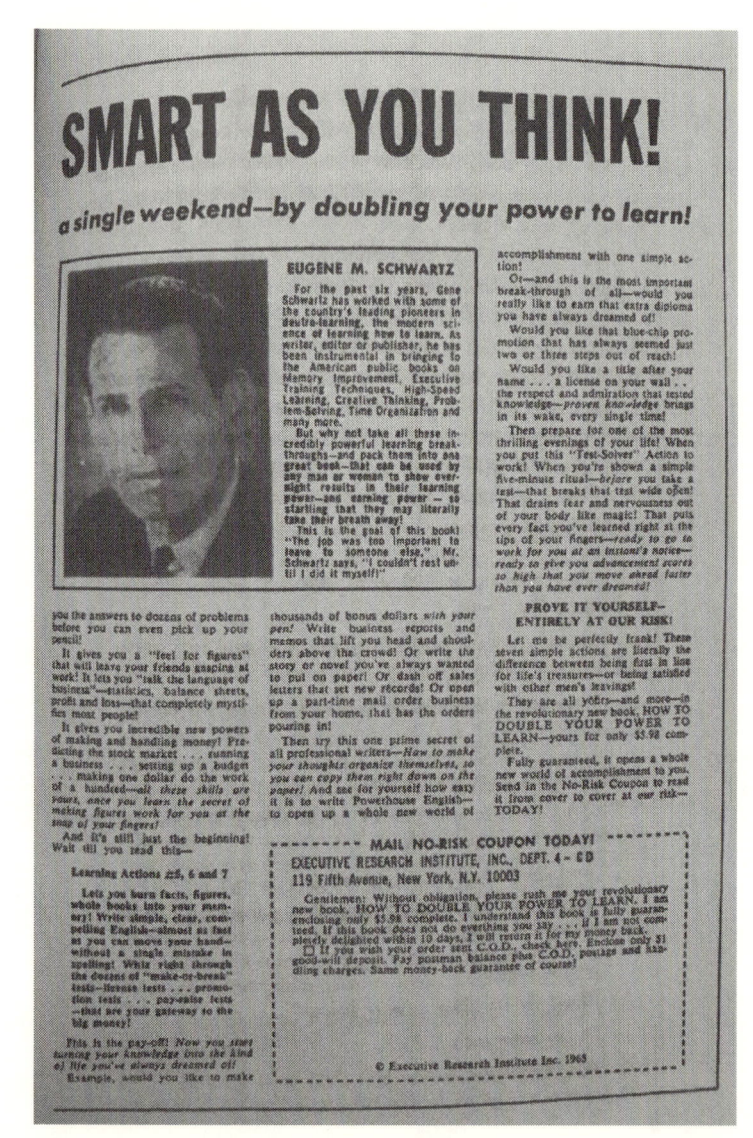

2ÈME PARTIE : LES 7 TECHNIQUES DE BASE POUR PERCER DANS LA PUBLICITÉ

Illustration 9: Vous trouverez dans le chapitre suivant la traduction en français de cette annonce

2ÈME PARTIE : LES 7 TECHNIQUES DE BASE POUR PERCER DANS LA PUBLICITÉ

Exemple de Publicité n°4

Et enfin, nous avons un livre de toute beauté. Ici, la promesse-titre principale (B) est précédée de la référence d'autorité critique (A) qui : premièrement, la distingue des autres produits similaires qu'il doit effacer de l'esprit des prospects, et deuxièmement, fait immédiatement entrer le facteur de persuasion clé de son auteur. (Voir les pages suivantes.)

Le bloc (C), bien que texte de vente promesse, sert également à construire simultanément un moment – une technique dont nous discuterons dans un instant.

En utilisant les différents types de caractères et de tailles comme éléments de transition, le texte de vente présente ensuite son texte de vente crucial de concentration (D), dans lequel il redéfinit ce que la femme peut maintenant espérer de son apparence et avec lequel il surpasse les autres approches pour lui donner cet accomplissement.

Après (1) *Parce que* ... vient le premier bloc d'élaboration de promesse.

Mais il n'y a pas d'accumulation de promesse sur promesse ici. Il y a trop de scepticisme ancré chez ce prospect – trop de conscience des promesses précédentes qui l'ont déçues par le passé. Ce scepticisme doit être anticipé et répondu. Ceci est fait, d'abord (F) en l'approuvant, puis (G) en orientant toute l'histoire vers le médecin durant les 12 paragraphes – de loin la plus longue référence à l'autorité parmi nos 4 exemples de publicité.

Puis une transition (2) retour à la promesse (H), qui constitue reste de la publicité.

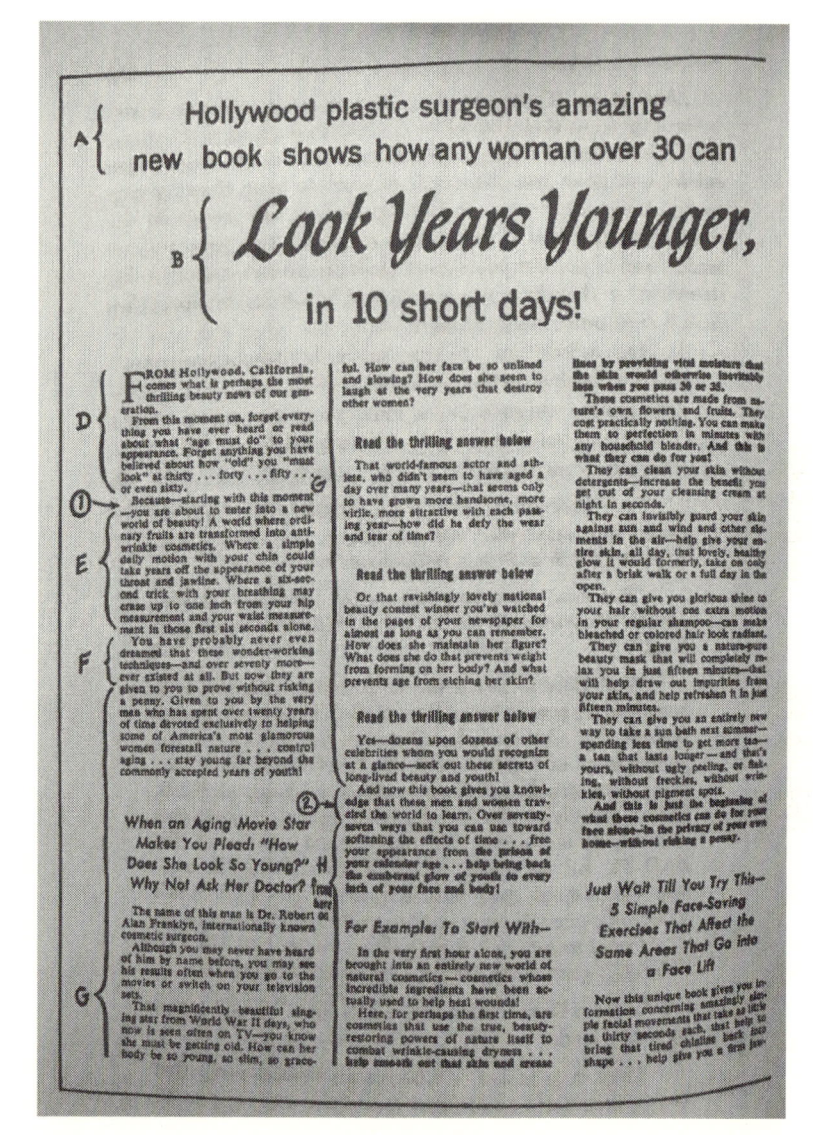

2ÈME PARTIE : LES 7 TECHNIQUES DE BASE POUR PERCER DANS LA PUBLICITÉ

Illustration 10: Vous trouverez dans le chapitre suivant la traduction en français de cette annonce

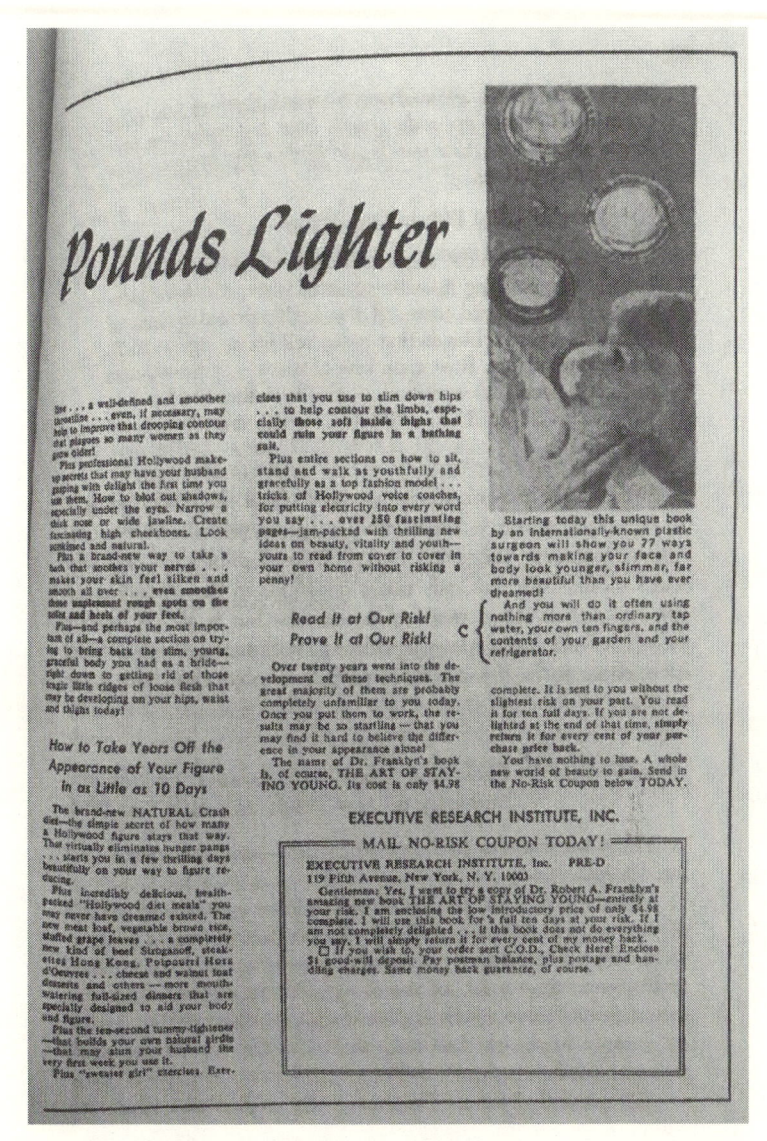

2ÈME PARTIE : LES 7 TECHNIQUES DE BASE POUR PERCER DANS LA PUBLICITÉ

Illustration 11: Vous trouverez dans le chapitre suivant la traduction en français de cette annonce

2ÈME PARTIE : LES 7 TECHNIQUES DE BASE POUR PERCER DANS LA PUBLICITÉ

Voici Comment La Structure Fait La Différence

Laissez-moi vous dire ceci. Bien que je n'aie pas montré toutes les transitions, ni tous les mélanges de types de différents textes publicitaires, j'espère vous avoir donné suffisamment de matériel pour voir clairement en quoi les publicités diffèrent, de par leur structure globale, comme elles diffèrent de par leur contenu, les exigences de leur contenu.

Elles vont de la plus simple élaboration de promesse (exemple 3) au plus subtil mélange de tous les éléments de désir, d'image, de preuve, de définition et de tout ce dont vous disposez (exemple 2), au plus compliqué des promesses, des preuves. . . renforcement de promesses et de preuves (exemple 4).

Chaque problème exige une structure différente. Chacun d'eux signale, au moment précis où vous l'écrivez, *que votre texte a abandonné votre lecteur*, à cet endroit précis. Vous avez continué tout droit alors que lui veut tourner à gauche. Vous empilez promesse sur promesse, alors que lui ne vous croit plus. Vous le noyez sous un océan de statistiques, alors que lui est déjà convaincu que vous dites la vérité et qu'il souhaite maintenant que vous formuliez de nouveau ces promesses délicieuses.

C'est ce que vous ressentez lorsque vous rédigez la publicité. Probablement une sorte de confusion irritante. Un blocage. Un sentiment que le texte est soudainement mort et que tout ce que vous rédigez maintenant ne sont que des mots.

Alors, arrêtez-vous, réfléchissez et cherchez une nouvelle direction. J'espère que dans cette section, je vous ai donné une faible indication de ce que pourraient être certaines de ces directions.

D'autre part, que pouvez-vous apprendre en analysant la structure de vos publicités (ou celles des autres rédacteurs) après

2ÈME PARTIE : LES 7 TECHNIQUES DE BASE POUR PERCER DANS LA PUBLICITÉ

les avoir terminées ?

En premier lieu, *quel type de publicité avez-vous rédigée.* S'agit-il d'une promesse en bonne et due forme ? Renferme-t-elle trop de documentation ? Trop peu de définition du nouveau monde de possibilités créé par votre produit ?

Ressemble-t-elle encore trop au texte de tous les autres rédacteurs publicitaires ? Ou à leur produit ? Pourriez-vous changer la dénomination du produit et ne faire aucune différence ?

Avez-vous oublié quelque chose ? Cette simple promesse portera-t-elle ses fruits jusqu'à la vente ? Ou pourriez-vous augmenter son impact en la recouvrant d'un mécanisme ou d'un texte de vente de crédibilité ? Que diriez-vous d'une section de preuves ? D'utiliser une photo ? Une description plus complète du mécanisme ?

Remarquez, *ce n'est pas seulement du contenu dont nous sommes en train de parler*. Si vous prenez le même contenu et lui donnez une nouvelle structure, vous allez créer une nouvelle publicité. Essayez. Voyez par vous-même. Si vous êtes bloqué à un moment donné, abandonnez votre titre, abandonnez votre flux de texte rustique, et recommencez à nouveau là où vous aviez débuté auparavant.

Je tiens à répéter ceci : *une nouvelle structure est une nouvelle publicité*. Elle fait ressortir de nouvelles idées. Elle donne à vos promesses une nouvelle netteté, une nouvelle saveur, une nouvelle crédibilité et commence même à créer de toutes nouvelles sections que vous n'auriez jamais imaginé trouver dans le produit auparavant.

Nous avons donc bouclé la boucle. Vous commencez votre publicité en créant votre titre. Vous développez l'histoire de votre texte à partir de ce titre. Mais si l'histoire de votre texte *ne se*

2ÈME PARTIE : LES 7 TECHNIQUES DE BASE POUR PERCER DANS LA PUBLICITÉ

développe pas – si vous trouvez progressivement que le titre n'est pas vraiment bon après tout – *alors peut-être que ce sont les éléments eux-mêmes qui vous supplient de sortir de votre structure en 6 points et qui devraient se trouver tout en haut de votre publicité.*

C'est ce qui rend la rédaction publicitaire si intéressante. Vous êtes toujours surpris – par des idées venant des endroits les plus étonnants. Assurez-vous simplement que vos yeux soient suffisamment ouverts pour toutes les saisir.

L'Élan – Comment Amener Votre Lecteur De Plus En Plus Profondément Dans Votre Texte De Vente

Nous devrions discuter de 2 autres dispositifs. Les deux aident à assembler votre publicité, bien que ce ne soit pas leur fonction principale.

Le premier est l'Élan. Comment attirer votre lecteur à l'intérieur de votre texte de vente. . . l'encourager à poursuivre sa lecture. . . en s'assurant qu'il ne vous quitte pas au beau milieu du texte de vente.

Le premier travail du texte de vente, bien sûr, est d'être lu. S'il n'est pas lu, il ne peut pas vendre. Et si vous prenez le temps de faire valoir vos points de vue – d'intensifier votre désir, de bâtir et de reconstruire votre crédibilité, de renforcer une promesse par une autre – alors vous feriez mieux de vous assurer que vous avez mis beaucoup de *générateurs d'Élans* dans votre texte de vente.

Il en existe 2 types :

1. Les expressions d'élan actuelles; et
2. Les déclarations incomplètes, ou teasers, qui entraînent le lecteur plus loin dans le texte afin d'avoir toutes les réponses.

2ÈME PARTIE : LES 7 TECHNIQUES DE BASE POUR PERCER DANS LA PUBLICITÉ

Le premier type, les phrases-élan, sont relatifs au temps. Ils sont utilisés dans presque toutes les formes d'écriture persuasive ou éducative. Vous les insérez dans votre texte de vente principalement dans vos phrases de transition pour empêcher l'intérêt de se relâcher, pour indiquer à votre lecteur le type général de matériau qui va suivre. Ils sont additifs, mais ils fonctionnent. Voici quelques exemples, tirés des 4 publicités pour les livres que nous avons examinées dans le précédent paragraphe :

- « Ils ont payé jusqu'à 22,50 dollars par personne pour apprendre des techniques inestimables *comme celles-ci :* »
- « Vous pouvez toutes les apprendre, chez vous le week-end prochain, sans risquer un centime. *Voici comment* »
- « *Voici les informations que vous trouverez dans ce livre.* »
- « *Laissez-moi vous expliquer.* »
- « Tout ce que je vous demande, *c'est ceci.* »
- « *Voici ce que vous allez faire* dès la première heure après la réception de votre livre, *c'est ceci.* »
- « Et *ce n'est encore que le début.* »
- « *ALORS* mettez cette simple astuce au travail pour vous – *DÈS MAINTENANT* »
- « *Par exemple —* »
- « *Lisez la réponse palpitante ci-dessous.* »
- « *. . . Pour commencer . . .* »
- « *Attendez juste d'avoir essayé ceci.* »

2ÈME PARTIE : LES 7 TECHNIQUES DE BASE POUR PERCER DANS LA PUBLICITÉ

Et ainsi de suite. Ce sont de vraies invitations à poursuivre la lecture. Si vous écrivez un long texte, vous devriez les repérer tout au long du texte.

La deuxième catégorie de générateur d'élan est beaucoup plus subtile et vous offre 1.000 façons de continuer à entraîner votre lecteur à travers le développement de votre pensée. Elle est basé sur le simple principe que si vous formulez une déclaration qui intéresse votre lecteur, et si vous la laissez incomplète intentionnellement, de sorte que cela génère une interrogation sur comment cela peut se faire, *alors votre lecteur continuera à lire pour en savoir plus.*

En d'autres termes, continuellement tout au long du texte, vous :

1. créez un intérêt pour un point spécifique;
2. soulevez une question dans son esprit à ce sujet; et
3. répondez à cette question plus tard dans le texte de vente.

Voici quelques exemples :

> « Et vous le ferez souvent en n'utilisant rien de plus que de l'eau du robinet, vos 10 doigts et le contenu de votre jardin et de votre réfrigérateur. »

> « Mais désormais, lorsque vous allumez le contact, *un miracle moderne de la science de l'ingénierie prend vie sous votre capot !* »

> « Oui ! Voici enfin le miracle de l'ingénierie dont vous avez entendu parler depuis des mois. Le fantastique Power Booster utilisé par les millionnaires du Continental pour augmenter la performance des voitures à 12.000 dollars ! Le nouveau conservateur d'essence révolutionnaire qui apporte des économies aux voitures compactes comme les Fords, Chevrolets, Plymouths et

2ÈME PARTIE : LES 7 TECHNIQUES DE BASE POUR PERCER DANS LA PUBLICITÉ

dizaines d'autres voitures américaines roulant maintenant en Europe ! Le démarrage accéléré de 62 secondes qui DEVRAIT ÊTRE BANNI des grands circuits européens – parce qu'il offrait une puissance supplémentaire telle, tant d'efficacité à toute voiture qui l'utilisait – *que les responsables ont été contraints de statuer qu'il avait offert à ces voitures un AVANTAGE INJUSTE vis-à-vis des conducteurs qui ne pouvaient pas s'en procurer !* »

« Comment Faire Pousser Des Milliers De Fleurs – Sans Se Salir Les Mains ? »

« La voici enfin. La preuve médicale faisant autorité que les hommes dans la quarantaine, la cinquantaine et la soixantaine peuvent avoir une vie sexuelle aussi satisfaisante que lorsqu'ils avaient 20 ans – *si seulement on leur montrait comment combattre les forces cachées qui envahissent leur esprit et leur corps qui les poussent littéralement à l'impuissance !* »

« Attrapés ! 120 Poissons En Une Heure ! »

« Imaginez la scène, lorsque ces horticulteurs universitaires ont commencé cet incroyable test de floraison des roses. Car ici se trouvaient réunies dans un champ d'essais toutes les reines célèbres. . . des mélanges de roses qui se vendent aujourd'hui à un prix s'élevant jusqu'à 3,75 dollars pour une seule plante. Rangée après rangée de roses. . . lauréats en compétition internationale. . . le meilleur que le monde puisse offrir. . . ET ALORS, NEARLY WILD COMMENCE À FLEURIR ! »

Et ainsi de suite. L'objectif ici est *d'inciter le lecteur à poursuivre sa lecture* – avec une phrase de plus, un paragraphe de

2ÈME PARTIE : LES 7 TECHNIQUES DE BASE POUR PERCER DANS LA PUBLICITÉ

plus, une séquence de plus. Notez, bien sûr, que chacun de ces exemples génère non seulement un élan, mais soulève aussi des questions dans l'esprit du lecteur qui l'oblige à pratiquement continuer de lire pour obtenir les réponses, mais cet élan est également imprégné de vente. Là encore, les éléments entrelacés permettent à chaque élément de la publicité d'atteindre 2 objectifs. Aucun gaspillage de mots.

L'Ambiance – Comment Emballer Votre Texte Avec Du Drame, De L'Excitation, De La Sincérité ou Toute Autre Émotion Que Vous Souhaitez

Nous arrivons maintenant à la question des mots – et au ton créé avec ceux-ci.

Je vous ai donné des dizaines d'exemples différents dans ce livre de textes de vente. Tous ces exemples disposaient de certains éléments en commun : ils étaient puissants, efficaces, convaincants, etc. Mais, en même temps, chacun de ces blocs de texte de vente différait des autres d'une manière immédiatement apparente – dans *l'ambiance* que chaque élément mettait en place, de par le rythme et les mots que le rédacteur publicitaire utilisait pour exprimer ses pensées.

Mots et rythmes. Ils indiquent au rédacteur quelle ligne et quel ton illustrent le décor. Ils définissent l'ambiance de votre histoire – ils transmettent vos émotions avec une telle subtilité que votre lecteur ne réalisera jamais vraiment d'où vient l'excitation, l'image ou la conviction.

Par exemple, voici plusieurs passages que nous avons examinés auparavant. Maintenant, mettons en italique *les générateurs d'ambiance* qui les rendent si différents les uns des autres...

2ÈME PARTIE : LES 7 TECHNIQUES DE BASE POUR PERCER DANS LA PUBLICITÉ

L'objectif : mettre l'accent sur la couleur, la beauté, l'enthousiasme, l'image visuelle...

> Et quand ce troisième ingrédient précieux atteindra ces bourgeons, alors *le matin même, vous ouvrirez la porte de votre maison* – ET VOUS SEREZ AVEUGLÉ PAR L'EXPLOSION DE COULEURS QUI VOUS *ACCUEILLE* DANS VOTRE JARDIN ! . . . Vous verrez *des rosiers alourdis par des masses de fleurs, d'une richesse* et *d'un parfum* et *d'une couleur que vous n'aviez jamais osé imaginer* auparavant ! Vous passerez *devant de solides rangées de* chrysanthèmes *flamboyantes si épaisses que vous ne pouvez même pas voir les feuilles qui les séparent . . .*

Notez que vous ne distinguez pas beaucoup d'images séparées jusqu'à ce qu'elles soient portées à votre attention. Notez également que certains mots sont principalement des *affineurs d'images* visuels (alourdis ... de solides rangées flamboyantes ... tellement épaisses que vous ne pouvez même pas voir les feuilles qui les séparent). Tandis que d'autres véhiculent, non pas une image, *mais une émotion* (précieux... le matin même... aveuglé... accueille... que vous n'aviez jamais osé imaginer auparavant).

Ces mots *définissent les émotions.* Ils disent au lecteur *ce qu'il faut ressentir* à propos des images et des idées que vous lui présentez. Leur essence même est qu'ils sont si subtils qu'il ne les remarque pas. . . qu'ils n'attirent pas l'attention sur eux-mêmes, mais simplement aromatisent et évaluent les images que votre texte forme dans son esprit.

Certaines catégories de lecteurs *remarqueront* ces émetteurs de sentiments. Quand ils y arrivent, votre texte de vente devient douteux ou ringard pour eux et vous les avez perdus. Par conséquent, vous devez toujours savoir pour qui vous écrivez.

2ÈME PARTIE : LES 7 TECHNIQUES DE BASE POUR PERCER DANS LA PUBLICITÉ

Quel est leur niveau de sophistication, tant dans le ton que dans la conscience vis-à-vis du produit. Et vous devrez peut-être utiliser un ton différent lorsque vous véhiculerez la même publicité d'un groupe de média à un autre, à la baisse comme à la hausse.

Bien sûr, lorsque tout le monde distingue vos mots d'émotion, alors votre publicité est mauvaise, vous feriez mieux de la réécrire rapidement.

Et n'oubliez pas le rythme. Lisez la publicité à haute voix. Voyez comment vous pouvez presque la scanner, comme si elle était transparente. Cette richesse du rythme est parallèle à la richesse de l'image – elle aide à construire l'excitation et la sensualité de l'ambiance.

Maintenant, analysons un autre exemple de texte de vente et voyons comment les mots et les rythmes ajoutent au pouvoir et à l'élan qui sont placés derrière son flot de promesses :

> « *Cette lettre stipule* que si vous pouviez seulement *libérer exactement le même* talent, la même intelligence et la même capacité que vous aviez *à l'intérieur de vous aujourd'hui,* alors vous pourriez :

> « lire *tout ce que vous voulez, 2 fois plus vite* que vous ne le pouviez aujourd'hui ... »

> « ingurgiter les faits *comme une éponge* et les répéter *presque mot pour mot* des années plus tard. »

> « *exceller dans les mathématiques*, les affaires, les problèmes financiers qui vous ont *bloqués* jusqu'à aujourd'hui. »

> « tenir les gens en haleine par *la puissance* de votre discours et de vos écrits. »

> « *surpasser* les autres quand il le faut, *les dominer* avec votre jugement, *les surpasser complètement* en

2ÈME PARTIE : LES 7 TECHNIQUES DE BASE POUR PERCER DANS LA PUBLICITÉ

imagination ... »

Là encore, il existe 2 types de définisseurs d'émotions. Les mots puissants (libérer... tenir en haleine.... dominer... les surpasser complètement), qui construisent un courant subconscient de puissance qui imprègne chaque promesse individuelle quand elle apparait dans le texte de vente. Et la franchise, d'homme à homme, qui permet de baisser le ton (cette lettre stipule... à l'intérieur de vous... comme une éponge... bloqués) qui disent en silence qu'il n'y a pas d'absurdités ici – juste du bon sens qui peut être accepté par n'importe qui.

Et bien sûr, le rythme de la mitraillette. Des phrases courtes et hachées. Verbe ... verbe ... verbe. . .Promesse... Promesse . . . Promesse. . . Qui incitent le lecteur à voyager à travers le texte, avec une accumulation de promesse sur promesse, d'image sur image pour tenter de le submerger.

Remarquez en particulier la grande différence entre ces 2 textes extrêmement réussis. Leur vocabulaire, le type d'émotions qu'ils s'efforcent de susciter, les images qu'ils utilisent, les modèles de discours qu'ils empruntent, la longueur des phrases et des paragraphes, le nombre d'adjectifs comparé aux nombres de noms et de verbes, etc.

Nous pourrions continuer, bien sûr. Revenons au texte de vente de Volkswagen et voyons comment le ton émotionnel de la sincérité se traduit par *l'absence* d'adjectifs, dans tous les endroits où vous espérez normalement les trouver. Comme une plaisanterie, qui construit, d'abord, une sorte d'affection corporative, puis de confiance.

Examinons de nouveau la publicité sur l'injecteur de feu. Remarquez comment les longues phrases plutôt maladroites donnent un sentiment d'ingéniosité et de raison au texte de vente. Essayez de les lire à voix haute. Vous ne pouvez pas. Elles ne

2ÈME PARTIE : LES 7 TECHNIQUES DE BASE POUR PERCER DANS LA PUBLICITÉ

peuvent pas être scannées; elles n'ont pas de rythme définissable; c'est comme si elles n'étaient pas écrites par un « rédacteur publicitaire ». Et, bien sûr, il existe la même phraséologie directe pour renforcer ce sentiment d'évaluation honnête.

Tout cela, je le répète, est fait inconsciemment. Vous ne le remarquez pas sauf si vous le cherchez. Et parfois, il faut creuser très profondément pour en déceler chaque élément.

La création d'une ambiance est délibérée du côté du rédacteur publicitaire – inaperçue du côté de son lecteur. Comme le reste de la publicité, elle se cache sous la surface pour faire son travail de manière imperceptible.

ÉPILOGUE – LA BIBLIOTHÈQUE D'UN RÉDACTEUR PUBLICITAIRE

Je vous ai maintenant donné tout ce que j'ai appris sur la rédaction publicitaire (le copywriting). Il m'a fallu de nombreuses années pour l'apprendre, 3 de plus pour rédiger ce livre à la hauteur de mes ambitions. J'espère que cela vous aidera de la seule manière qui compte vraiment : faire un meilleur travail et gagner un peu plus d'argent.

Il y a bien sûr beaucoup de personnes dans cette industrie qui en savent beaucoup plus sur ces techniques et qui peuvent produire des textes bien meilleurs que les miens. Mon excuse pour écrire ce livre est qu'ils ne semblent pas avoir inclus – du moins à ma connaissance – beaucoup des techniques spécifiques dont je vous ai parlé ici.

Certains d'entre eux ont écrit des livres sur le sujet – d'excellents livres – et j'aimerais les énumérer ici pour vous. Je pense que vous devriez acheter et lire chacun d'entre eux, puis les relire à nouveau chaque année environ, pour vous rappeler ce que vous avez peut-être oublié.

Les voici :

- Indispensable, bien sûr, est la grande anthologie de Julian Watkins : _Les 100 Meilleures Publicités_ (https://www.ouicashcopy.com/100-greatest-advert), Moore Publishing, 1949.

ÉPILOGUE – LA BIBLIOTHÈQUE D'UN RÉDACTEUR PUBLICITAIRE

- Claude Hopkins a écrit un excellent livre, *Ma Vie Dans La Publicité* (https://www.ouicashcopy.com/scientific-advertising), Harper, 1927. Faites-les travailler pour vous. Et voyez si vous ne pouvez pas dénicher quelques-unes des vieilles publicités d'Hopkins.

- John E. Kennedy (pas F.) a écrit il y a de nombreuses années une petite brochure intitulée *La Publicité Intensive* (https://www.ouicashcopy.com/pub-intensive), qui vient d'être republiée par Printer's Ink. Ce sera la lecture la plus fructueuse de votre soirée.

- J. K. Lasker, qui a travaillé avec ces 2 grands rédacteurs, n'a jamais rien écrit lui-même. Mais il a donné une série de conférences pour ses employés pendant une semaine et Printers Ink les les a de nouveau republiées. Elles s'intitulent *L'Histoire de Lasker*.

- Le livre *Les Lettres de Vente de Robert Collier* (https://www.robertcollier.fr/) est publié par Prentice-Hall. C'est une mine d'or.

- David Ogilvy a écrit *Les Confessions d'un Publicitaire* (https://www.ouicashcopy.com/confessions-publicitaire), que vous pouvez acheter en livre de poche. Charmant et merveilleusement prolifique.

- Le très court livre de Rosser Reeves, *La Réalité dans la Publicité* (https://www.ouicashcopy.com/reality-advertising), est publié par Knopf et doit être lu à plusieurs reprises avant de pouvoir en tirer le meilleur parti.

- Le livre de Milton Biow, *Butting In*, est merveilleux dans la première moitié, répétitif dans la seconde.

Et n'oubliez pas le livre de Campbell, *Écrire de la Non-Fiction* (https://www.ouicashcopy.com/writing-non-fiction). Ou

ÉPILOGUE – LA BIBLIOTHÈQUE D'UN RÉDACTEUR PUBLICITAIRE

ceux de John Caples, Young, Glim et Bedell. Ou encore les ouvrages de recherche sur la motivation de Dichter et Martineau. Ou le grand livre sur la mise en page, [Persuasion Visuelle](https://www.ouicashcopy.com/visual-persuasion), de Baker.

Il y a ensuite les livres sur la société américaine d'aujourd'hui – de Mills, Riesman, Fromm, Kardiner et tous les autres. Et les articles sur les tendances émergentes dans les médias. Et les médias eux-mêmes. Et bien sûr, votre source principale, les publicités elles-mêmes.

Continuez à lire. Continuez à analyser. Continuez d'écrire. Continuez à chercher de nouvelles idées – le million de dollars est caché quelque part dans votre machine à écrire (ou ordinateur). Visez toujours la lune – c'est l'un des rares frissons authentiques qui subsistent encore aujourd'hui !

POSTFACE

───────── ◆ ─────────

Le comportement humain n'a pas changé depuis 1966.

En fait, je pourrais me rendre à n'importe quelle année avant 1966 (1066 ?) et dire la même chose.

Et bien que beaucoup pensent que ce livre classique ne porte que sur la création, la rédaction et le marketing direct, il porte surtout sur le comportement humain... comment nous pouvons le prévoir et comment nous devons être immergés pour le comprendre et pourquoi les gens font ce qu'ils font au niveau le plus profond.

Gene l'a dit encore et encore, en public et en privé :

« *La plus grande erreur des spécialistes du marketing est d'essayer de créer la demande.* »

Et l'une des choses les plus fascinantes que vous devriez savoir sur Gene Schwartz (et sur tant d'autres légendes que nous considérons comme les plus grands copywriters de tous les temps) est qu'il n'a jamais essayé de créer un désir de masse; il a plutôt vu son travail comme le fait de canaliser et de diriger le désir de masse.

Cela a l'air si simple.

Mais lorsqu'un homme qui savait écrire des textes aussi bien que quiconque nous fait part de son secret de réussite, nous devons être attentifs.

POSTFACE

Je m'en voudrais de ne pas reconnaître que si Gene était vivant aujourd'hui, je pense qu'il s'émerveillerait devant les nouvelles possibilités de « création de la demande » à bien des égards grâce à des médias en ligne peu coûteux, ce qui ne lui était pas accessible de son vivant.

Malheureusement, c'est une conversation que nous ne pourrons jamais avoir avec lui; mais connaissant Gene comme je l'ai connu, je suis sûr qu'il adopterait toutes les nouvelles technologies à son avantage... et à celui de ses clients.

Mais quoi qu'il en soit, ce principe sur la création de la demande (et tant d'autres) explique pourquoi ce livre pourrait être le livre le plus important jamais écrit pour quiconque commercialise un produit ou un service sur un support quelconque.

C'est aussi la raison pour laquelle il aurait été criminel de changer un seul mot du manuscrit original que Gene a écrit en 1966... Vous serez donc heureux d'apprendre que je ne l'ai pas fait... et vous avez ici la version originale, mot pour mot, de *Breakthrough Advertising*, que Gene a écrit en 1966.

Je prends la responsabilité très au sérieux d'être le berger de cette œuvre sacrée.

Barbara, l'épouse de Gene, m'a confié le soin de m'assurer que ce livre durera toujours... et félicitations d'en avoir maintenant un exemplaire.

Pour la postface de cette nouvelle édition, j'ai voulu développer un peu plus sur Gene, quelqu'un que j'ai eu la chance d'appeler un ami, un mentor et un partenaire commercial.

GENE JOUE LE JEU SUR LE LONG TERME

Tout d'abord, permettez-moi de m'inspirer de ce que Marty Edelston (le fondateur de Boardroom Inc.) a dit au sujet de ce

POSTFACE

magnifique homme dans la préface au sujet de « l'écriture pour des contacts ».

Marty a mentionné brièvement l'histoire de Gene qui a été payé en « contacts » (provenant de listes) pour les textes de vente qu'il a écrit pour nous à Boardroom (et d'autres grands spécialistes du marketing direct comme Rodale).

La leçon ?

« Ce n'est pas toujours pour l'argent. »

Gene nous a appris que même dans un monde où les meilleurs rédacteurs publicitaires peuvent obtenir les honoraires les plus élevés pour la rédaction de textes de vente pour leurs clients, il est préférable de jouer le jeu sur le long terme.

Un billet de blog que j'ai écrit il y a quelques années donne plus de détails à ce sujet et vous donne l'essence de cet homme remarquable :

> Au cours des années 1980, Gene a écrit plusieurs des publicités en ventes par correspondance les plus réussies de Boardroom – et il a aussi écrit certains des plus grands gagnants pour Rodale Books (le plus grand éditeur de livres sur la santé que quiconque à l'époque).
>
> Et voilà le plus important :
>
> Boardroom et Rodale ne lui ont jamais payé un centime pour aucune de ses publicités historiques.
>
> Voici comment cela s'est produit....
>
> Gene avait sa propre entreprise appelée « Instant Improvement » qui publiait des livres de santé sur de nombreux sujets ésotériques et éclectiques qui étaient vendus avec certaines des publicités en ventes par correspondance les plus célèbres jamais écrites. Et il a également écrit de nombreux livres éclectiques et les

POSTFACE

publicités qui les accompagnent en son nom propre aussi.

2 titres classiques qui étaient mes préférés étaient « How To Rub Your Stomach Away » (en français Comment Frotter Votre Estomac) et « Three words from this book saved this man's arm, and his life ! » (en français Trois mots de ce livre ont sauvé le bras de cet homme, et sa vie !).

Instant Improvement était une petite mais puissante entreprise....et Gene a réussit parce qu'il a compris que sans pouvoir poster des courriers publicitaires sur les meilleures listes d'autres acheteurs de livres sur la santé, il n'avait pas d'entreprise.

Sa liste de maisons d'édition était assez petite alors que Boardroom et Rodale avaient les listes d'acheteurs de livres sur la santé les plus qualifiées et les plus importantes du pays.

Puisque Boardroom et Rodale avaient besoin d'un texte de vente de classe mondiale et que Instant Improvement avait besoin de listes de classe mondiale, ces 3 leaders du marketing direct formaient le groupe d'alliés le plus puissant depuis la Deuxième Guerre mondiale.

(Excusez l'hyperbole...mais c'était une énorme alliance).

Gene a échangé des textes de vente contre des noms....même s'il aurait pu obtenir les honoraires les plus élevés de tous les rédacteurs à l'époque.

Cette relation étonnante a mené à la vente de millions de livres pour les 3 entreprises et à la mise en place d'un moyen beaucoup plus efficace d'obtenir la meilleure information sur la santé distribuée au plus grand nombre de personnes possible.

POSTFACE

Boardroom et Rodale ont été en mesure de centraliser des millions de noms en utilisant les publicités de Gene Schwartz pendant des années...même après sa mort...et Gene a pu poster des courriers à des millions de noms de Boardroom et Rodale « sur échange » avec un retour sur investissement acceptable pour ses livres beaucoup plus petits.

Mais il n'y avait rien de petit chez Gene Schwartz... Je n'ai jamais rencontré un homme qui jouait plus grand.

Il a échangé son talent contre l'actif dont il avait le plus besoin à l'époque... et l'argent était le sous-produit, et non le point de départ.

Note : Il a fait des centaines de milliers de dollars de cette façon (si ce n'est des millions), beaucoup plus que ce qu'il aurait fait simplement en facturant des frais pour ses textes de vente.

Comprendre comment être un véritable partenaire avec ceux avec qui vous travaillez mène à une croissance exponentielle et à un véritable développement dans les affaires – ce qui bat une série « d'événements générateurs de revenus » d'un kilomètre.

GENE LE SOCIOLOGUE

Je n'ai jamais rencontré quelqu'un qui lisait plus que Gene Schwartz.

Et Gene savait qu'il ne suffisait pas d'étudier simplement les produits de votre client ou vos propres produits; et qu'il ne suffisait pas d'étudier uniquement le public que vous essayez d'atteindre avec ces produits.

Bien que ces éléments soient essentiels au succès, il est allé bien au-delà de la simple étude du projet ou de la tâche à accomplir.

Ce qui séparait Gene du commun des mortels, c'est qu'il comprenait la culture moderne et la société au cœur même de celle-ci... en lisant tout... les revues savantes, les livres d'affaires, la fiction et la non-fiction... tout.

Et sa publication préférée était *The National Enquirer*.

Je pense que cela explique pourquoi il était un tel étudiant de la nature humaine.

Selon ses propres mots :

> « *Vous ne pouvez pas perdre le contact avec les gens de ce pays, peu importe votre succès ou votre puissance; si vous ne passez pas au moins 2 heures par semaine à découvrir où se trouve votre marché aujourd'hui, vous êtes fini !* »

Gene a passé bien plus de « 2 heures par semaine » sur ce sujet.....et le connaissant comme je l'ai fait, il cherchait où était son marché « aujourd'hui » mais il explorait aussi où d'autres marchés pourraient être demain.

GENE LE COLLECTIONNEUR D'ART DE CLASSE MONDIALE

Quand Gene est décédé en 1995, le titre de sa nécrologie disait :

Eugene Schwartz, 68 ans, collectionneur d'art moderne, décédé.

Il y a un court paragraphe sur ses prouesses en copywriting et marketing, tandis que le reste de l'article traite en détail de sa collection d'art, ce qu'il a fait avec l'amour de sa vie, Barbara.

Barbara est toujours considérée comme l'une des plus grandes

POSTFACE

expertes et consultantes en art au monde.

Barbara et Gene étaient connus pour avoir amené les meilleurs nouveaux talents sur l'avant-scène... et j'ai adoré aller chez Gene pour des déjeuners réguliers pour plus que des leçons de marketing et de rédaction de textes.

Chaque fois que j'ai visité son appartement, il y avait une nouvelle « exposition », c'est-à-dire que Barbara et Gene changeaient régulièrement d'œuvres d'art avec de nouvelles pièces d'artistes nouveaux et établis.

J'ai aussi adoré le fait que Marty Edelston soit devenu un client de Barbara et avec ses conseils (Barbara est devenue conseillère artistique en 1988), il a créé sa propre collection incroyable d'art moderne et de photographie.

La façon dont Marty a décoré nos bureaux à Boardroom avec sa « collection Schwartz » était un hommage à son génie (chaque œuvre d'art était pour lui une « leçon de vie »); et c'était aussi un hommage au génie de Barbara et Gene.

Il est intéressant de noter également que Barbara était également une excellente architecte d'intérieur et qu'elle a participé à la conception de nos bureaux à Boardroom !

Vous pouvez voir dans la préface comment Marty parle de cette partie de sa relation avec Barbara et Gene, ce qu'ils représentaient pour lui, bien au-delà de leur relation d'affaires.

Quelle est la leçon que nous pouvons tirer de Gene (et Barbara) car ils ont dominé le monde de l'art alors que Gene était aussi l'un des auteurs et spécialistes du marketing les plus prolifiques au monde dans le même temps ?

C'est que : rien ne remplace la passion.

Vous ne pouvez pas être un grand spécialiste du marketing ou un rédacteur publicitaire sur le long terme sans être passionné par ce que vous vendez ou écrivez....éventuellement le marché sentira un manque d'engagement, ce qui n'est bon pour personne.

Gene le savait si bien... il s'est dévoué corps et âme dans *tout* ce qu'il faisait.

Voici comment il a décrit pourquoi l'art était si puissant pour lui :

> *« Les arts n'imprègnent pas seulement notre sens de la vue, de l'équilibre, du mouvement, du toucher et de l'ouïe, ils élèvent aussi notre esprit logique – le point focal traditionnel de l'éducation moderne – aux limites du possible, de l'invention et du génie. »*

LE GÉNIE DE GENE SCHWARTZ VIVRA ÉTERNELLEMENT... ET PAS SEULEMENT POUR LES RÉDACTEURS, LES SPÉCIALISTES DU MARKETING ET LES ARTISTES... MAIS POUR LES HUMAINS PASSIONNÉS PARTOUT DANS LE MONDE.

J'espère que vous lirez le cadeau que vous tenez dans vos mains en ce moment plusieurs fois... Je sais qu'il est dense donc vous avez besoin de le lire lentement aussi.

L'ayant moi-même lu probablement une douzaine de fois au cours de ma carrière, j'obtiens de nouvelles idées chaque fois que je le lis.

Je suis attendu pour une autre lecture maintenant après avoir rappelé ce qu'un homme incroyable signifiait pour tant de gens et d'industries tout au long de sa vie.

J'ai d'autres citations de Gene, je pense que celle qui résume le mieux sa philosophie générale est :

> *« La créativité est dans votre marché et dans votre produit et dans tout ce que vous faites pour assembler*

POSTFACE

les 2 ensemble. »

Non seulement il le rend si simple, mais il le rend aussi facile.

Et bien que nous sachions qu'il n'est pas si facile de lire et d'étudier, ce livre sera un changement de jeu pour vous... Je vous le garantis... et il vous ouvrira la voie pour vivre avec votre propre génie avec passion. Il n'y a rien de mieux que ça.

– Brian Kurtz, janvier 2017

10 ANNONCES BEST-SELLERS DE GENE SCHWARTZ

Voici 10 annonces best-sellers rédigées par Gene Schwartz.

Elles ont été traduites en français pour vous montrer des exemples dont vous pouvez vous inspirer pour vos propres succès !

Je vous recommande de les recopier à la main plusieurs fois – *avec un bon vieux stylo et du papier* – pour vous imprégner de la structure de chaque texte de vente, des promesses, et du désir grandissant au fur et à mesure de la lecture.

Faites-en bon usage.

Si vous voulez recevoir *« Les 101 Annonces Best-Sellers de Gene Schwartz »*, rendez-vous sur : https://www.ouicashcopy.com/101-annonces-schwartz-cp

ANNONCE 1 – COMMENT FAIRE EN SORTE QUE TOUT LE MONDE VOUS APPRÉCIE !

COMMENT FAIRE EN SORTE QUE TOUT LE MONDE VOUS APPRÉCIE !

La popularité s'achète-t-elle ? La réponse est oui. Et le prix à payer
est 2 ou 3 heures de votre temps.

10 ANNONCES BEST-SELLERS DE GENE SCHWARTZ

La popularité peut s'apprendre. Tout comme on peut apprendre à conduire. Et c'est possible de le faire de façon tout aussi sûre et automatique.

La preuve en a été faite par des milliers de personnes. Des femmes et des hommes ayant été envoyés par leur employeur afin d'apprendre à devenir populaires, des employés de chez GM, DuPont, Sears Rosbuck, A&P, Eastman Kodak, Ford, Borden, Coca-Cola, Goodyear, Standard Oil, General Electric et plus d'une centaine d'autres.

Ces entreprises ont payé plus d'un million de dollars à un seul homme, afin qu'il apprenne à leurs cadres supérieurs le secret de la popularité.

Ils ont payé jusqu'à 22,5 dollars par personne afin d'apprendre des techniques inestimables, comme celles-ci :

Comment faire en sorte que les gens aient envie de vous revoir, dès le premier instant où ils vous rencontrent.

Comment éviter les erreurs quotidiennes qui contrarient automatiquement les gens. Comment gérer des situations embarrassantes sans froisser la susceptibilité des autres. Comment faire afin que les gens n'écoutent personne d'autre que vous.

Comment amener les autres à faire ce que vous voulez qu'ils fassent – et qu'ils adorent ça.

Plus d'une centaine de grandes entreprises américaines ont payé jusqu'à 22,5 dollars par personne pour acquérir ces compétences. Elles continuent à payer 22,5 dollars par personne pour apprendre ces techniques à leurs employés.

Vous pouvez vous aussi les apprendre toutes, chez vous, dès le week-end prochain, sans risquer un seul centime.

Voici comment :

Ce Livre Est Le Fruit De 40 Années De Travail

10 ANNONCES BEST-SELLERS DE GENE SCHWARTZ

Dans tous les États-Unis, il n'y a qu'un seul homme qui enseigne ces techniques. Il s'appelle Docteur Paul P. Parker. Toute sa vie, il s'est concentré sur un seul domaine – la découverte des meilleures méthodes afin de convaincre les autres en douceur.

Le Dr Parker estime que ces techniques sont bien plus importantes que la connaissance ou le réseau social. Plus importantes que les connaissances techniques. Bien plus importantes que la charge de travail que vous abattez.

Comment Maîtriser Les Situations Difficiles

Admettons que votre supérieur soit un homme borné et susceptible, réfractaire au changement. Il est important de procéder à un changement organisationnel dans votre département. Comment obtenir son accord ? (voir page 46)

Vous êtes vivement critiqué en réunion. Comment affronter les critiques en retournant la situation à votre avantage ? (voir page 61)

De temps à autre, il nous arrive à tous de prendre une mauvaise décision. Comment faire afin de récupérer la situation avec élégance ? (voir page 82)

Admettons que vous essayez de convaincre quelqu'un qui ne veut pas parler. Comment faire afin "qu'il s'ouvre" ? (voir page 100)

Admettons que vous essayez de convaincre une personne qui, à chaque nouvelle argumentation, trouve une nouvelle objection. Comment y répondre avec succès ? (voir page 104)

Vous êtes en train de perdre l'attention de votre interlocuteur. Comment la récupérer et raviver son intérêt ? (voir page 52)

> Un employé a fait de son bureau une véritable décharge... un chauffeur est en train de transformer son camion en poubelle ambulante. Comment l'inciter à nettoyer tout en gagnant son respect ? (page 74)
>
> Vous avez du mal à retenir le nom des gens. Comment faire pour retenir facilement les noms ? (voir page 31)
>
> Vous devez absolument rencontrer un cadre supérieur, mais sa secrétaire ou ses employés vous barrent le passage. Comment parvenir à vos fins ? (voir page 90)
>
> Vous faites partie d'une grande entreprise. Vous avez proposé des tas d'idées à votre supérieur, qui les a soit enterrées, soit utilisées en s'attribuant tous les mérites. Comment recevoir la reconnaissance que vous méritez ? (voir page 78)
>
> Un collègue n'a pas le moral et se confie à vous. Comment gérer au mieux une telle situation ? (voir page 43)
>
> Quelqu'un vous a dit des méchancetés, ou vous critique dans votre dos. Vous êtes furieux. Quelle est la meilleure chose à faire dans un telle situation ? (voir page 89)

Et il est convaincu que ce magnétisme personnel s'apprend, en plus ou moins 2 à 3 heures.

Plus de 250 000 femmes et hommes sont d'accord avec lui. Ce sont les personnes qui ont suivi son cours, en personne, à travers toutes les grandes villes des États-Unis.

Depuis 40 ans, ce cours individuel à 22,5 dollars était la seule possibilité d'apprendre ces techniques.

Mais à partir d'aujourd'hui, à travers ce communiqué, vous pouvez obtenir chaque mot prononcé durant ce cours, chez vous, sous la forme d'un livre, pour seulement 4,98 dollars.

Et vous pouvez le lire de la première à la dernière page et vous décidez après si vous souhaitez conserver le livre ou le retourner.

Voici l'information que vous allez découvrir dans cet ouvrage. Voici ce que vous apprendrez dès la semaine prochaine, sans risquer un centime :

Comment Faire En Sorte Que Les Autres Fassent Ce Que Vous Voulez Qu'ils Fassent !

Comment vous présenter afin que personne ne puisse jamais vous oublier.

Comment établir un créer un lien immédiat durant une conversation – comment établir un rapport émotionnel.

Comment gagner l'amitié, la loyauté et le support de vos collègues.

Comment faire pour que vos remarques soient prises en compte. Comment diriger une discussion dans la bonne direction, sans s'éloigner du sujet.

Comment imprimer votre point de vue dans l'esprit de votre auditoire.

Comment persuader les autres en douceur. Comment donner des ordres sans susciter de ressentiment. Comment critiquer sans heurter la sensibilité.

Comment Convaincre Les Personnes Clés !

Comment présenter vos idées à vos supérieurs d'une manière telle qu'ils y adhèrent automatiquement.

Comment se jouer du favoritisme.

Comment gérer les objections. Comment empêcher les gens de dire non. Comment faciliter leur « oui ».

Comment doubler l'efficacité d'un compliment.

Comment utiliser vos propres erreurs afin de doubler votre confiance en vous-même.

Les 3 mots magiques qui suscitent automatiquement l'enthousiasme.

Le grand secret qui permet que les autres croient en vous, vous fassent confiance, vous suivent.

Et ce n'est encore que le début. Vous pouvez découvrir tout ceci en une seule soirée. En une ou 2 heures, grâce à ce livre.

Ce qui suit est encore plus intéressant.

Comment Surmonter Les Barrières Sociales

Comment calmer le jeu quand une situation s'envenime dangereusement, afin d'éviter d'anéantir des années d'amitié ou de travail.

Comment faire baisser le ton à un homme qui commence à lever la voix.

Comment contrôler une tempête de colère afin que l'autre personne s'excuse d'elle-même, sans que vous ne prononciez un seul mot.

Comment se comporter avec une personne qui se croit plus grosse qu'un bœuf, les gens critiques, les sages, les petits malins, « celui qui ne veut rien savoir ».

Comment l'emporter face à des experts peu amicaux, face à ceux qui veulent se confier, aux subordonnés jaloux, à des clients furieux.

Comment empêcher votre interlocuteur de s'exprimer trop longtemps, sans le vexer. Comment contrôler une personne, ou tout un groupe.

Comment faire en sorte que l'autre fasse la première

concession. Comment le faire revenir en arrière avec élégance. Comment transformer les insultes en excuses, la haine en confiance.

Quand et comment faire des concessions, et comment en retirer le retour le plus intéressant pour vous.

La seule chose que les gens désirent plus que tout au monde. Et comment vous mettre dans la peau de la personne qui peut la leur offrir.

Lisez Ce Livre De La Première À La Dernière Page. Puis Décidez Si Vous Désirez Le Conserver

Encore une fois, ce livre ne coûte que 4,98 dollars – il s'agit d'une retranscription mot à mot du cours à 22,5 dollars du Dr Parker.

Mais vous ne paierez le livre que si vous décidez de le conserver après l'avoir lu. Cela ne vous coûte rien de le lire.

Si vous n'êtes pas enthousiasmé par le livre, si vous ne souhaitez pas le conserver après l'avoir lu, il vous suffira de le renvoyer afin d'être remboursé jusqu'au dernier centime.

Nous prenons tous les risques sur nous. Vous n'avez rien à perdre, si ce n'est 2 ou 3 heures de votre temps. Envoyez le bon ci-dessous, sans risque – AUJOURD'HUI.

ENVOYEZ LE BON, SANS RISQUE, AUJOURD'HUI !

NATIONAL COUNSELING SERVICE, Dept. FW12-24B
488 Madison Avenue, New York, N.Y. 10022

Messieurs : Oui, je veux recevoir à l'essai un exemplaire du nouveau livre étonnant du Dr Paul P. Parker, COMMENT COMMUNIQUER AVEC TACT ET PSYCHOLOGIE –

entièrement à vos risques. Je joins un paiement de 4,98 dollars pour le modeste prix de lancement. Je pourrai lire ce livre à l'essai durant 10 jours, à vos risques. Si toutes les promesses ne sont pas tenues, je pourrai le renvoyer pour un remboursement intégral de chaque centime de mon argent.

Si vous désirez commander en contre-remboursement, COCHEZ CETTE CASE. Joignez simplement un acompte de 1 dollar, en guise de bonne volonté. Réglez ensuite le solde au facteur plus les frais de port et de manutention. La même garantie de remboursement s'applique bien sûr !

Nom : _____

Adresse : _____

Ville : _____

État : _____   Code Postal :

_____

10 ANNONCES BEST-SELLERS DE GENE SCHWARTZ

Illustration 12: Annonce 1 : COMMENT FAIRE EN SORTE QUE TOUT LE MONDE VOUS APPRÉCIE !

ANNONCE 2 – À L'HOMME QUI NE SE CONTENTERA DE RIEN DE MOINS QUE DE LA PRÉSIDENCE DE SON ENTREPRISE !

> **À l'Homme**
> **Qui Ne Se Contentera De Rien De Moins Que**
> **De La Présidence**
> **De Son Entreprise !**
>
> Et qui est prêt à faire les
> sacrifices nécessaires
> pour y parvenir dans le plus rapidement possible !

Voici l'un des manuels les plus réalistes jamais écrits pour vous –
et pour vous seul !

Ceci est une annonce privée.

Elle ne concerne pas 99 hommes sur 100. Ces hommes n'ont pas la motivation – l'ambition impossible – la volonté absolue de réussir que cette publicité exige...

***

Cependant, cela concerne un homme sur 100 – ou peut-être même moins – qui ne veut tout simplement pas se contenter d'un petit succès.

Pour qui le confort et la sécurité sont parmi les valeurs les moins importantes de la vie.

Qui refuse de laisser sa carrière être limitée par les faiblesses d'autres hommes ou par l'échec de la vision des autres hommes.

Qui a des idées de son propre programme d'action fort et original – brûlant comme des torches dans son cerveau.

Et celui qui a décidé de manière irrévocable – de rechercher

10 ANNONCES BEST-SELLERS DE GENE SCHWARTZ

l'unique accomplissement personnel qui le satisfera à jamais : le pouvoir de commander.

Vous savez qui vous êtes. Et cette publicité – et ce livre – est pour vous !

***

Le livre a été écrit par John D.Horn qui a gravi les échelons pour accéder à sa première présidence d'entreprise à l'âge de 32 ans. Et qui est aujourd'hui à 39 ans, président ou acteur dominant d'entreprises gagnant plus de 8 millions de dollars par an.

C'est le premier livre de John Horn. Il n'est pas un écrivain accompli et il a des défauts. Si vous lisez pour le style ou pour la qualité littéraire, ce livre n'est pas pour vous.

Mais il y a des paragraphes dans ce livre – des idées dans ce livre – des chapitres entiers de ce livre que nous n'avons jamais vus écrits auparavant ! Et cela peut vous ouvrir des portes – dès demain – sans quoi cela pourrait prendre toute une vie d'attente pour que vous réussissiez à franchir tous les obstacles -

Par exemple -

***

John Horn a tout d'abord dit que le simple travail et les capacités, voire la chance, ne suffisent pas – d'eux-mêmes – à vous mener au sommet.

Ils ne sont que le terrain fertil. De plus, vous devez apprendre les techniques permettant de gagner toute la reconnaissance méritée pour ce travail... pour attirer l'attention de vos supérieurs sur vos capacités... pour pouvoir fabriquer votre propre chance au moment même où vous en avez besoin...

Personne ne naît avec les techniques pour se mettre en avant. Horn les a appris à la dure.

> **NOTE INTÉRESSANTE**
>
> Parce que John Horn a moins de 40 ans – et parce qu'il croit qu'il n'y a absolument aucune relation entre l'âge et le succès, il a appelé ce livre : COMMENT PRENDRE LA PRÉSIDENCE DE VOTRE PROPRE ENTREPRISE AVANT 40 ANS !
>
> Nous croyons que c'était une erreur. Parce que nous croyons que ce livre a aussi de la valeur pour l'homme de 40 ou 45 ou 55 ans. En fait il est peut-être encore plus précieux.
>
> Cependant, si vous avez 40 ans ou plus, vous ignorez 10 ou 12 paragraphes de ce livre. Le reste sonne vrai, peu importe votre âge.

Il passe les 5 premiers chapitres de son livre à vous les enseigner.

***

Horn dit franchement que si vous voulez atteindre le sommet, vous devez manipuler les gens. Ne pas les "motiver" ou les "persuader" mais simplement les manipuler.

Mais – dit-il – il existe une bonne et une mauvaise façon de les manipuler.

Si vous les manipulez de la mauvaise façon, ils vous détruiront lorsque vous leur tournez le dos.

Mais si vous les manipulez de la bonne façon, vous pouvez alors partager leurs réalisations pour vous propulser au sommet... Et vous pouvez utiliser leurs cerveaux et leurs talents pour réfléchir à vos projets et à vos problèmes...

Et en plus, ils vous adoreront pour cela. Et le plus important, ils vous respecteront pour cela.

Horn passe 3 chapitres à vous enseigner ces techniques ou à

créer du respect et de la loyauté là où d'autres hommes ne créent que de l'amitié.

***

Horn a dit que si vous voulez dépasser les autres hommes, vous devez faire carrière en achetant des problèmes... résoudre les problèmes de la société que les hommes ordinaires ne voudraient pas toucher même un poteau de 10 mètres ! Cela signifie vous bâtir la réputation de faire l'impossible.

C'est pourquoi il vous enseigne la technique de "l'impossible", qui consiste en 3 étapes. Ce n'est pas facile, mais une fois que vous l'aurez appris, il vous sera très difficile de vous arrêter... peu importe votre objectif...

***

Horn dit que la politique d'entreprise est une connerie... strictement réservée pour les petits poissons. Il vous montre comment écraser les politiciens en un instant.

***

Horn parle souvent des paradoxes. Les règles qu'il vous donne peuvent sembler absurdes au début – jusqu'à ce que vous les essayiez.

Horn dit par exemple que vous grimpez plus vite les échelons en montrant des erreurs. Et en les rendant publiques.

Horn a déclaré que chaque centime dépensé pour construire une « réputation » est un centime gaspillé. Il existe au moins 3 meilleures façons d'impressionner vos supérieurs et vos amis avec votre succès grandissant et aucune d'elles ne coûte un centime !

Horn a dit que vous pouvez souvent en apprendre davantage sur le fait de devenir président en discutant avec un "vieux de la vieille" dans la salle de pause, que vous pouvez en apprendre dans un cours de la plus grande école de commerce du pays.

Horn a déclaré que la moitié des promotions qui vous seront proposées tueront votre carrière – et il vous donne un guide simple pour choisir parmi elles...

Horn a déclaré que la plupart des hommes en route commettaient des actes de hari-kari – pas à cause de gaffes – mais à cause de plaisanteries. Il vous montre comment éviter ces chutes et comment le bon type d'humour peut vous faire gagner des années du temps qu'il faut pour atteindre le sommet.

***

Ce livre ne fait que 195 pages. Vous le finirez probablement en un week-end, même si vous lisez lentement.

Son coût est de 4,98 dollars. Nous pensons que c'est le meilleur billet de 5 dollars que vous ayez jamais investi dans votre carrière. Si vous n'êtes pas d'accord avec nous après l'avoir lu, nous vous renverrons 5 dollars.

Pourquoi ne pas le commander aujourd'hui ?

---

10 JOURS D'ESSAI GRATUIT

EXECUTIVE RESEARCH INSTITUTE, INC., Dept 94-DD

119 FIFTH AVE., NEW YORK., N.Y., 1003

Messieurs : Oui, je veux recevoir un exemplaire du nouveau livre étonnant de John Horn, COMMENT PRENDRE LA PRÉSIDENCE DE VOTRE PROPRE ENTREPRISE AVANT 40 ANS – entièrement à vos risques. Je règle le bas prix de lancement de seulement 4,98 dollars. Je vais utiliser ce livre pendant 10 jours à vos risques. Si ce livre ne fait pas tout ce que vous dites. Je vais simplement le renvoyer pour recevoir chaque centime de mon argent en retour.

10 ANNONCES BEST-SELLERS DE GENE SCHWARTZ

> Si vous souhaitez commander en CONTRE REMBOURSEMENT, COCHEZ ICI ! Réglez un dollars en guise de dépôt de bonne volonté. Payez le solde du facteur, plus les frais d'affranchissement et de traitement. La même garantie de remboursement s'applique bien sûr !
>
> Nom : _____
>
> Adresse : _____
>
> Ville : _____
>
> État : _____
>
> Code Postal : _____
>
> Executive research institute, Inc., 1965
> Les résidents de New York s'il vous plaît ajouter 5% de taxe de vente

10 ANNONCES BEST-SELLERS DE GENE SCHWARTZ

Illustration 13: Annonce 2 : À l'Homme Qui Ne Se Contentera De Rien De Moins Que De La Présidence De Son Entreprise !

ANNONCE 3 – JE VAIS FAIRE DE VOUS UN ASSISTANT MENTAL AUSSI FACILEMENT QUE CELA -

JE VAIS FAIRE DE VOUS UN ASSISTANT MENTAL AUSSI FACILEMENT QUE CELA -

Oui ! Voici enfin votre chance d'acquérir l'ESPRIT D'UNE MACHINE dont vous rêviez... si facilement et rapidement que vous en serez étonné... et sans risquer un centime !

Par HARRY LORAYNE

Laissez-moi vous expliquer ! Je me fiche de la façon dont vos pouvoirs mentaux sont mal organisés aujourd'hui – de la difficulté à vous concentrer... à quel point votre mémoire peut être mauvaise... à quel point vous êtes prisonnier d'habitudes mentales paralysantes... **combien de temps vous faut-il chaque matin pour mettre votre esprit en mouvement en ajoutant la vitesse et la certitude d'une machine !**

JE CROIS QUE VOTRE ESPRIT TRAVAILLE AUJOURD'HUI À SEULEMENT 5% À 10% DE SA VRAIE PUISSANCE – TOUT SIMPLEMENT PARCE QUE VOUS NE CONNAISSEZ PAS LA BONNE MANIÈRE DE LE GUIDER !

Tout simplement parce que vous ne connaissez pas la bonne façon de nourrir vos problèmes mentaux – **si clairement et logiquement que ces problèmes se résolvent d'eux-mêmes avant même que vous ne les touchiez !**

Tout simplement parce que vous ne connaissez pas la bonne façon de nourrir votre esprit de faits, de chiffres, de noms et de visages – **ils se gravent donc dans cet esprit sous une forme telle que vous vous en souviendrez pour toujours !**

Tout simplement parce que vous ne connaissez pas la bonne

façon de nourrir votre esprit d'une PLEINE CHARGE D'ENTHOUSIASME – pour qu'il se régénère instantanément chaque matin – afin qu'il fonctionne à pleine puissance, non pas pour quelques brèves minutes par jour, MAIS POUR UNE DURÉE DE 10 HEURES !

Le Pouvoir de l'Esprit Est Un Truc !
Je Vous l'Enseignerai En Un Week-end !

Oui ! La résolution de problèmes est un truc ! La concentration est un truc ! La mémoire est un truc ! Casser des habitudes est un truc ! Et, par-dessus tout, générer la volonté qui mène au succès EST UN TRUC ! Le pouvoir mental peut être fabriqué sur commande – vous ne devez pas être né avec ! Le secret d'une action rapide, PENSER À PLEINE PUISSANCE COMME UNE MACHINE est aussi simple que de nouer son lacet !

Et je suis prêt à vous le prouver sans que vous ne risquiez un centime ! Voici comment !

Tout ce que je vous demande, c'est ceci. Laissez-moi vous envoyer – à mes risques – l'un des livres les plus fascinants que vous ayez jamais lu. Quand il arrivera, réservez quelques minutes le week-end suivant. Parcourez un seul chapitre. Et préparez-vous pour l'un des week-ends d'accomplissement les plus palpitants de votre vie !

La Toute Première Heure Après La Réception De Ce Livre,
Vous Réaliserez Un Tour De Force Qui Surprendra Vos Amis !

Ce que vous allez faire dans la toute première heure où vous recevez le livre, c'est de vous rendre à la page 144. Lisez 3 courtes pages – pas plus ! Et puis posez le livre. Révisez dans votre esprit le secret que je vous ai montré - **comment gérer les faits dans votre esprit afin qu'ils y restent en permanence,**

aussi longtemps que vous le souhaitez !

Mettez ensuite cette astuce simple à votre service – immédiatement dans l'heure qui suit !

Appelez votre famille ou vos amis. Demandez-leur de dresser une liste de 12 faits, noms ou objets qu'ils souhaitent, aussi vite qu'ils le souhaitent. Demandez-leur de noter la liste pour qu'ils ne l'oublient pas ! **Mais, pendant qu'ils vous donnent chaque fait, VOUS allez exécuter le simple tour mental sur ce fait, cela va le graver dans votre esprit, DANS UN ORDRE PARFAIT, aussi longtemps que vous le souhaitez !**

Et ensuite – **INSTANTANÉMENT ET AUTOMATIQUEMENT** – vous allez répéter cette liste à l'endroit et à l'envers, dans un ordre parfait, exactement comme si vous lisiez cette liste dans la main de vos amis ! Et vous allez vivre l'un des moments les plus excitants de votre vie, en regardant l'expression des visages de ces personnes et en racontant ces faits comme s'ils étaient affichés sur un écran à l'intérieur de votre mémoire !

Palpitant ? Oui ! **Mais c'est aussi l'un des secrets les plus rentables que vous apprendrez jamais.** Car cette liste de 12 faits peut tout aussi bien être un calendrier de rendez-vous – avec chaque rendez-vous s'affichant automatiquement dans votre esprit au bon moment et au bon endroit dès que vous en avez besoin ! Ou une liste de courses – ou les grandes lignes d'un discours – lors d'une présentation de vente – ou les éléments essentiels d'un article important – ou une liste de choses à faire dans un ordre parfait !

Chacun d'entre eux – ils s'affichent automatiquement dans votre esprit, comme si vous appuyiez sur un bouton ! **Et cet étonnant cadeau mental – qui vous servira tous les jours pour le reste de votre vie – vous appartient dès la première heure de la réception de ce livre !**

Et pourtant ce n'est encore que le début !

**Quels Domaines De Votre Esprit Souhaitez-Vous Renforcer En Un Seul Week-end !
La Concentration, La Volonté, La confiance En Soi, Le Changement d'Habitude !**

Oui ! À partir de ce moment, en moins d'une heure palpitante par jour, vous commencez à tester les techniques miraculeuses des organisations automatiques à tous les niveaux de votre esprit ! Vous commencez à dépasser les barrières mentales – les limitations mentales qui vous bloquent depuis tant d'années !

Vous commencez à exploiter les pouvoirs enfouis de votre propre esprit... des pouvoirs que vous avez entrevus auparavant pendant de courts instants... maintenant ramené à la surface – organisé avec des formules simples pour doubler leur puissance – et placé pour toujours à votre entière disposition, prêts à travailler pour vous en un clin d'oeil !

Par exemple -

VOULEZ-VOUS DÉVELOPPER UNE "CONCENTRATION D'ACIER" – EN UN INSTANT ?

Allez ensuite à la page 85... maîtrisez un exercice simple... et laissez-vous emporter par votre capacité à absorber d'énormes quantités d'informations – facilement et rapidement – **même dans la salle remplie d'une demi-douzaine d'enfants qui hurlent !**

VOULEZ-VOUS DÉVELOPPER DES "YEUX À RAYONS X" – DES POUVOIRS D'OBSERVATION QUI ÉTONNENT VOS AMIS ?

Alors allez à la page 136... jouez à trois jeux fascinants... et ensuite, surprenez vos amis, encore et encore, par votre capacité à repérer des détails révélateurs – mettant en évidence des éléments de preuve cachés – **qu'ils n'avaient même jamais rêvés qu'ils étaient là !**

10 ANNONCES BEST-SELLERS DE GENE SCHWARTZ

VOULEZ-VOUS CONNAÎTRE À QUEL POINT IL EST FACILE DE REMPLACER LES MAUVAISES HABITUDES PAR DES HABITUDES DONT VOUS POUVEZ ÊTRE FIERS ?

Alors préparez-vous pour la révélation de votre vie à la page 103... cela remplace l'agonie par le plaisir... cela laisse réellement vos mauvaises habitudes se briser sans quasiment aucun besoin de votre volonté.

OUI ! ET VOULEZ-VOUS GÉNÉRER DE L'ENTHOUSIASME ... DE L'AMITIÉ ... DE LA PERSONNALITÉ SUR COMMANDE ?

Alors lisez chaque mot à partir de la page 165! Apprenez à vaincre la timidité et la peur, automatiquement... faites que n'importe qui devienne comme vous... anéantissez les opposants avec un seul mot... gagnez la confiance et le respect de tous ceux que vous rencontrez - **et gardez-les – pour de bon !**

Lisez-Le Pendant 10 Jours – À Nos Risques

Et ce n'est encore que le début !

Ce que Harry Lorayne vous a décrit sur cette page n'est qu'un petit échantillon des informations contenues dans son nouveau livre étonnant, LES SECRETS DU POUVOIR DE L'ESPRIT – désormais disponible uniquement dans cet article !

Voici enfin un livre pratique, fascinant et facile à lire, sur l'amélioration de la puissance de votre esprit **qui fonctionne vraiment !** L'auteur, Harry Lorayne a été qualifié par les experts "d'homme à la mémoire la plus phénoménale du monde !" Il a déjà montré à plus de 250 000 hommes et femmes, à travers toute l'Amérique, comment ils pouvaient améliorer leur mémoire, en un instant, avec seulement quelques minutes de travail !

Mais ce fabuleux bouton poussoir de Technique de Mémoire n'est qu'une petite partie du nouveau livre d'Harry

10 ANNONCES BEST-SELLERS DE GENE SCHWARTZ

Lorayne ! Ici – en plus de la mémoire – vous trouverez une "section de boutons-poussoirs" complète sur l'observation, la concentration, l'enthousiasme, la volonté, la création d'idées, l'apprentissage rapide, le gain de temps, la clairvoyance, la personnalité, la création d'amis, parler en public, gestion des soucis, vaincre la peur et bien plus encore !

Oui ! Voici des dizaines de techniques simples de discussion qui vous permettent de surmonter des émotions handicapantes et de garder votre esprit clair pour chaque objectif ! Vous montrer comment penser clairement et efficacement dans n'importe quelle situation – prendre des décisions sans délai – apprendre des faits et chiffres essentiels d'un coup d'œil – travailler à pleine puissance mentale, à longueur de journée, pendant des semaines, voire des mois !

Voici des « Stimulateurs de Pensées » testés et éprouvés qui rationalisent votre esprit – développent votre imagination créatrice – augmentent votre rendement quotidien – vous aident à avoir du temps pour tout ce que vous avez à faire !

Voici le "Générateur de Confiance" vous permet de rire des inquiétudes et des peurs – construisez votre propre chance – empêchez les autres de profiter de vous – transformez de mauvaises périodes en opportunités – oui, aiguisez même votre sens de l'humour et améliorez votre capacité à bien parler, que ce soit dans une conversation privée ou devant une foule de centaines de personnes !

Cela Doit Fonctionner Pour Vous –
Ou Vous Ne Payez Pas Un Centime

Le prix de cette énorme encyclopédie Mind-Power en un seul volume est de 4,98 dollars, bien moins que des livres similaires qui ne font pas aussi bien son travail ! Et c'est pour vous l'occasion de le lire sans risquer un centime ! Vous le prouvez à vos risques pendant dix jours complets ! Il doit faire tout ce que nous disons – vous devez être émerveillé et ravi – **ou simplement le retourner à la fin de cette période pour recevoir chaque centime de votre argent en retour immédiatement !** Envoyez le coupon sans risque – AUJOURD'HUI !

ENVOYEZ CE COUPON, SANS RISQUE, AUJOURD'HUI !

INSTITUT DE RECHERCHE EXÉCUTIF, INC. NYB-4

119 FIFTH AVENUE, NEW YORK 10003

Messieurs : Envoyez-moi, sans aucun engagement, et sans tarder la toute nouvelle édition de l'étonnant nouveau livre de Harry Lorayne, LES SECRETS DU POUVOIR DE L'ESPRIT. Je joins seulement 4,98 dollars. Je comprends que ce livre est entièrement garanti. Si ce livre ne fait pas tout ce que vous dites... si je ne suis pas complètement ravi dans les 10 jours, je vous renverrai le livre pour recevoir un remboursement en retour.

Si vous souhaitez commander en contre-remboursement, cochez cette case. Joignez 1 dollar de dépôt en guise de bonne volonté. Payez le solde au facteur plus les frais d'envoi et de manutention. La même garantie de remboursement s'applique bien sûr !

Nom : _____

Adresse : _____

Ville : _____

État : _____   Code Postal : _____

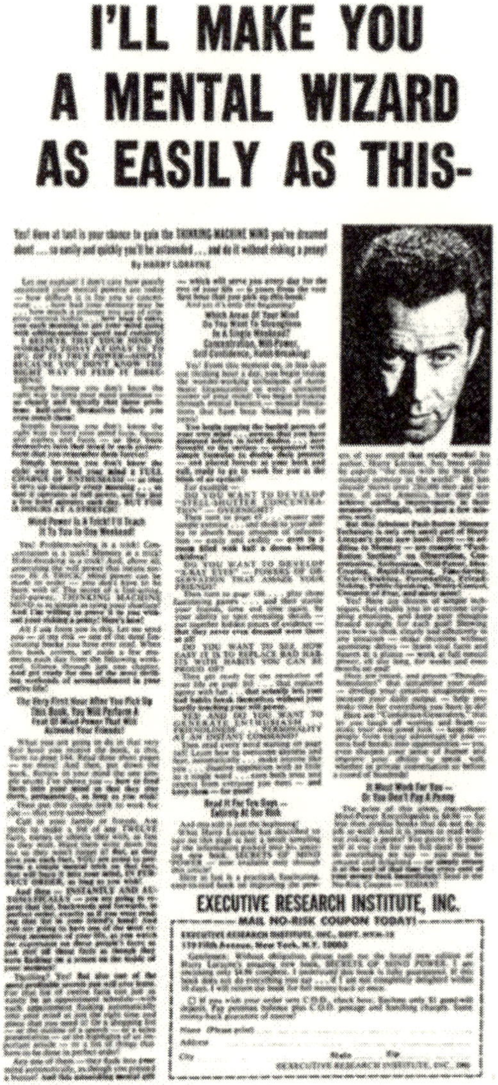

10 ANNONCES BEST-SELLERS DE GENE SCHWARTZ

Illustration 14: Annonce 3 : JE VAIS FAIRE DE VOUS UN ASSISTANT MENTAL AUSSI FACILEMENT QUE CELA -

ANNONCE 4 – VOUS ÊTES DEUX FOIS PLUS INTELLIGENT QUE VOUS NE LE PENSEZ !

VOUS ÊTES DEUX FOIS PLUS INTELLIGENT QUE VOUS NE LE PENSEZ !

Et ces 7 actions simples vous le prouveront en un week-end

Cet article va bouleverser votre vie – parce qu'il dit carrément, "superposé" à l'idée que vous avez toujours eu tort de dire qu'il est "difficile" d'apprendre !

Je crois que si vous pouviez seulement libérer exactement le même talent, la même intelligence et la même capacité que vous avez en vous aujourd'hui, alors vous pourriez :

Lire tout ce que vous voulez, 2 fois plus vite que ce que vous pouvez lire aujourd'hui... Absorber les faits comme une éponge et les répéter presque mot à mot des années plus tard.

Éviter les problèmes de maths, de commerce et de finances qui vous ont arrêté jusqu'à aujourd'hui...

Tenir les gens en haleine avec la puissance de votre discours et de vos écrits...

Surpasser les autres lorsque vous devez les dominer pour les juger et les éclipser complètement de votre imagination ...

Et faites tout cela – non pas en luttant avec des manuels monotones... non pas en mémorisant des théories inutiles – mais en mettant simplement vos POUVOIRS D'APPRENTISSAGE VERROUILLÉS au travail – aujourd'hui – aussi facilement et logiquement que ceci :

ACTION D'APPRENTISSAGE N°1

**Vous permet de parcourir un livre en 30 minutes !
Épatez les autres avec vos idées dès ce soir !**

10 ANNONCES BEST-SELLERS DE GENE SCHWARTZ

Cette action est littéralement une toute nouvelle façon de lire une page imprimée ! Pourtant, elle n'exige rien de plus qu'un crayon ordinaire !

Une fois que cela vous sera montré, vous ne lirez plus jamais un livre de bout en bout ! Au lieu de cela, vous le survolerez directement – en sautant automatiquement les détails ennuyeux – en englobant automatiquement les idées principales aussi rapidement que vos yeux peuvent parcourir la page !

Vous assimilerez les idées clés de la plupart des livres en trente minutes ! Gravez l'article de magazine dans votre mémoire en cinq minutes ! Maîtrisez le cœur d'un rapport d'activité en trois minutes !

Et vous allez classer ces faits dans votre esprit dans un ordre si parfait, de manière automatique, que vous pouvez les retirer à tout moment à la moindre demande ! *Vous pouvez ainsi sauvegarder chaque point soulevé dans votre conversation avec des dizaines de faits accablants... répondre à chacune de vos déclarations avec autorité et conviction... faire en sorte que d'autres personnes adoptent votre point de vue si complètement que personne d'autre ne pourrait jamais les attirer plus loin !*

Et ce n'est encore que le début !

ACTION D'APPRENTISSAGE N°2
Vous donne la mémoire d'un magnétophone pour chaque mot prononcé !
Vous permet d'entendre des secrets cachés dans la conversation des gens
qu'ils ne rendent même pas compte qu'ils révèlent !

Cette deuxième action nécessite que vous vous posiez quatre questions simples chaque fois que quelqu'un commence à vous parler !

Ces questions attirent votre attention sur les paroles de cette autre personne... vous empêchent de laisser vagabonder votre esprit... vous pouvez stocker ses pensées comme si elles étaient gravées dans votre mémoire !

Elles vous permettent d'étonner automatiquement vos amis en citant – presque mot à mot – des conversations que vous avez eues avec eux des mois auparavant !

Elles vous permettent de gagner de nouveaux amis en se souvenant des détails que les gens ordinaires oublient complètement ! Impressionnez vos supérieurs en leur rappelant, étape par étape, leurs ordres les plus occasionnels !

Et, exactement au même moment, elles vous permettent de lire entre les lignes de ce que cette personne dit ! Donnez-vous une telle concentration quand vous le désirez, que vous pénétrez presque dans cette autre personne. Découvrez les faits qu'elle essaie de cacher ! Les objectifs qu'elle essaie de dissimuler ! Les exagérations qu'elle essaie de vous faire croire !

Vous serez étonné de voir à quel point ces questions vous ouvrent sur les pensées des autres.

Et ce n'est encore que le début !

ACTION D'APPRENTISSAGE N°3

**Vous construit un vocabulaire rempli de puissance !
Vous donne les mots dont vous avez besoin – en un instant –
pour charger vos pensées avec de la dynamite verbale !**

Cette action vous implique dans l'un des jeux les plus fascinants que vous ayez jamais vu !

Ce jeu dure 2 minutes par jour ! Vous pouvez le pratiquer n'importe où – en vous habillant le matin... au volant de votre voiture... en dinant avec vos amis ou votre famille !

Et chaque fois que vous l'essayez – vous apprenez automatiquement de nouveaux mots : des mots chargés

10 ANNONCES BEST-SELLERS DE GENE SCHWARTZ

d'émotions, qui incitent les gens à s'arrêter et à vous écouter ! Des mots chargés de couleurs, qui rendent vos idées et vos histoires pleines d'excitation ! *Des mots puissants qui font voir, ressentir et faire exactement aux gens ce que ces mots leur disent de faire !*

Pensez-y ! La prochaine fois que vous prendrez un livre, vous comprendrez automatiquement des centaines de nouveaux mots sans même consulter un dictionnaire. La prochaine fois que vous commencerez à parler dans une discussion d'affaires, une conversation privée ou une réunion de club, tous les yeux de la salle se concentreront sur vous avec admiration ! Et ce n'est encore que le début !

EUGENE M. SCHWARTZ

Au cours des 6 dernières années, Gene Schwartz a collaboré avec certains des pionniers du pays dans le domaine du deutro-learning, une science moderne de l'apprentissage de l'apprentissage. En tant qu'écrivain, éditeur ou éditeur, il a largement contribué à faire découvrir au public américain des livres sur l'amélioration de la mémoire, les techniques de formation des cadres, l'apprentissage à grande vitesse, la pensée créative, la résolution de problèmes, l'organisation du temps, etc.

Mais pourquoi ne pas prendre toutes ces percées d'apprentissage incroyablement puissantes – et les regrouper dans un grand livre – que tout homme ou toute femme peut utiliser pour montrer les résultats immédiats de son pouvoir d'apprentissage – et du pouvoir de gagner sa vie – si surprenant qu'ils peuvent en avoir le souffle coupé !

C'est le but de ce livre ! "Le travail était trop important pour être confié à quelqu'un d'autre", a déclaré M. Schwartz. "Je ne pouvais pas me reposer avant de l'avoir fait moi-même !"

ACTION D'APPRENTISSAGE N°4
Doublez votre capacité de résolution de problèmes. Rend les problèmes de mathématiques.... Problèmes commerciaux.... Problèmes financiers À MOITIÉ RÉSOLUS avant même de les toucher.

Cette action est un petit truc ingénieux utilisé par tous les professeurs de mathématiques professionnels du pays !

Vous l'utilisez avant de commencer à travailler sur un problème ! Cela prend quelques secondes à appliquer ! Cela ne nécessite absolument aucune formation en mathématiques !

Et ça fait des miracles ! Elle vous transforme en un assistant mathématique, elle vous montre les réponses à des dizaines de problèmes avant que vous puissiez prendre votre crayon !

Cela vous donne une "sensibilité aux chiffres" qui laissera vos amis à bout de souffle au travail. Elle vous permettra de "parler le langage des affaires" – statistiques, bilan, profits et pertes, qui mystifient complètement la plupart des gens !

Cela vous donne d'incroyables nouveaux pouvoirs pour gagner et gérer de l'argent ! Prédire le marché boursier... faire tourner une entreprise... établir un budget... gagner un dollar en faisant le travail d'une centaine – *toutes ces compétences sont à vous une fois que vous avez appris le secret pour faire travailler les chiffres pour vous en un clin d'œil !*

Et ce n'est encore que le début ! Attendez de lire ceci...

ACTION D'APPRENTISSAGE N°5, 6 et 7
**Vous permet de graver les faits, d'inscrire des livres entiers dans votre mémoire !
Écrivez un anglais simple, clair et convaincant – presque aussi vite que vous pouvez déplacer vos mains – sans une seule faute d'orthographe !**

10 ANNONCES BEST-SELLERS DE GENE SCHWARTZ

Parcourez des dizaines de tests décisifs – tests de licence... tests de promotion... tests de relance – qui vous permettront de gagner beaucoup d'argent !

C'est jour de paye ! *Maintenant, vous commencez à transformer vos connaissances dans le style de vie dont vous avez toujours rêvé !*

Par exemple, souhaitez-vous gagner des milliers de dollars de bonus avec votre stylo ! Rédigez des rapports d'affaires et des mémos qui vous mettent la tête et les épaules au-dessus de la foule ! Ou écrivez l'histoire ou le roman que vous avez toujours voulu mettre sur papier ! Ou envoyez des lettres de vente qui établissent de nouveaux records ! Ou bien, ouvrez chez vous une entreprise de vente par correspondance à temps partiel où les commandes affluent !

Ensuite, essayez ce secret de base de tous les écrivains professionnels – comment faire en sorte que vos pensées s'organisent de manière à pouvoir les copier directement sur le papier ! Et voyez par vous-même comme il est facile d'écrire un anglais puissant – pour vous ouvrir un tout nouveau monde de réalisations avec une seule action simple !

Ou – et c'est le record le plus importante de tous, voudriez-vous vraiment obtenir le diplôme supplémentaire dont vous avez toujours rêvé !

Voulez-vous cette promotion de premier ordre qui a toujours semblé être à deux ou trois étapes inaccessibles !

Voulez-vous un titre après votre nom... une licence sur votre mur... le respect et l'admiration des connaissances testées — *que des connaissances éprouvées* entraînent à chaque fois.

Alors préparez-vous pour l'une des soirées les plus palpitantes de votre vie ! Lorsque vous mettez cette action "testeur de résolution" au travail ! Quand on vous montre un rituel simple de 5 minutes – avant d'effectuer un test ce qui permet de réussir ce

10 ANNONCES BEST-SELLERS DE GENE SCHWARTZ

test haut la main ! Cela évacue la peur et la nervosité de votre corps comme par magie ! Cela met chaque fait que vous avez appris *au bout de vos doigts, prêt à vous permettre de travailler immédiatement – prêt à vous donner des scores d'avancement si élevés que votre carrière progresse plus vite que vous ne l'aviez jamais r êvé !*

N'ENVOYEZ PAS D'ARGENT !
VÉRIFIEZ-LE À NOS RISQUES !

Laissez-moi être parfaitement franc ! Ces 7 actions simples font littéralement la différence entre être le premier en ligne pour les trésors de la vie – ou être satisfait des restes laissés par les autres !

Pour autant que nous la sachions, elles n'ont jamais été rassemblées entre les couvertures d'un même livre ! Maintenant, elle sont à vous dans COMMENT DOUBLER VOTRE POUVOIR D'APPRENDRE, par Eugene M Schwartz !

Le coût de cette encyclopédie en un seul volume, facile à apprendre, n'est que de 5,98 dollars, soit bien moins que d'autres livres qui ne font pas aussi bien son travail.

Mais ce qui est encore plus important, c'est la garantie inconditionnelle ! *Ce livre doit tenir toutes les promesses que nous avons faites – il doit vous montrer sans l'ombre d'un doute que c'est l'action, et non la théorie, qui permet de doubler littéralement le pouvoir d'achat – ou simplement retournez-le pour recevoir un remboursement de chaque centime de votre prix d'achat !*

Vous n'avez rien à perdre ! Un tout nouveau monde de réalisations à gagner ! Envoyez le coupon sans risque ci-dessous – AUJOURD'HUI !

EXECUTIVE RESEARCH INSTITUTE, INC.

ENVOYEZ LE COUPON SANS RISQUE AUJOURD'HUI !

EXECUTIVE RESEARCH INSTITUTE, INC. DEPT. NYB-4
119 FIFTH AVENUE, NEW YORK 10003

Messieurs : Oui, je veux essayer un exemplaire du nouveau livre étonnant d'Eugène M. Schwartz, "Comment Doubler Votre Pouvoir D'Apprendre", entièrement à vos risques. Je règle le bas prix de lancement de seulement 5,98 dollars. Je vais utiliser ce livre pendant 10 jours à vos risques. Si je ne suis pas complètement ravi... Si ce livre ne fait pas tout ce que vous dites, je le renverrai simplement pour un remboursement de chaque centime de mon argent.

Si vous souhaitez commander en contre-remboursement, COCHEZ ICI ! Joignez un dépôt de 1 dollars en guise de bonne volonté. Payez le solde du facteur, plus les frais d'affranchissement et de traitement. La même garantie de remboursement s'applique, bien sûr !

Nom : _____

Adresse : _____

Ville : _____

État : _____ Code Postal : _____

10 ANNONCES BEST-SELLERS DE GENE SCHWARTZ

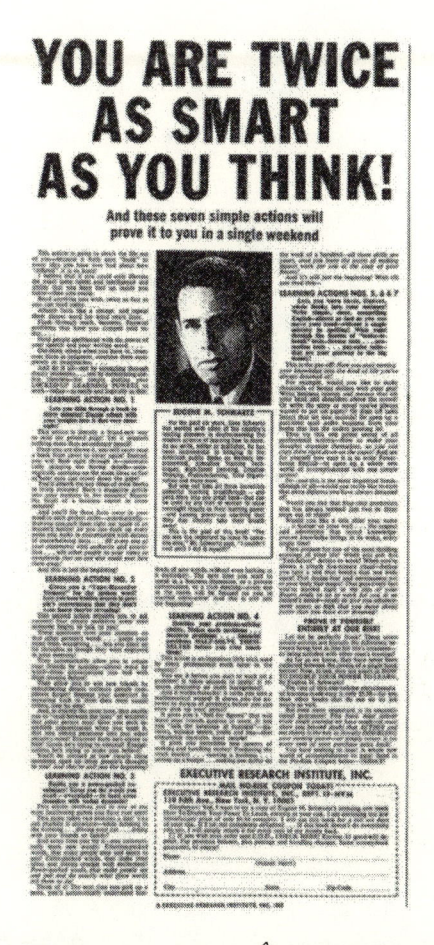

Illustration 15: Annonce 4 : VOUS ÊTES DEUX FOIS PLUS INTELLIGENT QUE VOUS NE LE PENSEZ !

ANNONCE 5 – PROFITER D'UNE APPARENCE JEUNE, D'UNE SILHOUETTE AFFINÉE

Le nouveau livre du chirurgien esthétique d'Hollywood montre
comment toute femme de plus de 30 ans peut

10 ANNONCES BEST-SELLERS DE GENE SCHWARTZ

Profiter D'Une Apparence Jeune, D'Une Silhouette Affinée
en moins de 10 jours !

Depuis Hollywood en Californie, vient de sortir ce qui est pourrait être l'actualité beauté la plus passionnante de notre génération.

À partir d'aujourd'hui, oubliez tout ce que vous avez entendu ou lu sur ce que "l'âge doit être" pour votre apparence. Oubliez tout ce que vous avez pu croire à propos de l'âge ou de votre apparence à 30 ans. . . 40. . . 50. . . ou même 60.

Parce que – à partir de ce moment – vous allez entrer dans un nouveau monde de beauté ! Un monde où les fruits ordinaires sont transformés en produits cosmétiques anti-rides. Où un simple mouvement quotidien avec votre menton pourrait vous rajeunir de plusieurs années l'apparence de votre gorge et de votre mâchoire. Où un truc de 6 secondes avec votre respiration peut effacer jusqu'à un centimètre de votre tour de hanche et de votre tour de taille dès les 6 premières secondes seulement.

Vous n'avez probablement jamais même imaginé que ces techniques miraculeuses – et plus de 70 autres – aient jamais existé. Mais maintenant, elles vous sont offertes pour vérifier sans que vous ne risquiez un centime. Offert pour vous par l'homme qui a consacré plus de 20 ans de son temps exclusivement à aider certaines des femmes les plus glamour américaines à devancer la nature. . . contrôler le vieillissement. . . rester jeune au-delà des années de jeunesse communément acceptées !

Quand Une Star De Cinéma À Un Âge Avancé
Vous Fait Supplier : "Comment
Fait-Elle Pour Paraître Si Jeune ?"
Pourquoi Ne Pas Demander À Son Médecin ?

10 ANNONCES BEST-SELLERS DE GENE SCHWARTZ

Le nom de cet homme c'est le Dr Robert Atan Franklyn, chirurgien esthétique de renommée internationale.

Même si vous n'avez peut-être jamais entendu parler de lui par son nom, vous verrez souvent ses résultats lorsque vous allez au cinéma ou que vous allumez votre téléviseur.

Cette merveilleuse star chantante de la Seconde Guerre mondiale, que l'on voit souvent à la télévision – vous savez qu'elle doit vieillir. Comment son corps peut-il être si jeune, si mince, si gracieux ? Comment son visage peut-il être aussi lisse et souriant ? Comment semble-t-elle se moquer des années, ces mêmes années qui détruisent d'autres femmes ?

Lisez la réponse passionnante ci-dessous

Cet acteur et athlète de renommée mondiale qui ne semble pas avoir vieilli d'une journée depuis de nombreuses années – il semble être devenu plus beau, plus viril, plus attrayant d'année en année – comment a-t-il résisté aux ravages du temps ?

Lisez la réponse passionnante ci-dessous

Ou encore cette ravissante gagnante du concours national de beauté que vous avez regardée dans les pages de votre journal depuis presque aussi longtemps que vous vous en souvenez. Comment maintient-elle sa silhouette ? Que fait-elle pour empêcher l'accumulation des kilos sur son corps ? Et qu'est-ce qui empêche l'âge d'attaquer sa peau ?

Lisez la réponse passionnante ci-dessous

Oui, des dizaines d'autres célébrités que vous reconnaîtrez tout de suite, découvrez ces secrets de la beauté et de la jeunesse d'années en années !

Et maintenant, ce livre vous apprend que ces hommes et ces femmes ont parcouru le monde pour le découvrir. Plus de 77 façons d'atténuer les effets du temps pour. . . **libérer votre apparence de la prison de l'âge du calendrier. . . ramener la** lueur exubérante de la jeunesse sur chaque centimètre carré de votre visage et de votre corps !

Par Exemple : Pour Commencer Avec -

Dès la toute première heure seulement, vous êtes invité dans un monde entièrement nouveau de cosmétiques naturels – des cosmétiques dont les ingrédients incroyables ont été utilisés pour aider à guérir les blessures !

Ici, peut-être pour la première fois, se trouvent des produits cosmétiques qui utilisent les véritables pouvoirs de la nature pour restaurer la beauté et lutter contre la sécheresse causant les rides. . . **aider à lisser la peau et les rides en fournissant une humidité vitale que la peau perdrait inévitablement après 30 ou 35 ans.**

Ces cosmétiques sont fabriqués à partir de fleurs et de fruits de la nature. Ils ne coûtent pratiquement rien. Vous pouvez les préparer à la perfection en quelques minutes avec n'importe quel blender ménager. **Et voici c'est ce qu'ils peuvent faire pour vous !**

Ils peuvent nettoyer votre peau sans détergents – augmentez les bénéfices que vous retirez de votre crème nettoyante de nuit en quelques secondes. Ils peuvent protéger de manière invisible votre peau contre le soleil, le vent et d'autres éléments en suspension dans l'air. Donnez à votre peau entière toute la journée cette belle lueur saine qu'elle ne prendrait normalement qu'après une marche rapide ou une journée complète à l'air libre.

Ils peuvent donner un éclat brillant à vos cheveux sans un mouvement supplémentaire avec votre shampooing habituel – ils peuvent vous donner des cheveux décolorés ou colorés éclatants.

Ils peuvent vous donner un masque de beauté naturel qui vous détendra complètement en seulement 15 minutes – qui aidera à éliminer les impuretés de votre peau et aidera à la rafraîchir en seulement 15 minutes.

10 ANNONCES BEST-SELLERS DE GENE SCHWARTZ

Ils peuvent vous donner une toute nouvelle façon de prendre un bain de soleil l'été prochain – vous passez moins de temps à bronzer – un bronzage qui dure plus longtemps – et c'est le vôtre, sans pelage ni affaissement, sans taches de rousseur, sans rides, sans taches pigmentaires.

Et ce n'est encore que le début, de ce que ces cosmétiques peuvent faire pour votre visage – dans le confort de votre propre maison – sans risquer un seul centime.

Attendez D'Avoir Essayer Ceci -

5 Exercices Simples Qui Protègent Le Visage Et Restaurent Les Mêmes Zones Qu'Un Lifting

Maintenant, ce livre unique vous donne des informations sur des mouvements faciaux étonnamment simples qui ne prennent que 30 secondes chacun, ce qui aide à redonner forme à la ligne du menton fatigué. . . aide à vous donner une ligne ferme pour la mâchoire... une gorge bien définie et plus lisse. . . même, si nécessaire, peut aider à améliorer le contour retombant des fesses qui afflige tant de femmes avec la vieillesse !

En plus des secrets de maquillages professionnels d'Hollywood, votre mari pourrait être ravi dès votre première utilisation. Comment effacer les ombres, surtout sous les yeux. Un nez étroit ou épais ou une mâchoire large. Créez des pommettes hautes et fascinantes. Un regard sexy et naturel.

Plus, une toute nouvelle façon de prendre un bain qui apaise vos nerfs. . . rend votre peau douce et lisse partout... **adoucit même ces rugosités désagréables sur les pieds et les talons.**

De plus – et c'est peut-être le plus important de tout – une section complète sur la tentative de restaurer le corps mince, jeune et gracieux que vous aviez en tant que jeune mariée – et de vous débarrasser de ces petites rides tragiques d'une peau affaissée qui pourraient se développer sur vos hanches, votre taille et vos cuisses aujourd'hui !

10 ANNONCES BEST-SELLERS DE GENE SCHWARTZ

Comment Retirer Des Années À L'Apparence De Votre Silhouette En Aussi Peu De Temps Que 10 Jours

La toute nouvelle découverte NATURELLE

À partir d'aujourd'hui, ce livre unique écrit par un chirurgien esthétique de renommée internationale vous montrera 77 façons de donner à votre visage et à votre corps un aspect plus jeune, plus mince et beaucoup plus beau que vous n'auriez jamais osé rêvé !

Et vous le ferez en n'utilisant rien de plus que l'eau du robinet, vos 10 doigts et le contenu de votre jardin et de votre réfrigérateur.

régime alimentaire – le secret simple des célébrités d'Hollywood révélé. Cela élimine pratiquement la sensation de faim. . . commencez quelques jours passionnants sur votre chemin pour perdre vos kilos en trop.

Et des « produits diététiques hollywoodiens » incroyablement délicieux et sains que vous n'auriez jamais imaginé. Le nouveau pain de viande, le riz brun aux légumes, les feuilles de vigne farcies... un tout nouveau type de bœuf Stroganoff, des steaks à Hong Kong. Pot-pourri Hors d'Oeuvres. . . des desserts avec du pain et du fromage et des noix et autres – plus des dîners délicieux et énormes qui donnent l'eau à la bouche, spécialement conçus pour aider votre corps et votre silhouette.

De plus, le serre-ventre de 10 secondes (qui construit votre propre ceinture naturelle) peut étonner votre mari dès la première semaine d'utilisation.

De plus, des exercices "Pull pour les Filles". Exercices que vous utilisez pour amincir les hanches... pour vous aider à affiner les membres, **en particulier l'intérieur des cuisses qui pourraient gâcher votre silhouette en maillot de bain.**

10 ANNONCES BEST-SELLERS DE GENE SCHWARTZ

Plus des sections entières sur la façon de s'asseoir, d'être debout et de marcher tout en étant jeune et aussi gracieuse qu'un mannequin. . . Des astuces de coachs vocaux hollywoodiens pour mettre du désir dans chaque mot que vous dites... **plus de 250 pages fascinantes** – pleines de nouvelles idées palpitantes sur la beauté, vitalité et jeunesse – vous pouvez le lire de la première à la dernière page depuis chez vous sans risquer un centime !

Lisez-Le À Nos Risques !
Vérifiez-Le À Nos Risques !

Plus de 20 ans ont été consacrés au développement de ces techniques. La grande majorité d'entre elles vous sont probablement totalement inconnues aujourd'hui. Une fois que vous les avez mis en place (bien que, bien sûr, lorsqu'un traitement médical soit nécessaire, vous devez toujours consulter votre propre médecin), les résultats peuvent être si surprenants que vous aurez peut-être du mal à croire que votre silhouette soit différente.

Le nom du livre du Dr Franklyn est, bien sûr, L'ART DE RESTER JEUNE. Son coût n'est que de 4,98 dollars. Vous pouvez le recevoir sans prendre le moindre risque. Vous le lisez pendant 10 jours complets. Si vous n'êtes pas ravi à la fin de cette période, **il vous suffit simplement de le renvoyer pour recevoir en retour chaque centime de votre prix d'achat.**

Vous n'avez rien à perdre. Un tout nouveau monde de beauté à gagner. Envoyez le coupon sans risque ci-dessous AUJOURD'HUI.

ENVOYEZ LE BON, SANS RISQUE, AUJOURD'HUI !

EXECUTIVE RESEARCH INSTITUTE. Inc., Dept. 28-NYM

---

10 ANNONCES BEST-SELLERS DE GENE SCHWARTZ

119 Fifth Avenue, New York, N. Y. 10003

Messieurs: Oui, je veux essayer un exemplaire de l'incroyable nouveau livre du Dr Robert A. Franklyn, L'ART DE RESTER JEUNE, entièrement à vos risques. Je vous règle le bas prix de lancement de seulement 4,98 dollars. Je vais utiliser ce livre pendant dix jours complets à vos risques. Si je ne suis pas complètement ravi... si ce livre ne fait pas tout ce que vous dites, je vous le renverrai tout simplement pour recevoir chaque centime de mon argent en retour.

Si vous souhaitez passer commande en CONTRE REMBOURSEMENT, COCHEZ CETTE CASE! Réglez 1 dollar en guise de bonne volonté. Payez le solde du facteur, plus les frais d'affranchissement et de traitement. La même garantie de remboursement s'applique, bien sûr !

Nom : _____

Adresse : _____

Ville : _____

État : _____   Code Postal : _____

10 ANNONCES BEST-SELLERS DE GENE SCHWARTZ

Illustration 16: Annonce 5 : Profiter D'Une Apparence Jeune, D'Une Silhouette Affinée

ANNONCE 6 – L'ÉPANOUISSEMENT SEXUEL APRÈS 40 ANS

**L'Épanouissement Sexuel
Après 40 ans**

Un psychiatre distingué montre que les hommes dans la quarantaine, la cinquantaine, la soixantaine et même au-delà peuvent mener une vie sexuelle de plusieurs façons aussi satisfaisante que lorsqu'ils étaient dans la vingtaine

Si vous avez sombré dans la « retraite sexuelle », ce livre a été écrit pour vous – et pour des millions d'autres hommes parfaitement sains et en parfaite santé, comme vous, qui souffrent de l'un des états les plus démoralisants et pourtant véritablement guérissables connus de la médecine.

LE SEXE ET L'HOMME MÛR de Louis P. Saxe. M.D. vous présente un programme éprouvé pour vous aider à retrouver votre pleine vigueur sexuelle. C'est sain, pratique et sympathique.

**Depuis le bureau d'un médecin
• • • Conseil d'Expert**

Ce livre vous aide dès la première page – exactement comme le docteur Saxe vous aiderait si vous veniez le voir. Il attaque votre problème sous tous les angles. Il vous montre comment vaincre votre peur de l'impuissance – la clé de l'échec sexuel "incurable". Il explique – et vous pourriez être surpris d'apprendre cela – que physiologiquement, la ménopause masculine n'existe tout simplement pas; que vous pouvez vous rendre impuissant simplement parce que vous croyez aux mythes sexuels.

Le Dr Saxe fait remarquer que votre "impuissance" n'est peut-être même pas de votre faute, que votre femme pourrait être la cause accidentelle de votre échec sexuel.

Calmement et avec sympathie, il vous guide au-delà des effets castrateurs du culte de la "jeunesse" américaine, qui représente une si grande quantité de déceptions sexuelles. Et il vous montre comment éviter le "jeu des chiffres" infructueux et les 5 handicaps sexuels qui font inutilement de la quarantaine un supplice pour des millions d'hommes.

Votre deuxième étape vers l'avant – et des surprises

Une fois que vous avez commencé à comprendre votre problème – et pourquoi il peut être résolu – le Dr. Saxe vous révèle les dernières avancées en matière de connaissances sur la sexualité (telles que celles de Dr. Kinsey) qui peuvent vous aider à augmenter considérablement votre masculinité. Vous apprendrez comment « l'approche des vacances » peut vous rapporter de réels bénéfices avec une vigueur sexuelle renouvelée. (Le Dr Saxe rapporte que les hommes sont surpris et ravis du succès de cette expérience.) Vous apprendrez également ce que vous, vous pouvez faire pour ralentir le processus physique connu sous le nom de "vieillissement".

LE SEXE ET L'HOMME MÛR vous prouvera que vous possédez un avantage sur les hommes plus jeunes – si vous apprenez à l'utiliser. (Le Dr Saxe explique les soi-disant "secrets" des hommes continentaux et explique comment ils transforment leurs années de maturité en une période de leur plus puissante attraction sexuelle.)

Des réponses avancées pour chaque question

Des sujets aussi importants que l'expérimentation sexuelle et la variation des techniques pour faire l'amour sont abordés. Le problème de l'homosexualité, pourquoi il ne frappe souvent pas avant 40 ans, et les espoirs qu'il suscite pour sa détection précoce et son soulagement sont couverts avec franchise. Ce livre examine également la consommation d'alcool, de tranquillisants, d'aphrodisiaques et de "potions d'amour" – en expliquant quand et pourquoi ils fonctionnent et en quoi vous pouvez obtenir les mêmes avantages de manière plus sûre.

La détermination du Dr Saxe à vous aider à retrouver toute la satisfaction sexuelle qui peut être la vôtre a été condensée dans ce livre.

Également inclus dans ce livre inestimable : Une sélection complète d'histoires révélatrices illustrant le traitement efficace des problèmes les plus importants auxquels l'homme dans la quarantaine peut être confronté sur le chemin de l'épanouissement sexuel.

Commentaires préliminaires des autorités sur le terrain sur
LE SEXE ET L'HOMME MÛR

Paul Popenoe, Sc.D., fondateur et président de l'American Institute of Family Relations : « Je ne connais pas de meilleur livre à la disposition de l'homme qui souhaite obtenir une image précise du sujet. Il est clairement écrit, pratique, donne des instructions spécifiques."

Walter C. Alvarez, M.D . : «Très bien écrit et intéressant tout du long... il y a des hommes qui gagneraient beaucoup à lire ce livre.»

EXAMEN GRATUIT DE 10 JOURS

Vous pouvez examiner un exemplaire de LE SEXE ET L'HOMME MÛR du Dr. Louis P. Saxe pendant dix jours sans aucune obligation. Envoyez simplement le coupon sans risque ci-dessous. Si vous n'êtes pas convaincu que cela puisse vous aider à obtenir une vraie satisfaction sexuelle, vous pouvez retourner le livre pour recevoir un remboursement rapide du prix de 5.98 dollars.

10 ANNONCES BEST-SELLERS DE GENE SCHWARTZ

ENVOYEZ LE BON, SANS RISQUE, AUJOURD'HUI !

INFORMATION INCORPORATED, Dept. PS-4
119 Fifth Avenue, New York, N. Y. 10003

Messieurs : Sans engagement de ma part, veuillez m'envoyer la toute nouvelle édition du nouveau livre révolutionnaire du Dr. Louis P. Saxe, LE SEXE ET L'HOMME MÛ. Je règle seulement 5,98 dollars pour le tout. Je comprends que ce livre est entièrement garanti. Si ce livre ne fait pas tout ce que vous dites... si je ne suis pas convaincu que ce livre m'offre pratiquement une deuxième chance de vivre, je vous renverrai le livre dans les 10 jours pour recevoir un remboursement intégral.

Si vous désirez commander en CONTRE-REMBOURSEMENT, cochez cette case. Joignez simplement un acompte de 1 dollar, en gage de bonne volonté. Réglez ensuite le solde au facteur., plus les frais de port et de manutention. La même garantie de remboursement s'applique bien sûr !

Nom : _____

Adresse : _____

Ville : _____

État : _____   Code Postal : _____

10 ANNONCES BEST-SELLERS DE GENE SCHWARTZ

Illustration 17 : Annonce 6 : L'Épanouissement Sexuel Après 40 ans

ANNONCE 7 – LES SECRETS DES SUPER-

HOMMES DE L'EST ENFIN RÉVÉLÉS À L'OUEST !

Les Secrets Des Super-Hommes De L'Est Enfin Révélés À L'Ouest !

PROUVÉ AU-DELÀ DE TOUT DOUTE ! Votre corps est des centaines de fois plus fort que vous ne le pensez ! Votre esprit est des milliers de fois plus puissant que vous ne l'avez jamais rêvé !

Voici comment libérer ces puissances explosives qui sont votre droit donné par Dieu ! Utilisez-les pour remplir votre vie avec une santé et une nouvelle vitalité éblouissantes... une armée d'amis et de sympathisants dévoués... des richesses, du pouvoir et de l'influence au-delà de vos rêves les plus fous !

C'est l'histoire surprenante d'un livre déterré pendant la Seconde Guerre mondiale, selon ses prédictions... passé de main en main par quelques-uns qui ont eu la chance de le posséder jusqu'à ce que ce soit devenu une véritable légende... *et qui a été publié pour la première fois depuis plus de 30 ans, pour vous prouver que les limitations qui vous ont été imposées et acceptées par votre esprit et votre corps SONT TOTALEMENT FAUSSES !*

Pour le moment, avant de lire un autre mot, reportez-vous à la photo ci-dessous et étudiez les références impressionnantes de cet auteur. Constatez par vous-même qu'il était vraiment un « super-scientifique » – l'un des principaux médecins, psychologues, neurologues et philosophes anglais ! Et puis, gardez à l'esprit la réputation scientifique irréprochable de cet homme, car vous apprendrez dans cette publicité les nouveaux pouvoirs presque incroyables que ce livre libérera dans tous les aspects de votre vie – LITTÉRALEMENT EN UN INSTANT !

Les voici. Voici ce que ce livre étonnant conçu pour vous, pour faire, *dès le moment même où vous commencez à feuilleter ses pages -*

10 ANNONCES BEST-SELLERS DE GENE SCHWARTZ

1- Vous possédez un nouveau contrôle sur chaque partie de votre corps ! Si précise que vous pouvez réellement vous endormir en un clin d'oeil... donnez-vous un "exercice" sain et complet en quelques minutes, sans bouger un seul muscle... coupez instantanément la douleur de tout membre de votre corps, si bien que vous veniez de vous faire une « anesthésie mentale » !

2- Vous développez des pouvoirs de CONCENTRATION, DE RAISONNEMENT, DE PUISSANCE si éblouissants que vous pouvez réellement HYPNOTISER LES AUTRES sans même qu'ils réalisent que vous êtes dans la même pièce qu'eux !

3- Vous utilisez ensuite des pouvoirs hypnotiques pour atteindre une MAÎTRISE DE CEUX QUI VOUS ENTOURENT au point de les submerger, si nécessaire, ils sacrifieront leurs propres objectifs pour le vôtre; ils abandonneront leurs propres besoins et désirs pour vous suivre aveuglément !

**L'AUTEUR
ALEXANDER CANNON**

K.CjL., M.D., PH.D., D.P.M., M.A., CH.B., P.B.G.S ..

P.K.S.M., FAS. TXOP. M. A H.

MEMBRE DU ROYAL MEDICO-PSYCHOLOGICAL ASSOCIATION DE GRANDE-BRETAGNE ET D'IRLANDE

MEMBRE DE L'ASSOCIATION DE MÉDECINE BRITANNIQUE (CONSEIL EXÉCUTIF 1934-1935)

MEMBRE DE LA SOCIÉTÉ POUR PSYCHIQUE

RECHERCHE, LONDRES

MEMBRE DE LA SOCIÉTÉ POUR L'ÉTUDE DE

INEBRIETY, LONDRES

10 ANNONCES BEST-SELLERS DE GENE SCHWARTZ

> MEMBRE DES SECTIONS DE PSYCHIATRIE ET NEUROLOGIE DE LA SOCIETE ROYALE DE MÉDECINE, LONDRES
>
> VICE-PRÉSIDENT DE L'UNIVERSITÉ DE
>
> SOCIÉTÉ DE MÉDECINE DE HONG KONG KUSKOG YOGI DU TIBET DU NORD MAÎTRE DU CINQUIÈME GRAND BLANC
>
> LODGE DES HIMALAYAS

4- Et dans le même temps, et tout aussi important, vous développerez UN BOUCLIER PRESQUE INVULNÉRABLE CONTRE LE MAL ! Contre la malice et l'hostilité des autres ! Contre la malchance, le malheur, la mauvaise santé, les revers de fortune – avant même qu'ils ne puissent COMMENCER à agir contre vous !

Et 5- Vous développerez ensuite les "super pouvoirs" enfermés aujourd'hui dans votre inconscient – des pouvoirs dont vous n'aviez jamais osé rêver qui existaient, jusqu'à ce que ce livre commence à vous les révéler, un par un. Le "Sixième Sens" caché qui vous permet de fabriquer votre propre chance... développez une compréhension télépathique des secrets les plus profonds des autres... prédisez l'avenir avec une clarté stupéfiante... même au-delà des limites physiques de votre propre corps, et explorez les mystères mêmes de la vie – après la mort !

**Tous Ces Cadeaux Incroyables Sont À Vous !
Mais d'Abord Nous Devons Ajouter
2 Mots Essentiels d'Avertissement !**

Encore une fois, permettez-moi de répéter que ces techniques sont prouvées depuis des milliers d'années en Orient; et qu'elles vous sont maintenant transmises, pour la première fois, par l'un des scientifiques les plus éminents d'Angleterre. Il ne fait aucun doute qu'elles existent et qu'elles libèrent des pouvoirs presque effrayants chez les hommes et les femmes qui les utilisent !

Mais – Vous Devez Réaliser Ces 2 Faits Essentiels :

1- Vous n'obtiendrez PAS ces cadeaux simplement en "souhaitant" que vous les possédiez ! Si vous voulez ce type de pouvoir presque "super-humain", vous devez être disposé à travailler pour l'obtenir ! À consacrer chaque jour, 10 ou 15 minutes, à des exercices mentaux qui développent ces forces incroyables en vous ! VOUS NE POUVEZ PAS MANQUER UN SEUL JOUR — vous ne voudrez pas non plus le manquer *quand vous verrez, APRÈS JOUR APRÈS JOUR, vos pouvoirs croissants de concentration, de raisonnement, de magnétisme personnel, de vitalité corporelle, de maîtrise d'autrui, de santé et de vigueur renouvelées et de tout le reste QUE CES EXERCICES DÉVELOPPENT DANS VOTRE CORPS, COMME S'IL ÉTAIT UN GÉANT GÉNÉRATEUR !*

2- Et, ce qui est encore plus important, de par la nature même de ces forces, VOUS NE POUVEZ PAS LES UTILISER SAUF SI VOUS ÊTES PRÊT À LES METTRE AU TRAVAIL POUR LE BIEN D'AUTRES PERSONNES AINSI QUE LE VÔTRE ! Si vous souhaitez avoir un contrôle total sur les autres pour les diriger pour leur propre bien, ces techniques vous le donneront; mais si vous leur voulez du mal, vous ne gagnerez rien ! Si vous souhaitez accumuler d'énormes sommes d'argent pour concrétiser vos visions, ces techniques vous les donneront; mais si vous ne souhaitez que cet argent à des fins égoïstes, vous n'obtiendrez rien !

Ceci est un livre pour les hommes et les femmes ayant un but dans la vie, avec des rêves, des objectifs et des visions qu'ils n'ont jamais eu le pouvoir d'accomplir ! CES POUVOIRS SONT MAINTENANT DISPONIBLES ! Ils sont à vous, si vous voulez simplement étirer vos mains pour les prendre !

10 ANNONCES BEST-SELLERS DE GENE SCHWARTZ

Voici à nouveau un échantillon de ce qui vous attend dans ce livre vraiment incroyable :

> Les muscles du cou de cet homme ne sont pas plus forts que les vôtres. Pourtant, quand ils ne les inondent pas de la puissance suralimentée générée par son esprit, 12 spectateurs puissants ne peuvent l'étrangler ! Celles-ci et bien d'autres photographies tout aussi étonnantes sont reproduites dans ce grand volume ! Essayez-les à nos risques !

> Une démonstration, devant des centaines de personnes, dans un auditorium anglais. Le Yogi repose sur un lit de 10 000 pointes. L'homme au marteau est en train de casser une pierre posée sur le corps du Yoki. La pierre est trop lourde pour que 4 hommes puissent la soulever. Elle est brisée après de nombreuses tentatives, mais le Yogi n'est pas blessé. La preuve hors de tout doute du pouvoir de l'esprit, une fois bien formé, de conjurer la douleur et le danger.

**Les Lois Magiques De La Nature –
Enfin Révélées !**

Comment nettoyer votre corps et votre esprit, avec votre propre souffle, afin que votre peau soit réellement débarrassée des imperfections... de votre digestion, celle d'une jeune personne... de votre voix remplie du charme et de la fascination de la musique.

Comment jouer d'un magnétisme personnel incroyable qui fait que les autres suivent vos ordres sans se poser de questions.

Pourquoi les pouvoirs de volonté, de concentration et du fonctionnement de l'esprit que vous utilisez aujourd'hui sont comme un enfant faible comparés à ceux qui sont réellement enfouis en vous.

Comment atteindre PAR LA VISUALISATION si puissante que les personnes qui se tiennent à côté de vous pourront réellement voir, ressentir, être visiblement émues par vos pensées, comme si elles étaient réelles !

La vérité sur LA PEUR. Et pourquoi, si vous la laissez courir dans votre esprit sans contrôle – si vous ne prenez pas cette simple précaution – elle pourrait en fait détruire votre fortune en matérialisant ce que vous craignez le plus.

Comment débarrasser votre esprit à jamais des idées mortelles de maladie, d'échec et de pauvreté.

Comment EXIGER le succès dans la vie ! Comment transformer les souhaits en demandes et les demandes en réalité inévitable !

L'art de vous préparer au succès.

L'art de l'inactivité magistrale ! Comment faire en sorte qu'une grande fortune VIENNE À VOUS – bien plus rapidement que si vous la poursuiviez 24 heures par jour à contre sens !

Pourquoi les rêves de certains hommes se réalisent toujours et les autres échouent toujours. Pourquoi les imbéciles font souvent fortune dans des situations que les hommes sages évitent comme la peste. Pourquoi certaines personnes attirent-elles la chance comme un aimant, alors que d'autres ne peuvent recevoir que de la malchance. Il Y A une clé ! Et la page 55 là possède !

**Vous Avez Beaucoup Plus De Pouvoir Sur Votre Vie Que Vous Ne L'auriez Jamais Rêvé !
Ce Livre Vous Montre Comment l'Utiliser !**

La grande « Image – Erreur » que fait 4 personnes sur 5, ouvrent grand leurs corps à la fatigue ! Cette science est en accord avec Dieu.

10 ANNONCES BEST-SELLERS DE GENE SCHWARTZ

Comment prendre « 2 semaines de vacances » en 15 minutes, sans jamais quitter votre chaise. Comment développer de beaux muscles et une silhouette en pratiquant des exercices "imaginaires". Comment atteindre l'état de relaxation « parfait » – et allongez-vous sur votre lit avec une telle facilité qu'il vous est pratiquement impossible de ne pas vous endormir.

Pourquoi de mauvaises choses vous arrivent-elles ? Apprenez pour la première fois comment la plupart des gens ATTIRENT littéralement la malchance ! Et comment l'éliminer de votre vie comme si vous fermiez une fenêtre pour bloquer un courant d'air !

Comment ARRÊTER DE LAISSER LES AUTRES FAÇONNER VOTRE VIE À VOTRE PLACE ! Et commencez à façonner votre vie SELON VOS PROPRES TERMES – DÈS DEMAIN !

Lorsque la première jeunesse a disparu de votre corps, il reste encore une deuxième jeunesse à exploiter. Voici comment la développer – en un instant.

Pourquoi la douleur est une illusion. Et comment cette technique simple de contrôle de vos réactions nerveuses peut vous le prouver en quelques minutes.

Voulez-vous revivre à nouveau ? Existe-t-il un grand cycle de la vie sans mortalité ? Lisez la page 176 et découvrez pourquoi la réponse est OUI à une écrasante majorité !

Lisez-Le De La Première À La Dernière Page, Entièrement À Nos Risques !

Ce livre étonnant, appelé par son auteur de renommée mondiale LES POUVOIRS PRÉSENTS, est maintenant à vous dans une toute nouvelle édition de luxe au prix de seulement 5,98 dollars.

Si vous n'êtes pas complètement ravi, renvoyez simplement le livre pour recevoir chaque centime de votre prix d'achat en

10 ANNONCES BEST-SELLERS DE GENE SCHWARTZ

retour ! Vous n'avez rien à perdre ! Un tout nouveau monde de connaissances à gagner ! Envoyez le coupon sans risque – AUJOURD'HUI !

INFORMATION, INCORPORATED
119 Fifth Ave., New York, N.Y. 10003

ENVOYEZ LE BON, SANS RISQUE, AUJOURD'HUI !

INFORMATION. INCORPORATED. Dept. Fw7-10
119 Fifth Ave., New York, N.Y. 10003

Messieurs : Sans obligation de ma part, veuillez m'envoyer le livre révolutionnaire de Sir Alexander Cannon LES POUVOIRS PRÉSENTS. Je joins 5,98 dollars en guise de règlement complet. Je comprends que ce livre est entièrement garanti. Si ce livre ne fait pas tout ce que vous promettez... si je ne suis pas complètement ravi dans les 10 jours. Je vais renvoyer le livre pour recevoir tout mon argent en retour.

Si vous souhaitez commander en CONTRE REMBOURSEMENT, cochez ici. Réglez seulement 1 dollar en guise de bonne volonté. Réglez le solde du facteur, plus les frais d'affranchissement et de traitement. La même garantie de remboursement s'applique bien sûr !

Nom : _____

Adresse : _____

Ville : _____

État : _____ Code Postal : _____

Les résidents de N.Y., s'il vous plaît ajouter la taxe de vente appropriée.

10 ANNONCES BEST-SELLERS DE GENE SCHWARTZ

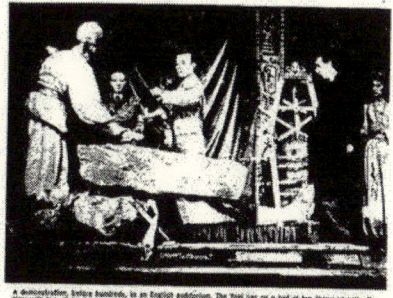

Illustration 18 : Annonce 7 : Les Secrets Des Super-Hommes De L'Est Enfin Révélés À L'Ouest !

ANNONCE 8 – EMPAREZ-VOUS D'UNE

FORTUNE PARMI LES ARBRES À ARGENT

Emparez-Vous d'une Fortune
parmi les Arbres À Argent

CHOISISSEZ l'Éducation de vos enfants dans des Universités sans frais.

EMPAREZ-VOUS de 5 333 dollars dans cet arbre à argent.

OBTENEZ le financement complet de vos vacances annuelles, avec un voyage en Europe.

OBTENEZ pour 256 dollars par an une assurance d'arbres à argent – Avec une protection de 42 400 dollars.

CHOISISSEZ des milliers d'arbres d'argent hypothécaire, des centaines d'appareils et d'arbres à argent pour améliorer votre habitation.

DÉCOUVREZ comment transformer 10 000 en 250 000 dollars et même 400 000 dollars... LISEZ ces conseils judicieux pour doubler vos revenus sans travailler ni à la sueur de votre front... des conseils solides pour bâtir la fortune de votre famille.

Les Arbres à Argent sont tout autour de nous – dans les supermarchés, les magasins d'appareils électroménagers et les grands magasins, les bureaux d'assurances et d'immobilier, les concessions automobiles, les universités. Apprenez à les reconnaître et vous pourrez facilement vous bâtir une véritable fortune. Avec ces exemples spécifiques, vous ou presque toute votre famille pouvez :...

- Obtenez plus de 266 dollars chaque année avec l'arbre de l'argent de la voiture. (Pages 94, 95)

- Obtenez des centaines de dollars chaque année dans l'arbre à argent de l'assurance (Page 41).

10 ANNONCES BEST-SELLERS DE GENE SCHWARTZ

- Obtenez 1 000 dollars par an ou plus avec l'arbre à argent de l'éducation pour chaque enfant qui va à l'Université. (Page 164)
- Obtenez 50 dollars avec cette appareil de l'arbre à argent. (Page 72)
- Ramassez jusqu'à 180 dollars dans le nouvel arbre de financement de la voiture. (Page 98)
- Obtenez 50 dollars ou plus par mois avec l'arbre à argent de la nourriture et des vêtements (lisez "Squandermania" à la page 29)
- Obtenez des milliers de dollars avec l'arbre à argent des hypothèques. (Page 87)
- Obtenez une fortune en investissant judicieusement dans toutes les économies mentionnées qui respectent TROIS RÈGLES SIMPLES. (Page 125)

Tout ce que vous achetez – nourriture, vêtements, voiture, bateau, chalet d'été, vacances, actions, immobilier – ce sont des arbres à argent... une occasion de gaspiller de l'argent – ou une occasion d'économiser et d'investir toute votre épargne pour gagner plus de revenus, avec une croissance parfois spectaculaire.

Pourquoi Rester SANS POSSESSION, Quand Il est Si Facile de Rejoindre Ceux qui POSSÈDENT

Les États-Unis restent la société la plus riche de la planète. À tel point que des millions de familles américaines sont en train de gâcher leurs chances de gagner des fortunes, simplement parce qu'elles ne se sont jamais donné la peine d'apprendre les règles simples en matière d'argent et de crédit, d'achats astucieux, d'épargne ingénieuse, d'investissement intelligent.

Par exemple, des millions de familles achètent leur maison à crédit, le crédit représentant de 50% à 80% du coût total. Cela signifie que, pour une maison avec un prix de 20 000 dollars, au fil des années, ils paient entre 10 000 et 16 000 dollars en plus de ce prix dûs aux frais du crédit.

Un nombre incalculable de millions de personnes paient 600 dollars supplémentaire pour une voiture de 3 000 dollars contre un crédit, et beaucoup plus si elles achètent comptant.

Profitez d'un Deuxième Revenu Supérieur à Votre Salaire

NATIONAL COUNSELLING SERVICE a reconnu depuis longtemps le besoin urgent de directives claires sur les problèmes d'argent. Même si 20 millions d'Américains possèdent maintenant des actions ordinaires, beaucoup d'autres font l'erreur de penser que leur salaire est le seul moyen de gagner de l'argent. Ils ne connaissent tout simplement pas les nombreux moyens pratiques de laisser cet argent leur rapporter encore plus d'argent.

Des milliers de familles accumulent un deuxième revenu égal ou supérieur à leurs salaires. Et c'est pour aider des dizaines de milliers de personnes supplémentaires à rejoindre ce groupe que NATIONAL COUNSELLING SERVICE met à disposition le livre inestimable d'Arthur Milton.

Comment Obtenir Une Valorisation En Dollars Pour Chaque Dollar Dépensé – ou Comment Obtenir une Fortune avec les Arbres À Argent

M. Milton insiste sur le fait qu'au début, ce livre n'est pas destiné à ceux qui essaient de faire vivre 5 enfants à 75 ou 80 dollars par semaine. C'est de la pauvreté et ces personnes ont peu de chance de sauver quoi que ce soit – ou d'éviter les dettes. Ses conseils sont plutôt pour les millions de personnes qui s'endettent inutilement avec un revenu familial de 150 dollars par semaine ou plus – au lieu de renforcer la sécurité et la liberté économique de leur famille.

L'auteur montre que les familles avec des revenus de 25 000 dollars par an vivent dans un esclavage perpétuel de dettes...

tandis que, en revanche, des milliers de familles avec des revenus de 7 500 dollars, jouissent d'un luxe, construisent sans cesse des revenus grandissants et renforcent leur sécurité.

Obtenir des augmentations de salaire substantielles est formidable, mais il vous montre « qu'il est beaucoup plus facile d'augmenter votre revenu ou votre capital en dépensant judicieusement. » Prenons, par exemple, l'assurance.

Économisez Plus de 256 dollars par an en Assurance – Donnez à Votre Famille 42 400 dollars de plus en protection

À l'heure actuelle, des centaines de jeunes hommes âgés de 32 ans paient 531 dollars par an pour une politique de dotation de 10 000 dollars sur 20 ans. Mais des milliers d'autres, mieux guidés, versent AUTANT QUE LA MOITIÉ avec 5 000 dollars et 47 500 dollars de protection d'assurance. Ainsi, l'acheteur malin crée une succession immédiate de 52 400 dollars, ce qui donnerait à son épouse un revenu pendant 20 ans de 250 dollars par mois et 5 000 dollars en espèces. PLUS DE 5 FOIS PLUS DE PROTECTION POUR SA FAMILLE, QUAND ILS EN ONT BESOIN, AVEC UNE ÉCONOMIE DE 256 DOLLARS PAR AN. (Lisez page 42) C'est l'un des nombreux moyens avec lesquels l'auteur Milton vous donne des informations simples sur la façon de faire fructifier 3 fois plus pour vous.

Évitez ces Erreurs Coûteuses

Lisez la page 92 pour savoir pourquoi dans la plupart des cas un prêt G.I. pour acheter une maison n'est vraiment pas une bonne affaire et comment économiser des milliers de dollars en frais d'hypothèque.

En page 78, lisez comment l'achat d'une maison au lieu d'un investissement en actions coûte à un jeune couple une perte de bénéfices de 140 000 dollars – et lisez tous les avantages et les inconvénients de posséder son logement par rapport à la location.

10 ANNONCES BEST-SELLERS DE GENE SCHWARTZ

À la page 79, lisez comment économiser de l'argent louant au lieu d'acheter un logement.

À la page 164, lisez pourquoi vous perdez des milliers de dollars en souscrivant à une assurance en fonds de dotation pour épargner spécifiquement pour les frais de scolarité à l'Université – et comment obtenir une éducation universitaire sans frais pour vos enfants ou la financer à très bas coût.

Aux pages 58 et 59, faites le test pour voir si votre famille a trop de dettes pour payer ses investissements – et voyez comme il est facile d'éviter de vivre sous l'esclavage de la dette.

Profitez de Tout Cela SANS Dépenser un Centime de Plus !

Ellis Arnall, ancien procureur général et gouverneur de Géorgie:

"Arthur Milton fournit les informations vitales permettant à chacun d'apprendre à acheter plus de choses qu'il veut vraiment, à se sortir de la dette et à rester en dehors de manière à payer les frais universitaires – une nouvelle garde-robe, un voyage en Europe – comment posséder sa propre voiture, et même créer une entreprise – TOUT CELA SANS DÉPENSER UN CENTIME DE PLUS ! ... Je recommande vivement ce livre à tous les Américains désireux d'accéder à la liberté économique." – Ellis Arnell

---

Des Conseils Judicieux D'investissements
Qui Ont Rendu Des Milliers De Personnes Riches

À la page 119, l'auteur, Milton, décrit les actions d'assurance vie dans lesquelles un investissement de 10 000 dollars nous a rapporté plus de 400 000 dollars. À la page 126, il explique pourquoi des des fortunes ont été perdu dans les actions de bowlings. À la page 125, comment 10 000 dollars américains en livres sterling ont atteint 250 000 dollars en 10 ans. Il souligne les pièges et les bénéfices de l'achat d'actions. À la page 123, vous trouverez 3 règles simples qui constituent le guide le plus solide jamais donné sur la façon d'acheter des actions à bons prix avec une croissance du capital, des bases solides pour construire une fortune familiale.

Comment Des Familles Font Fortune

Multipliez les économies typiques que nous avons décrites sur cette page – investissez-les conformément aux directives de l'auteur, Milton, et regardez la fortune de votre famille s'agrandir. Oui, votre travail soutient votre vie de votre famille; mais c'est votre deuxième revenu qui aide votre famille à vivre dans le luxe.

Envoyez Le Coupon MAINTENANT pour Obtenir Toute L'aide de ce Livre – Le Plus Rapidement Possible

Ce livre inestimable n'est pas la lampe d'Aladdin. Ou une baguette magique. C'est un livre pratique, intitulé Dollars et Bon Sens, qui explique comment obtenir des dollars en or depuis les arbres à argent – comment économiser chaque jour sur de petites et grandes transactions… comment construire un deuxième revenu « non travaillé » encore plus élevé que le salaire pour lequel vous travaillez. Envoyez votre coupon pour recevoir votre exemplaire avant l'épuisement du stock.

NOTRE GARANTIE

Vous devez constater comment le livre d'Arthur Milton vous rapportera plus d'économies et de profits avec 20 dollars pour chacune de ses 278 pages, ou vous pouvez simplement le renvoyer pour obtenir un remboursement intégral et VOS NOUVEAUX PROFITS NE VOUS COÛTENT RIEN !

10 ANNONCES BEST-SELLERS DE GENE SCHWARTZ

RÉCLAMEZ VOTRE EXEMPLAIRE AVANT QUE LE STOCK SOIT ÉPUISÉ

NATIONAL COUNSELING SERVICE, Dept. FW8 7AB
P.O. Bov 742, Great Neck, New York 11224

Envoyez-moi, s'il vous plaît, ___ exemplaires de COMMENT OBTENIR UNE VALEUR AUGMENTÉE DE CHAQUE DOLLAR, dans lequel Arthur Milton vous montre comment obtenir une fortune avec les arbres à argent – pour seulement 4,95 dollars par livre, plus 5 dollars pour les frais de port et de traitement. Si ce livre ne fait pas tout ce qui vous a été promis, vous pouvez le renvoyer pour recevoir tout votre argent en retour.

— Encaissez mon chèque ou mandat-poste.

— Commandez en CONTRE REMBOURSEMENT. Ci-joint un dépôt 1 dollar, en signe de bonne volonté. Je réglerais le solde au facteur.

Nom : _____

Adresse : _____

Ville : _____

État : _____   Code Postal : _____

10 ANNONCES BEST-SELLERS DE GENE SCHWARTZ

Illustration 19: Annonce 8 : Emparez-Vous d'une Fortune parmi les Arbres À Argent

ANNONCE 9 – SERAIT-CE LE PLUS EXPLOSIF DES RETOURNEMENTS DE MARCHÉ DANS

L'HISTOIRE DE LA BOURSE ?

Serait-ce Le Plus Explosif
Des Retournements De Marché
Dans L'histoire De La Bourse ?

Considérez ces faits :

1. Il existe un groupe d'actions qui est sous-évalué par le marché depuis 4 ans – *malgré le fait que les gains ont augmenté de façon spectaculaire au cours de chacune de ces dernières années – même s'il s'agit probablement de l'activité la plus rentable que le monde ait jamais connue (par exemple, aucun inventaire, aucun changement de style de vie, coûts d'exploitation inférieurs à 20% du montant brut) – malgré le fait que cette industrie ne verse en moyenne qu'environ 25% de ses revenus en impôts fédéraux, au lieu des 50% habituels !*

2. L'une des principales raisons pour lesquelles cette industrie est sous-évaluée est qu'elle était autrefois peuplée de centaines de petites entreprises plus faiblement financées qu'aujourd'hui. Des centaines de ces entreprises marginales ont été discrètement ébranlées. Encore plus le seront dans un proche avenir. Et les survivants émergents sont très bien financés et incroyablement agressifs. Leur seul objectif est la croissance, à la fois en volume et en revenus.

Et – le plus important de tous -

3. La dernière fois que cette industrie a « décollé », les récompenses qu'elle a versées à ses investisseurs étaient littéralement incroyables. Par exemple, 1 000 dollars investis dans une entreprise ont atteint un million de dollars 10 ans plus tard. Un investissement de 8 000 dollars dans un autre a rapporté 422 000 dollars 13 ans plus tard. 10 000 dollars dans une troisième entreprise ont produit 317 000 dollars en 16 ans.

Pourtant, en raison de la crise qui a secoué l'ensemble du secteur et de la confusion qui règne sur le marché, *beaucoup de* ces mêmes actions se vendent à 10 fois moins que leurs valeurs aujourd'hui !

Telle Est La Situation À L'heure Actuelle, Cela Représente Probablement Une Mine d'Or Pour l'Investisseur Spéculatif
- S'IL CONNAÎT CES PRINCIPES -

Mais il faut encore ajouter un paradoxe : il est probablement plus difficile de comprendre la situation réelle de cette industrie que de toute autre. *Par conséquent, les conseils d'experts « internes » valent bien plus, ils sont littéralement indispensables.*

Et c'est ce que nous vous proposons ici, sans risque, sans obligation, sans implication continue (comme vous le feriez avec un service d'investissement ou une « fiche de conseils »).

Nous vous proposons ici un rapport spécial (de 123 pages seulement), qui vous donne les informations dont vous avez besoin MAINTENANT pour participer à ce que son auteur (l'une des principales autorités du pays dans ce domaine) considère comme "le retournement le plus rentable de l'histoire de la bourse". Le rapport s'appelle « LES ACTIONS DES ASSURANCES, UNE FORTUNE À PARTAGER ».

Il est accompagné de "Gagner de l'Argent Avec Les Blockbusters" comme ceux-ci -

Ce Qui Fait Qu'Une Entreprise A Une Valeur Pouvant Atteindre 1 000 Fois Son Prix Original – Seulement 10 Ans Plus Tard ?

Une brève mais fascinante histoire de l'industrie de l'assurance montrant pourquoi il s'agissait du segment de l'économie avec la croissance la plus rapide depuis une vingtaine d'années… puis qui a dû faire une pause et se consolider… *et qui risque maintenant d'être au bord d'une deuxième montée en flèche qui rend la première faible par comparaison.*

Les multiplicateurs de profits intégrés ne sont partagés par aucune autre industrie en Amérique. Des commandes annuelles automatiques… pourquoi la famille américaine moyenne est encore largement non assurée (jusqu'à deux fois et demie)… *le NOUVEAU type de police d'assurance-vie (jusqu'à 10 fois plus grande qu'auparavant) qui compte presque un demi million de nouveaux clients chaque année. (Et l'oncle Sam aide à en payer le coût.)*

- Les deux meilleures façons d'acheter des actions d'assurance et pourquoi 90% des investisseurs n'ont même jamais entendu parler de la seconde.
- Les six pièges mortels à surveiller avant d'acheter.
- Pourquoi les actions d'assurance pourraient-elles bénéficier davantage des avancées imminentes de la recherche médicale que celles des médicaments (ici, la hausse pourrait être vraiment incroyable si vous avez la bonne entreprise).
- *L'effet de levier spéculatif considérable ajouté par la pénurie de titres du secteur de l'assurance (par exemple, il y a plus d'actions en circulation de General Motors que toutes les actions en circulation des 10 plus grandes sociétés d'assurance détenues par le public).*

**Un Témoignage sur Ce Livre
Par ELLIS ARNALL
(ancien Gouverneur Général et Gouverneur de Géorgie)**

Dans « Les actions des assurances: une fortune à partager », Arthur Milton présente une nouvelle histoire du secteur de l'assurance, celle-ci évoluant plus rapidement et d'une façon rentable que n'importe quel autre segment de l'économie américaine. Il a conclu que les actions d'assurance figurent parmi les valeurs de croissance les plus performantes d'Amérique et, chapitre après chapitre, donne une image encore inédite d'un formidable secteur dans lequel l'investisseur avisé peut commencer à accumuler sa fortune en actions d'assurance.

Ce livre éveillera tous ceux qui le liront – à une mine d'or d'information – les tenants et aboutissants – et un guide pratique de l'investissement. Cela montrera le début de la croissance réelle du secteur des assurances et le profit qu'il procure à tous ceux qui le savent.

INFORMATION INCORPORATED

200 Madison Ave, New York. N.Y. 10016

À Propos De l'Auteur
ARTHUR MILTON

Combien pensez-vous qu'il vous en coûterait de passer plusieurs heures avec un haut dirigeant du secteur du courtage en valeurs mobilières et de lui demander de discuter en détail de tout ce qui concerne sa spécialité dans le domaine ? Cela semble impossible, et c'est vrai : le temps d'un dirigeant est tout simplement trop précieux.

Mais c'est exactement ce que vous allez faire lorsque vous vous asseyez pour lire le livre décrit dans cette publicité. Vous êtes en fait assis dans le spacieux bureau de New York du président d'Arthur Milton & Company Inc., un courtier en valeurs mobilières spécialisé dans les actions de sociétés d'assurance.

Arthur Milton est également un écrivain prolifique et un commentateur à la radio. Son analyse hebdomadaire des affaires américaines est entendue dans le monde entier à travers les installations du service de radio des forces armées.

> Il est fréquemment invité par la radio et la télévision commerciales et contribue aux principales publications commerciales du pays.

BONUS SUPPLÉMENTAIRE GRATUIT
50 Compagnies d'Assurance
Choisi Pour Une Croissance
Meilleure Que La Moyenne Dans Les Années À Venir,
GRATUIT Pour Vous – Même Si Vous Renvoyez
Le Rapport Spécial !

    Même au sein de l'industrie de l'assurance elle-même, bien sûr, certaines actions feront inévitablement mieux que d'autres. Demander à un expert de la renommée telle qu'Arthur Milton de vous guider vers ces actions, lors d'une consultation personnelle, coûterait des milliers de dollars. Même si vous deviez vous abonnez à un service d'investissement d'assurance, vous auriez probablement besoin de centaines d'informations. Pourtant, tout est maintenant à vous – comme un gain de temps supplémentaire avec ce livre révélateur – pour exactement rien.

    50 actions sont nommées, analysées et détaillées pour vous dans ce Bonus Supplémentaire Gratuit. N'importe laquelle d'entre elles pourrait vous faire gagner une fortune. Toutes sont à votre disposition, que vous pouvez conserver, même si vous nous renvoyez le rapport spécial lui-même, pour être remboursé de tout votre argent en intégralité.

Le Reste Dépend De Vous. Le Livre
Vous Est Envoyé Sans Obligation Ni Risque,
Le Bonus Supplémentaire Est GRATUIT,
L'Occasion Est Énorme... Et Limitée Dans Le Temps !

    LES ACTIONS DES ASSURANCES, UNE FORTUNE À PARTAGER pourrait être le tournant de votre vie. Vous essayez sans aucun risque. Vous n'avez rien à perdre. Pourquoi ne pas

10 ANNONCES BEST-SELLERS DE GENE SCHWARTZ

envoyer le coupon sans risque – AUJOURD'HUI.

ENVOYEZ CE BON SANS RISQUE AUJOURD'HUI !

INFORMATION INCORPORATED
Dept. NY- 6
200 Madison Ave, New York. N.Y. 10016

Messieurs : Oui, je veux recevoir à l'essai un exemplaire du nouveau livre étonnant d'Arthur Milton, LES ACTIONS DES ASSURANCES, UNE FORTUNE À PARTAGER. Je règle le bas prix de détail de seulement 9,98 dollars.

Je comprends que je peux examiner ce livre pendant 10 jours complets – à vos risques ! Si à la fin de cette période, je ne suis pas complètement convaincu que ce livre est une mine d'informations, que c'est un livre que l'investisseur pratique doit posséder. Je vais simplement le renvoyer pour recevoir chaque centime de mon argent en retour. Dans tous les cas, le bonus supplémentaire gratuit reste à moi !

Nom : _____

Adresse : _____

Ville : _____

État : _____ Code Postal :

Ci-joint mon chèque de 9,98 dollars

Veuillez débiter ma carte de crédit :

1 American Express

2 Diner Club

3 Banque américaine

4 Master Charge

10 ANNONCES BEST-SELLERS DE GENE SCHWARTZ

N ° de compte_____

Nombre_____

Signature_____

Les résidents de N.Y.C veuillez s'il vous plaît ajouter 6% taxes de vente
Information Incorporated, 1969

10 ANNONCES BEST-SELLERS DE GENE SCHWARTZ

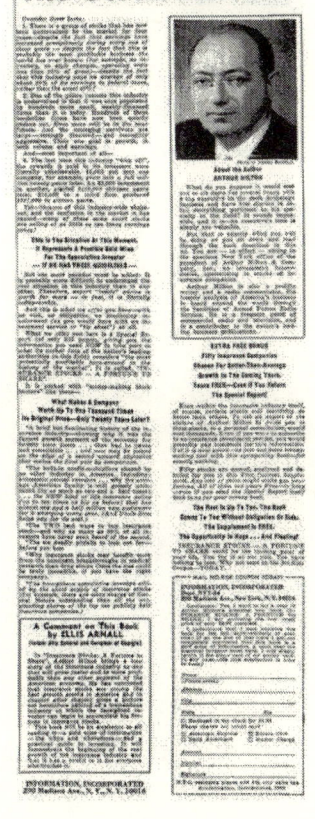

Illustration 20: Annonce 9 : Serait-ce Le Plus Explosif Des Retournements De Marché Dans L'histoire De La Bourse ?

ANNONCE 10 – APPRIVOISEZ DES OISEAUX SAUVAGES AVEC VOTRE MAIN

De Vieux Secrets Sur L'amour des Oiseaux et La Psychologie Moderne Des Oiseaux Et

Apprivoisez Des Oiseaux Sauvages
Avec Votre Main

La Nouvelle Méthode d'un Bûcheron d'Angleterre Est Garantie Pour Attirer Les Oiseaux Sauvage – Et Les Dessiner – Tout En Les Débarrassant De Leur Peur ! Cela Fonctionnera Pour Vous aussi Ou Cela Ne Vous Coûte Rien.

APPRIVOISEZ LES OISEAUX RAPIDEMENT !

Les oiseaux volent dans vos mains, vos bras, vos épaules, entre vos doigts, chantent même, changent de direction, veulent jouer, joue à des jeux, vous reconnaît…. Reviennent chaque année !

C'EST DANS LES BOIS DE LA NOUVELLE ANGLETERRE QU'IL Y A UNE NOUVELLE méthode, la plus étonnante au monde, pour apprivoiser les oiseaux – *elle fonctionne, c'est garanti pour n'importe qui, n'importe où – ou cela ne vous coûte rien !*

Créé par un naturaliste – guide – naturaliste – qui se prénomme Al Martin – après une vie passée parmi les oiseaux sauvages – il garantit d'apprivoiser des oiseaux sauvages sur votre terrain.

Il garantit que vous pouvez commencer à apprivoiser les oiseaux sauvages une semaine après leur arrivée chez vous. Il garantit que les oiseaux volent et se posent sur votre main, se nourrissent sur le bout de vos doigts, jouent à des jeux, invitent leurs amis oiseaux – vous chantent la sérénade – ou cela ne vous coûte rien !

C'est presque un conte de fées et c'est bien possible, sauf que c'est vrai. À bien des égards, c'est presque incroyable mais pourtant vrai – l'histoire d'un vieil homme gentil et remarquablement sensible qui a découvert l'un des secrets de la nature – Comment communiquer avec les oiseaux sauvages, les plus capricieux, les plus difficiles à apprivoiser.

BÛCHERON – ARTISTE NATUREL !

Alfred Martin, souvent appelé le « grand-père Moïse » des bois de la Nouvelle-Angleterre, est aujourd'hui « Thoreau, Audubon ou Saint François » et « le pilier des oiseaux moderne ». Il a apprivoisé son premier oiseau sauvage à l'âge 10 ans et, pendant 50 ans, il a vécu avec et parmi les oiseaux chanteurs. Aujourd'hui, quand Al sort de sa petite maison, les oiseaux volent vers lui. Ils s'assoient sur son épaule et sa tête, sur ses oreilles, grimpent sur son cou et glissent à nouveau.

Les enfants le suivent partout pour ses secrets d'apprivoisement. Les amoureux des oiseaux lui écrivent constamment. Biologistes, naturalistes et écrivains spécialisés dans la nature s'appuient sur ses recherches sur les habitudes et la psychologie des oiseaux. De grands photographes d'oiseaux du monde entier lui rendent visite, car personne ne peut obtenir autant que lui, des oiseaux sauvages devant un appareil photo.

La méthode étonnante d'Al Martin, ce qu'elle fait et comment l'essayer sans risque est décrite ci-dessous.

Cette Méthode comprend :

- **Comment Identifier Les Oiseaux**
- **Comment Prendre Soin Des Oiseaux Malades et Blessés**
- **Des Faits Étranges Sur La Tradition Des Oiseaux**
- **Des Histoires Sur La Personnalité Des Oiseaux Sauvages (parfait pour les enfants)**

- **Comment Photographier et Faire Des Films Sur Les Oiseaux**

Imaginez Que Vous Apprivoisez Les Oiseaux Sauvages Sur Votre Main

Imaginez le colibri à gorge rubis se posant sur votre pouce et vos doigts collés à l'envers, puis buvant dans une petite mangeoire située dans votre main.

Imaginez-vous apprivoiser le merle avec des raisins secs – le geais avec un costume de la taille d'une noix, des ailes de cire de cèdre avec une jute déchirée – ou tout autre oiseau près de chez vous.

Voulez-vous que le bûcheron fasse tout cela et dompte le pinson des arbres ou le bouvreuil avec des graines – le muguet avec les courants de cuisson, la mésange avec les graines de tournesol – et le pinson violet avec un mélange de chardon et de lin ?

Voulez-vous connaître la méthode spéciale d'Al Martin pour attirer et dompter de la main la mésange, la sittelle, le bec de pins, le nécrophage, l'oiseau à chat et même le pic méfiant ? Ou voulez-vous tester les techniques d'apprivoisement avec les mains de la part d'un bûcheron pour votre oiseau préféré ?

Imaginez que vous fassiez revenir des oiseaux que vous n'aviez pas vus depuis un an – qu'il reconnaissent, volent vers vous, vous suivent – et même qui se posent sur votre bras, votre épaule ou votre tête.

C'est Facile :

Simple – rapide – n'importe qui peut le faire. C'est garanti pour fonctionner n'importe où sur presque tous les types d'oiseaux, dans les campagnes, les banlieues et même les parcs des villes... ou cela ne vous coûte rien.

C'est idéal pour les femmes au foyer, les parents, les

personnes âgées, les adolescents et les enfants.

Ce Que Al Martin a Découvert

Le secret d'Al est que ses techniques de psychologie des oiseaux qu'il vous donne en quelques minutes – qui fonctionnent sur pratiquement tous les types d'oiseaux sauvages – et qu'Al a mis toute sa vie à découvrir.

Al Martin a mis tout ce qu'il sait dans un livre remarquable disponible sans aucun risque dans l'offre ci-dessous.

Dans son livre simple, Al Martin a intégré une bibliothèque de livres d'oiseaux. Une vie entière de secrets sur la chasse aux oiseaux – la Psychologie des oiseaux – la nourriture des oiseaux sauvages – les Premiers secours à donner aux oiseaux – des Histoires vraies et naturelles – Et même des photographies d'oiseaux et des techniques pour les filmer.

Imaginez que vous appeliez des oiseaux sauvages près de chez vous – puis jusqu'à votre fenêtre – vous les faites atterrir sur le volet de votre fenêtre – ils tapent sur le volet – vous ouvrez à nouveau le volet et ils volent proche du volet pour vous appeler. Puis ils viennent vers vous jour après jour – de retour saison après saison.

C'EST TELLEMENT SIMPLE QUAND AL MONTRE COMMENT FAIRE

Al Martin vous dit quels sont les oiseaux les plus faciles à apprivoiser – les mangeoires et les fontaines – les aliments – et les différentes approches préférées des différentes espèces d'oiseaux.

Imaginez que vous donniez à manger à un oiseau mère pendant que vous la regardez distribuer votre nourriture à son bébé, ou que l'hirondelle bicolore s'abaisse et arrache un cuir que vous jetez dans les airs, ou enseigne à un oiseau chat comment attraper un raisin juste avant qu'il ne touche le sol.

Tout est là ! Comment nourrir n'importe quel bébé oiseau à

bec en tendant à la main. Construisez une volière. Élevez votre propre espèce. Construisez un bain de ruissellement naturel au printemps, obtenez les meilleurs plans sur des oiseaux en train de boire ou de se baigner.

Voici ce qu'il faut faire à propos des enfants qui pourchassent des oiseaux, des chats, des oiseaux de chasse, des oiseaux prédateurs, des tamias rayés comme d'un aspirateur, des oiseaux plus gros qui s'attaquent aux oiseaux plus petits.

Vous êtes informé des "friandises" vendu sur le marché qui peuvent parfois tuer un oiseau sauvage. Vous apprendrez à aider un oiseau blessé à se soigner et à soigner sa propre aile cassée. Comment réparer la jambe cassée d'un oiseau avec une plume cassée comme attelle – comment ramener à la vie un oiseau à moitié affamé – les dangers du beurre de cacahuète, de l'avocat et des restes de table pour certains oiseaux – Comment sauver un colibri pris dans une toile d'araignée – soignez des oiseaux malades ou blessés pour résoudre des problèmes que vous ne connaissez probablement pas.

Entrez Dans Le Monde De La Nature

Voulez-vous écouter – voir – présenter à vos enfants le monde merveilleux des oiseaux qui se trouve près de chez vous ?

Al Marlin vous explique comment repérer et identifier les oiseaux – reconnaître la couleur, les formes, les mouvements et les sons de différentes espèces – imiter les oiseaux avec les notes de pinsons volants – le canari – le chant du scrutin rouge – le yank-yank-yank de la sittelle à poitrine blanche – la moisson, les notes grinçantes du troglodyte – comment reconnaître et s'émerveiller comme jamais auparavant des chants et des habitudes des oiseaux chanteurs.

Al Martin raconte la vraie vie des histoires brutes de la nature – comment les oiseaux se battent à travers des batailles sanglantes – comment la femme scalpe le mâle – des combats d'adresse, de rapidité et de courage – comment 2 oiseaux se frappent avec des ailes, des becs et des pieds – encore et encore sur – tous les 2 essayant la prise au cou – combat de plumes – couché soudainement, comme si la cloche avait sonné – puis à nouveau le combat – jusqu'à une hauteur de 30 mètres, puis vers le bas – sans perdre le contact avec l'autre.

Vivez des frémissements d'oiseaux qui voyagent vers le sud dans les plumes d'une oie sauvage – comme un passager d'avion, les vachers déposent leurs œufs dans un nid de fauvette pour qu'ils puissent les élever – des hirondelles qui emportent leurs morts et les déposent dans de l'herbe longue. Ou des pics poilus qui jouent mortellement à « vous ne pouvez pas m'attraper » avec des jeux de vol avec des faucons plongeurs – comme des matadors et des taureaux.

DE MERVEILLEUSES HISTOIRES VRAIES DE LA NATURE

Avec votre enfant, rencontrez l'étourneau qui imitait un canard – puis un chat – un robin – l'écureuil gris – le sifflet du moineau – le loup – l'oiseau bleu – le chien – l'écureuil roux – et une douzaine d'imitations supplémentaires – chacune parfaitement – et le tout avec une chanson.

Ou l'oiseau apprivoisé dans une cage qui chantait, se perchait et battait des ailes chaque jour jusqu'à ce qu'il reçoive son bain. Ou les 2 oiseaux qui mangeaient chacun un raisin – et ensuite en emportaient 4 – pour les plus petits – qui insistaient en jouant à cache-cache.

Ou le corbeau qui a récupéré un bâton et qui a suivi son maître comme un chien – à ranger les souliers pour enfants – domestiqué – il avait des jouets – il a appris ce qu'il pouvait et ne pouvait pas toucher et obéissait au doigt et à l'oeil.

C'est ce que l'un des propriétaires appelle "le livre le plus humain, le plus fascinant et le plus instructif sur les oiseaux que je possède".

L'Offre d'Al Martin – Laissez Les Oiseaux Décider

Seulement pour voir réellement des oiseaux sauvages venir dans votre main – vous montrer de la bonne manière ce que la méthode d'Al Martin peut faire pour vous. C'est la raison pour laquelle il a fait en sorte que chaque lecteur reçoive sa méthode – apprivoiser les oiseaux dans sa main, sans aucun frais.

Dès que vous recevez la méthode, essayez-là... dans votre quartier... sur des oiseaux près de chez vous – ou sur des oiseaux que vous attirez loin chez vous – seulement si vous voyez des oiseaux venir à vous – volez vers votre main – manger sur vos doigts – vous avertir de leurs désirs – jouez à des jeux – amenez des amis – tout ce que cette page vous a promis – vous coûte un centime. Si cela ne fonctionne pas immédiatement – commencez à apprivoiser des oiseaux avec votre main dans une semaine – retournez-la méthode gratuitement – si à tout moment, pour quelque raison que ce soit, jusqu'à 6 mois après la réservation, si vous n'êtes pas ravi – retournez-là gratuitement. Sinon, elle ne coûte que 4,98 dollars. Qu'est-ce qui pourrait être plus juste ?

Premier Arrivé – Premier Servi

Cette offre ne sera plus présentée dans ce journal cette saison. Cette édition est presque épuisée... seulement si vous commandez maintenant, nous pouvons vous garantir de vous envoyer votre commande.

Agissez aujourd'hui. Renseigner le coupon ci-dessous. Acceptez l'essai entièrement à nos risques et laissez les oiseaux décider !

ENVOYEZ LE BON, SANS RISQUE, AUJOURD'HUI !

NATIONAL COUNSELING SERVICE Dept. FW12-17 Box 2223, Grand Central Station, New York 10017

Envoyez-moi s'il vous plaît votre livre "Apprivoiser Les Oiseaux Sauvages Avec La Main" dans l'édition de luxe reliée avec un essai sans risque de 6 mois. À moins que ce livre ne fasse tout ce que cette page m'a amené à attendre. Je peux le retourner pour un remboursement complet.

Paiement de 4,98 dollars inclus – veuillez expédier en frais de port payé.

COCHEZ ICI si vous souhaitez que votre commande soit expédiée au CONTRE REMBOURSEMENT. Ajoutez un dépôt de 1 dollars en guise de bonne volonté. Vous paierez le solde au facteur de 3,98 dollars, plus tous les frais d'envois. La même garantie de remboursement s'applique bien sûr.

Nom : _____

Adresse : _____

Ville : _____

État : _____   Code Postal : _____

10 ANNONCES BEST-SELLERS DE GENE SCHWARTZ

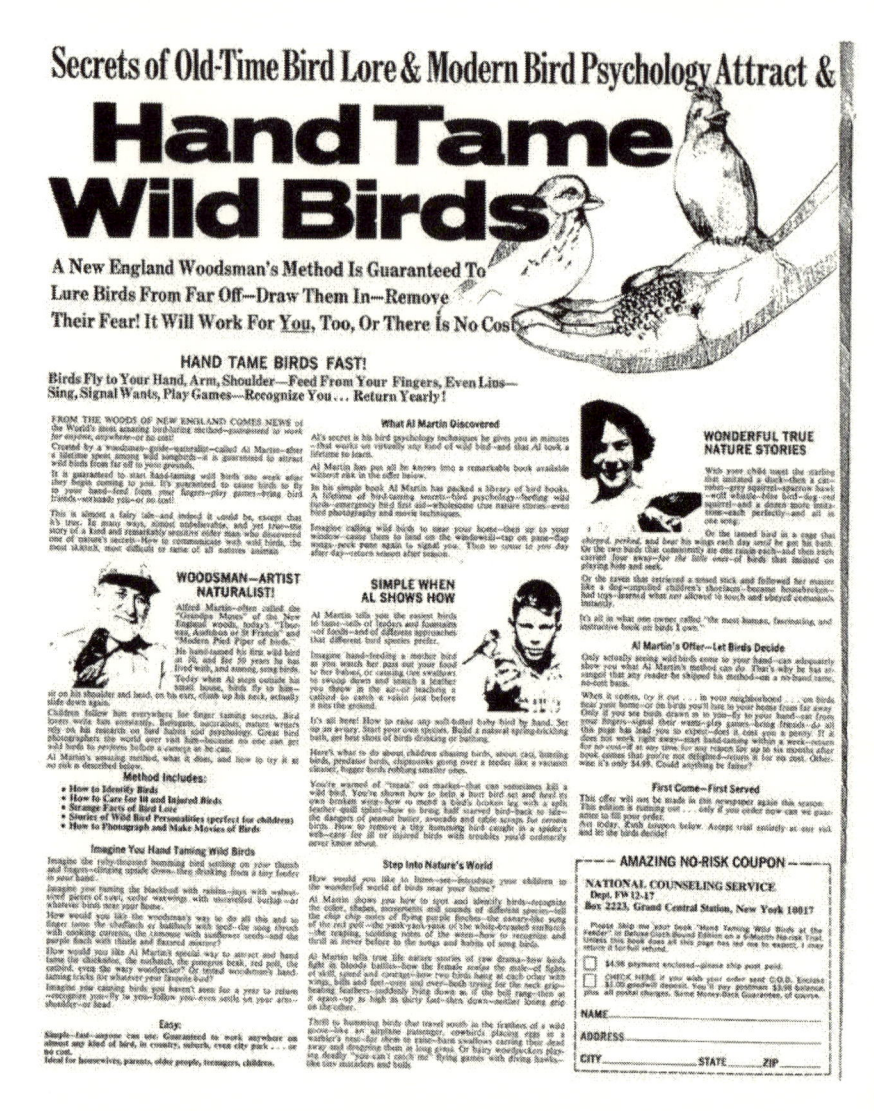

Illustration 21: Annonce 10 : Apprivoisez Des Oiseaux Sauvages Avec Votre Main

Si vous voulez recevoir « Les 101 Annonces Best-Sellers de Gene Schwartz », rendez-vous sur :

10 ANNONCES BEST-SELLERS DE GENE SCHWARTZ

https://www.ouicashcopy.com/101-annonces-schwartz-cp

LE CHAPITRE MANQUANT

Merci d'avoir acheté Breakthrough Advertising !

Pour remercier de votre confiance et vous permettre d'aller plus loin et plus en profondeur dans la rédaction publicitaire, je veux continuer à vous « surprendre » pendant de nombreuses années à venir.

Si vous allez sur www.ouicashcopy.com/formation-kdo-livre-breakadvert, vous aurez droit à des ressources inestimables et difficiles à trouver, ainsi qu'une session offerte de formation pour vous aider à appliquer l'enseignement de Gene Schwartz beaucoup plus facilement et rapidement que vous pourriez l'imaginer.

Saviez-vous que le « *Marché Internet* » est en croissance perpétuelle ?

112 milliards d'euros de chiffre d'affaires en 2021 — *source fevad* —

Et pour prendre votre part de ce gâteau — *même une petite part représente plusieurs centaines de milliers d'euros par an* — votre entreprise doit absolument sortir du lot et se démarquer de la concurrence…

Et quoi de plus efficace, nécessitant qu'un très faible investissement que l'utilisation de la persuasion par les mots ?

Une seule phrase, un slogan, un titre, un texte, une vidéo, un email ou encore une webconférence peut complètement changer la donne et créer un désir viscéral pour votre produit ou service...

Maintenant, je veux que vous imaginiez à quoi ressemblera votre vie une fois que vous maîtrisez l'art d'écrire pour vendre et...

Que vous ayez à votre disposition plusieurs « *Système Automatique de Ventes* » qui fonctionne à votre service 24 heures sur 24, 7 jours sur 7...

C'est tout à fait faisable, en quelques mois, en utilisant la « *Formule Persuasion par les Mots* ».

La Formule Persuasion par les Mots

LE CHAPITRE MANQUANT

Disons que je viens de vous donner la "Formule Persuasion par les Mots" avec votre propre planche à imprimer des billets de banque légalement...

Et vous pouvez l'utiliser autant que vous le souhaitez...

Vous — *ou les membres de votre équipe* — êtes maintenant en capacité d'amener de parfaits inconnus à devenir vos clients et cela avec un simple texte, une vidéo, des emails ou encore une conférence en ligne...

Vous possédez donc une entreprise à votre service pour toute la vie...

Ce qui signifie une grande liberté de choix avec beaucoup de temps libre disponible...

- Que feriez-vous aujourd'hui ? Cette semaine ? Ce mois-ci ? Cette année ? Le reste de votre vie ?

- Quelles sont les choses que vous vouliez faire mais que vous avez reportées à plus tard ? Quelles activités, voyages feriez-vous ?

- Qu'allez-vous faire de tout ce temps libre supplémentaire maintenant que ce problème n'est plus un problème ou même quelque chose auquel vous pensez ?

Prenez quelques secondes pour réfléchir à votre nouvelle vie une fois débarrassé de ce problème...

Et si vous pouviez faire ça <u>maintenant</u> ?

En fait, plus précisément, j'aimerai vous révéler gratuitement — *à travers une session de formation en ligne* – comment mettre en place les 5 étapes de la "Formule Persuasion par les Mots" afin que vous aussi, vous puissiez posséder une entreprise qui soit à votre service pour toute la vie...

Dans cette webconférence, voici ce que vous allez découvrir...

LE CHAPITRE MANQUANT

- La "Préparation Guerrière" — *qui prend moins de 10 minutes* — pour recevoir un flot de bonne idées percutantes qui surprennent vos prospects de la bonne façon;

- L'élément dont vous avez absolument besoin pour **scotcher les prospects sur votre produit ou service** — sans cet élément vous entendrez les mouches voler;

- Pourquoi 90% des descriptions de produits et services font littéralement fuir les clients et ce que vous devez mettre à la place pour corriger le tir immédiatement;

- Les 3 erreurs à éviter lorsque vous présentez votre produit ou service — quoi dire pour **mettre les prospects en confiance et en position de devenir des clients fidèles à vie;**

- Les verbes essentiels à utiliser qui permettent aux prospects de se convaincre eux-mêmes de prendre la "bonne" décision... en votre faveur !

- Ce qu'il manque presque toujours aux prospects sceptiques pour passer la commande — je vous donne la façon de les convaincre *"sous le radar publicité"* sans jamais forcer la vente;

- Les 3 éléments piliers d'un titre / slogan tellement inoubliable que vos prospects le répètent comme un refrain à leurs proches et amis — vous faisant ainsi **énormément de publicité gratuitement;**

- Ceux qui possèdent ce réflexe étrange avec leur entreprise réussissent beaucoup plus facilement et sans stress — pendant que les autres triment sang et eau pour de maigres résultats...

Et ce n'est pas tout !

J'ai prévu de **vous offrir un cadeau** que vous ne voudriez

LE CHAPITRE MANQUANT

rater sous aucun prétexte...

Il s'agit du *« Guide de la Persuasion — Comment votre entreprise peut vous apporter la Liberté »*.

Le « Guide de la Persuasion » contient :

• L'ensemble des stratégies partagées pendant cette webconférence avec les graphismes et les schémas complets;

• Les notes et les liens de tout ce dont nous avons parlé ensemble;

• Les études de cas issus de mes clients;

LE CHAPITRE MANQUANT

- Des ajouts complémentaires offerts en bonus;

Et ce n'est encore que le début !

J'ai aussi prévu de **vous envoyer gratuitement un colis par la poste** directement à votre domicile... Le contenu de ce colis surprise est habituellement vendu 410 euros...

Et vous allez pouvoir le recevoir gratuitement chez vous...

Pour avoir l'opportunité d'accéder à une session d'enseignement ultra complète de 2h30...

Inscrivez-vous sur :

www.ouicashcopy.com/formation-kdo-livre-breakadvert

Mon objectif numéro UN avec le contenu de cette webconférence est d'offrir à chaque entrepreneur, quelle que soit la taille de son entreprise — *freelance, solopreneur, TPE ou PME* — **le moyen le plus efficace d'augmenter ses profits tout en ayant plus de liberté** et tout cela...

Avec votre audience actuelle...

Sans partenariats, sans publicités, sans trafic supplémentaire et sans création de contenu sur les réseaux sociaux...

Mon équipe sera présente dans le tchat pour lire toutes les questions et vous apporter des réponses.

Inscrivez-vous sur :

www.ouicashcopy.com/formation-kdo-livre-breakadvert

À vous de jouer et de devenir « *Libre à Tout Âge* » à part entière !

Je vous souhaite de plonger tête la première dans une vie pleine de bonheur, d'amour et de prospérité.

À très bientôt,

Matthieu – Créateur de Prospérité et Copywriter

LE CHAPITRE MANQUANT

Illustration 22: Matthieu – Créateur de Prospérité et Copywriter

LES ÉDITIONS INSTANTANÉES

Matthieu, copywriter et consultant marketing de pointe est un entrepreneur dynamique et curieux, qui a rédigé de nombreux textes de vente. Que ce soit des séquences email de vente, des scripts de vidéo de vente, des pages de vente ou encore des textes de webconférences. Bref, Matthieu écrit quasiment chaque jour ou presque un texte de vente dans le cadre de son activité d'éditeur.

Matthieu est le concepteur à l'origine de la création de la maison d'édition Les Éditions Instantanées. Ce qui lui permet de publier des livres rares et précieux — en français — concernant la rédaction publicitaire, le marketing et le développement personnel pratique.

Et ce n'est pas tout !

Il possède également une expérience d'une dizaine d'années dans le développement informatique et la création d'applications ingénieuses.

Ce qui l'a amené à concevoir plusieurs outils et logiciels qui simplifient tellement la rédaction publicitaire (ou le copywriting) qu'un adolescent peut maintenant rédiger des textes de vente puissants ... avec à la clé plusieurs centaines de milliers d'euros de ventes !

Pour découvrir l'histoire complète de Matthieu ainsi que ses heures sombres où il était prêt à tout abandonner et comment il a

LES ÉDITIONS INSTANTANÉES

réussi à surmonter ces épreuves du feu, jetez un coup d'œil à la vidéo ci-dessous :

https://www.leseditionsi.com/histoire-matthieu-deloison/

Les compétences de Matthieu l'ont amené à travailler aussi bien pour des startups que pour des entreprises à envergure internationale. Ces diverses expériences lui ont permis de créer une Méthode unique pour enseigner la programmation aux développeurs ambitieux désirant créer des applications performantes dans leurs langages de programmation.

Pour contacter Matthieu afin d'obtenir des informations sur sa Méthode unique "Oui Cash Copy", visitez :

https://www.ouicashcopy.com

Ou alors renseignez simplement ce formulaire avec votre question :

https://www.matthieudeloison.com

Matthieu, Copywriter et Créateur de Prospérité

LES ÉDITIONS INSTANTANÉES

REMERCIEMENT

Comme chacun des ouvrages de cette série, ce livre a été un travail d'équipe.

J'adresse donc un remerciement chaleureux à toute l'Équipe *Les Éditions Instantanées*, qui a contribué à l'effort de création et de relecture de l'ouvrage.

Et enfin, merci à vous, lecteur, pour vous être lancé dans l'aventure entrepreunariale qui vous mènera à concevoir des produits et des projets passionnants qui peuvent aider des centaines, voire même des milliers des clients à résoudre leurs problèmes et accomplir leurs objectifs...

Bref, une aventure qui commence en améliorant vos compétences dans la rédaction publicitaire avec des textes de vente efficaces et puissants dès aujourd'hui !

Manufactured by Amazon.ca
Bolton, ON